城市国学讲坛

第七辑

李训贵 宋婕 主编

社会科学文献出版社
SOCIAL SCIENCES ACADEMIC PRESS (CHINA)

序

张岂之

广州城市职业学院建立时间不长，就成立了国学研究所（现已更名为国学院——编者注），并且开办了国学讲座。如今国学系列讲座又要结集出版，名曰《城市国学讲坛》。这是一件值得祝贺的事。我也很愿意为这部文集写几句话。

2007年秋天，我访问过这所院校。通过了解，我觉得它的办学理念非常好，这就是：质量立校、人才强校、文化塑校、特色兴校。

在上述理念中，我特别关注"文化塑校"的提法。按照我的理解，"文化塑校"，就是强调人的全面发展。我国的学校教育，从小学、中学到大学，都是以知识教育为主，这一点无疑是正确的。但是，若以知识教育为理由，忽略人文教育，就会使我们的教育"产品"带有"瑕疵"。"文化塑校"的意义在于：不仅强调科学教育、技术教育，也强调人文教育、思想教育、道德教育、身心健康教育。综合起来说，我们也称之为"综合素质教育"。

关于人文或文化素质教育，20世纪90年代初期当时的国家教委就开始提倡，并有一系列举措，我自己一直参与其中，因而有一些切身的体会。人文素质教育，并不是若干种知识的简单叠加，而是将科技与人文辩证有机地联系起来。

这里有几层意思需要分梳：第一，就科学教育和技术教育而言，不能只重科学知识教育而忽视技术知识教育。在科学知识学习过程中，职业技能、动手能力，都需要加强培养，否则素质就不全面。就当前情况来看，对专门职业技能人才的需求更加迫切。广州城市职业学院的建立，在一定意义上可以说体现了这种理念。第二，思想道德教育不能替代人文教育，二者相互促进、相互渗透，要结合起来。第三，科学技术知识的教育与文学、史学、哲学与艺术的教育需要兼顾融合。第四，在人文素质教育的过程中，对于中华文化的丰富资源需要有正确的认识，并努力地加以弘扬。

什么是人文教育呢？从理论上说，文学、历史、哲学、艺术等，可以称为人文学科；人文学科所积淀的文化，可以称为人文文化。这些都是人类的精神结晶。表现在一个人身上，就是人文修养或素养。就一个大学生而言，不管你是学习物理、化学，还是计算机技术，都要懂得生活的艺术、做人的艺术，懂得什么是美。就广义而言，对整个人类的精神文化遗产，从古希腊哲学家到欧洲近代大文豪，都要有一些了解。这就需要提高人文素质。

在当今，我更想强调的是对中华民族优良文化传统的修养和认识。"中华文化"和我们所说的"国学"在内涵上是相容的。它不仅包括以孔子为代表的儒家，也包括以老庄为代表的道家，还包括中国的佛学和中国的道教。这些传统文化中的丰厚资源，是古代哲人智慧的结晶，在今天还有现实意义。

我在广州城市职业学院亲眼看到，他们重视人文或文化素质教育，不仅为学生们开办了人文讲座，请学者讲授我国古代人文经典，还引导学生参加艺术实践，如茶艺、弹琴、书法等活动，受到学生们的热烈欢迎。我参加了学生的茶艺活动，感受到这些艺术实践对提高学生的审美能力和涵养性情，具有潜移默化的作用。

为什么我们要把祖国传统文化作为当今人文素质教育的重点呢？这是因为，改革开放30年来，全国人民在发展经济奔向小康社会的道路上，还面临着"弘扬中华文化，建设中华民族共有精神家园"的任务。这是党的十七大所明确提出的。胡锦涛同志在党的十七大政治报告中说："中华文化是中华民族生生不息、团结奋进的不竭动力。"这里将中华文化的价值和意义提到一个新的高度，值得我们深思。

要全面认识祖国传统文化，有一条原则，这就是"取其精华，弃其糟粕，使之与当代社会相适应、与现代文明相协调，保持民族性，体现时代性"。贯彻好这个原则，我们还有许多艰巨的工作要做。

广州城市职业学院国学院的成立、《城市国学讲坛》的出版，对广州城市职业学院来说，是一个良好的开端。我希望国学系列讲座今后能持久地办下去，将国学院对中华文化的研究成果贡献于社会。

是以为序。

目 录

第一篇 总 论

- 壹 教育的智慧 / 王财贵 3
- 贰 经典教育的现代意义 / 陈少明 17
- 叁 儒家的教育之道 / 邓新文 47
- 肆 中国传统思维与现代管理 / 王培林 73

第二篇 哲 学

- 壹 中国的人生宝典——《论语》/ 张 践 93
- 贰 处己之道 / 王 硕 113
- 叁 编纂的权力——以《论语》为例 / 刘 伟 123
- 肆 《论语》中的修养功夫 / 张卫红 137
- 伍 《论语》加算盘式的管理智慧 / 毛国民 154
- 陆 孝与精神赡养 / 李爱荣 167
- 柒 禅宗六祖慧能的思想与信仰 / 冯达文 179
- 捌 佛教的因果观及其对净化世道人心的意义 / 冯焕珍 193
- 玖 《般若波罗蜜多心经》与人生智慧 / 雷 静 205
- 拾 近代大变局中的人与事 / 干春松 219
- 拾壹 康有为的大同世界 / 马永康 232

第三篇 文 史

- 壹 汉字中的历史文化内涵 / 伍 巍 249
- 贰 十里不同音——方言和古今声韵 / 陆 烁 266
- 叁 中国诗歌文化与对外传播策略 / 段维军 285
- 肆 他者的视角——从日本文化看中国传统文化 / 邱雅芬 299

第一篇 ● 总论

王财贵，字季谦，为新儒家代表人牟宗三先生入室弟子。儿童读经教育的发起者和推动者，被称为"全球读经教育推广第一人"。历任鹅湖月刊社主编、社长，华山讲堂读经推广中心主任，华山书院院长，台湾汉学教育协会理事长，鹅湖月刊社编审委员，美国科技教育协会研究员，北京季谦教育咨询中心创办人。

壹 教育的智慧

王财贵

我们常说,有智慧的人是不多的。纵使听了有智慧的话,也不一定会领悟的,对于有智慧的演讲,也是要有智慧的人才能理解,才能听得有兴趣,甚至才能够真正在自己生活工作中把它实践出来。我说的是不是真的有智慧,这也要由一个有智慧的人来判断,不能由我说了算。如果没有教育的智慧,请问我们怎么去实施我们的教育?我们整个社会的教育是不是令人满意的呢?如果以上的答案不是肯定的,那么,我们就可以下一个结论:我们虽然在做教育,但是我们并没有教育的智慧,或者说,我们并没有按照教育的智慧去实施我们的教育。那么,结果是什么呢?就是我们并没有尽到责任。据我所知,全世界最认真做教育的国家就是中国,中国的老师,尤其是中学的和小学的老师都是非常认真的,从这点来讲是很可敬佩的,而我们的学生也是全世界最用功的学生,那么,为什么说我们的教育没有尽到责任呢？

认真有时候可能是害人的。为什么？有智慧的认真，它是有大成就的；没有智慧的认真，它不会有什么成就，甚至会产生负面的效果。所以要做教育不是认真就可以的，在认真之前要有智慧。那么，什么叫智慧呢？所谓"智慧"，就是对于高远的道理的了解。这一种能力叫做"智慧"。所以，一个有智慧的人要做事，他先了解道理；更有智慧的人则是了解以后，依照道理而行；最有智慧的人是一辈子依照道理而行，所谓"守死善道"，笃信好学，乃至于"朝闻道夕死可矣"。这是有最高智慧的人。次等的人是对于道理也有所了解，但是不能够以他的全部生命为道理而奋斗。但是，大部分的人几乎是完全没有智慧的。他怎么为人，怎么处事，他自己怎么活，完全是不自觉的，他活得每一天其实都是糊里糊涂的，这就是所谓"行尸走肉"了。所以，我们做教育工作的人，先要自己觉醒，然后才能觉人。觉醒什么呢？自己觉醒教育的道理，然后，按照教育的道理去办教育。

以上解释了所谓"智慧"这个词语的意思，以下我们谈一谈什么叫做"教育的智慧"。刚才说了，"教育的智慧"就是对教育的道理的了解和进一步实践。所以，首先就是要对教育的道理有所了解。我们来共同思考一件中华民族这一百年来最重要的事，就是我们如何办教育。我认为，我们中华民族这一百年来不懂教育，这不是说我们没有在做教育，也不是说我们没有学习教育的理论，我是说，我们对这些理论没有自己去思考过。这一百年以来，中国大体是学习西方的教育理论。最初是学日本，后来学欧洲，后来学前苏俄，最后海峡两岸统一了思想似的一致学美国。很少人，甚至没有一个人来反省一下这种教育理论。我们有没有想过：美国的教育理论对不对？中国传统的教育对不对？当然，西方成为教育的主流，成了权威，自然有之所以成为权威的可靠性，所以我们很难说它不对。不过它并没有全部都对，这是非常重要的。那我们中华民族要不要学？当然要学，但是要用多少精神力气去学，学完以后要把它摆在什么地方，这是我们可以做主的。所以，我们第一步要有对于道理理解的能力，第二步要有真正的理解。这个道理不仅要理解它，还要把它摆在恰当的位置。

现在，我要抛开所有的教育理论，回归到教育的本质，就是从教育的本身来思考教育。我们用教育的本质来反省所有的教育理论，让所有的教育理论都在教育本质之中各安其位，各正其性，各得其所。每一个人都可以自己想一想，来建构自己的一套教育理论。我认为教育的基本道理有三个，而且只有三个，没有别的了。所谓"基本"就是最原始的、最重要的，因为它有笼罩性，它给我们设定一个思考的方向以及实践的目标。

第一个，把握教育的时机。为什么这个道理排在第一位？因为假如这点不把握，教育就会产生很多麻烦，等到出问题的时候，就几乎是没有办法解决的了。教育这件事情号称百年大计。但是，现在我们整个国家的教育，乃至于整个世界的教育，都没有百年大计这个观念。我们都把孩子耽误了，不是耽误几年，而是耽误一辈子，耽误整个国家民族的前途。所以，要把握教育的时机。第二个，把握教育的内容，就是教材。教育的内容要我们自己思考过，才可以拿来教。选教材是有方法的，因为教育是"百年大计"，所以，我们选用教材，不仅要考虑当下的实用性，而且还要考虑它对将来的适用性。第三个，把握教育的方法。我们怎么思考教学的方法呢？一般老师在教学的时候并没有去思考教法的问题，只依照整个时代或者整个世界的潮流，将一种教学方法运用在不同时机和不同内容上。刚才说教育是有时机的，每一个阶段都会有他不同的学习能力，在教育心理学看来，这就是所谓的心理的发展。学生心理发展不同，他的学习方式不同。我们做教学的人，应该用不同的教法来教不同年龄的学生，也就是要针对教育时机的不同而采取不同的教法，所以，教法要多变。另外，不一样的科目，也应该用不同的教法。我们的教育必须让学生理解。但是我们是不是可以这样想：该理解的时候要让学生理解，这就是说人生还有不该理解的时候。那在不该理解的时候，为什么还要强求他理解呢？所以，在教育的时机上大体可以分为两个阶段，以13岁作为一个临界点。13岁以上是理解运用的年龄；13岁以下是吸收、记忆、储藏、酝酿的年龄。我们作为老师、家长、大人，要想一想，我们长大以后的学习方式跟我们在儿童期的学习方式是不是一样？我们长大的人，对于知识学问是要求理解的，而且是要实用的。但是杜威的理论并没有教育时机的分别，他认为人生所有的理论都要以理解实用为标准。这是不合理的。皮亚杰的心理学叫做认知心理学，现在我们把认知心理学视为教育理论最重要的背景，他的研究有没有真正的指出人类的认知心理呢？有。他明明告诉我们，他的心理学叫做认知心理学，就是他只是对人类认知的能力做出研究。假如我们把他的心理学用在教育的课程当中，就应该只是对着认知科目而安排。但是我们再想，一个人或者是一个儿童，难道他的课程只是认知课程吗？这一点非常重要，因为这不大容易分辨出来。西方的教育告诉我们，学校是传授知识的地方。假如要传授知识，就必须让他理解，要以理解为标准，最好还能够实用。要以理解为标准，要按照认知心理学的发展来安排，这是对的。但是，我们再想，学校是不是传授知识的地方？我们的科目是不是只是知识的科目？其实，西方的学校也不只是传授知识，它也传授一些不属于知识的学问。什么叫做"属于知识的学问"？逻辑、数学、物理、化学，一切的科技、知识系统，还有技能，通通是属于认知型的科目。但是，人类还有非认知的学问要学，比如说，艺术、性情、品德、智慧，这些就不属于知识，乃至于一个人的语文能力，也有一半以上不属于知识，或者说最高端的科学的创造不属于知识，而属于智慧。所以，学问是分为两种的。西方人重视的是知识的教育，这只是重视一边，其实，西方整个社会还有智慧的教育，至少他们有宗教。宗教不属于知识。他们也有道德，他们也主张性情、智慧，这些都不属于知识。我们中国的社会一向都偏重智慧，忽视知识，但是一个真有智慧的人，是不会永远排斥知识的，可是一个只有知识的人，也是不易从知识当中生发智慧的。所以，我们不能把智慧和知识看成对立的两边。我们大体可以把西方的学问归类为知识的学问，当然西方也有非知识的学问，比如宗教。中国的学问，包括印度的学问，它整体是偏向于智慧的学问，而智慧的学问是不是没有知识呢？它也有知识，只是偏重点不同。所以，现在的中国教育的整个大方向应该是知识与智慧并重，而且应该把它们摆在恰当的位置——所谓"中学为体，西学为用"。各种思考都要回归到这个两面。我们人类有认知型的教育，这要依照认知心理学来安排，但是，如果是非认知型的教育，就不需要按照认知心理学来安排了。所以，皮亚杰的认知心理学所管辖到的范围只有教育的一个面向，这个面向甚至并不是人生最重要的面向。以上我把教育的基本规律讲了，真正了解的人自己就应该知道怎么做；如果还不知道怎么做呢，现在我就再下降一层，讲实际的操作，就是我们如何来完成真正的教育。

真正的教育要在历程中完成，而整个历程就是所谓的"教育的时机"。我们把以上三个原则综合成一句话：在恰当的时机用恰当的方法教恰当的内容。那样我们就不会辜负一个生命。现在，我们用时机做线索，代入教材跟教法，就可以做教育的实践。我做一个标准的描述，就是标准的教育的历程，或者说是标准的教育的模型，我把这个标准列出来供参考。我们用教育的时机做线索，先要讨论教育的时机。现在问一个问题：教育要从什么时候开始？我们先讲一个最不可争辩的标准答案：教育要从应该开始的时候就要开始了。所以，聪明的人对于这个问题，是很容易回答的，而且回答得让人哑口无言，不容争辩。大家为什么会笑呢？因为这样的回答没有内容，它叫做形式的回答。形式的回答往往是分析命题，就是它总是对的。但是这个形式的回答是不是就没有意义呢？它是有意义的，而且有重大的意义，因为它可以引导内容。什么时候是应该开始的时候？我们要思考一下。教育既然是面对生命，我们是要开发人性，所以，当一个生命可以开始接受教育的时候，就是你应该开始教的时候。这一句话也是形式的回答。我们再问：什么时候是一个生命可以开始接受教育的时候？这个问题，每个人的答案就不一样了。有许多人说是胎教，就是在胎儿的时候教育就要开始。说胎教的这些朋友都是很聪明的，但是可能都没有良心。你在做吗？你的亲戚朋友在做吗？你劝过你的亲戚朋友做吗？假如有，那你非常了不起，你的孩子真的是有福气，但是如果你知道要做胎教，而没有对你的孩子做胎教，那你对不起他，而且对不起他一辈子。不过现在我们再想一想，难道真的需要做胎教吗？对每一件事情你都要想一想，不可以别人都说要做胎教，我们就做胎教。一般人对胎教的观念是来自于所谓的传统，现代人对传统已经是嗤之以鼻，虽然口头挂着胎教，但是没有人愿意去做。现在，我们用西方的科学来证明胎教是有意义的。西方有所谓的胎儿医学，研究胎儿的发展，他们用仪器测量，发现胎儿在3个月到5个月就有了脑神经的发展。什么叫做脑神经的发展？在教育的立场来看，脑神经发展得好就是聪明，脑神经发展得不好就是不聪明。你喜欢生聪明的孩子很简单，想办法让他的脑神经发展得好一点；你如果想生一个愚笨的孩子，也很简单，就想办法让他的脑神经得不到发展。一个老师想要教出聪明的学生，其实不容易，因为聪明不聪明，不是你能决定的。不过，在幼稚园跟小学这个阶段，老师都还能够参与其中，让一个孩子脑神经发展得更好。脑神经是怎么发展的呢？人类脑神经的发展都是有一定模式的。首先，我们说人的脑神经细胞是大体一样的，但是这个脑神经细胞并不一定都能发展，它要接受信息刺激，才能够发展。一个脑神经细胞在接受信息之后，就会生长，长一个突出来的东西，叫做"树突"，像树木长树芽一样。另外一个脑神经细胞在长"树突"，接触这个突出，这两个脑神经细胞就能够有信息的活动，这两个脑神经细胞就都活了。假如没有接受到刺激，它就不长，将来长大之后，我们的生命就把它淘汰掉。信息刺激多，脑神经细胞就长出比较多的突出，可以长到两万个突出。信息刺激少，就长一两个。有人说，聪明不聪明是靠遗传，但是作为一个教育工作者，不可以把教育工作推给不可知的遗传。我们相信，只要教育，就可以让每一个人成为一个绝顶聪明的孩子。要让他脑神经大量地发展，只有让脑神经细胞大量接受信息刺激。我们有五个管道能够接收世界的各种信息，这五种管道是"眼耳鼻舌身"。眼睛接受视觉光线，耳朵接受听觉声音，鼻子接受空气的味道，舌头可以尝到东西，也可以自己活动，身体可以接受刺激。这是"眼耳鼻舌身"，它们接受的信息是"色声香味触"。但在胎儿时期只有一种管道起作用，就是耳朵，他可以听到世界的声音，所以要给胎儿做教育是很简单的，而胎儿也是很好教的，只有一种教材，就是声音。胎儿很容易教，从几方面可以说明：第一点，学习态度上很容易教，因为他不会跑来跑去，也不会反对你；第二点，胎儿对于信息是全盘吸收，百分百的吸收，没有一点遗漏。其实，越小的孩子越有这个能力（指吸收信息），而胎儿这个能力最强，越长大这个能力越减弱；第三点，在越小的时候，人的学习都学到他的生命深处。弗洛伊德的心理学把人类生命的活动分为三个层次——意识、下意识、潜意识。一个越小的孩子，他的整个生命越是敞开的，随着生命的成长，他先关闭潜意识，再关闭下意识，最后只剩下意识。但在胎儿这个时期整个生命是打开的，所接收到的信息是完全记录到他生命的最深处的，这会成为他整个生命的背景。用佛教的话说，这些信息就是进入到"阿赖耶识"中，这能够从根本上改变他生命的本质。这个声音的教材要怎么选择呢？我们要选择丰富的声音来刺激脑神经发展。其次，要选择优雅的声音陶冶他的性情，让他的性情平衡。我建议两种声音，第一种就是人间最好的音乐——古典音乐，古今中外最好的音乐都是天才的作品，既丰富又优雅。所谓"天才"

就像西方人所说的：当上帝在一个人心中发出声音，他把上帝的声音记录下来，那就是最好的音乐。杜甫也说"此曲只应天上有，人间难得几回闻"。这种天才的声音，在整个人类历史中所流传下来的并不多，很快就能够全部听完。另外还有一种声音，也是属于天才的声音，既丰富又优雅，我称之为经典诵读。诵读是人类的语言，人类的语言本来就变化万千，可以刺激脑神经的发展。而日常语言已经在日常生活中了，就不需要再教了，我们教的是有智慧者把写作的文章念出来的语言。一方面是一种语言可以变化万千，另一方面又有智慧的内涵，真的可以存储在他生命的深处，作为他一生智慧的背景。你不要在孩子还没来到这个世界的时候，就用那种无聊的声音，靡靡之音，暴戾之气的声音来污染他。我们为什么要听古典的音乐，而不是流行音乐？因为"古典"是经典之作，所以流传千古。它为什么叫做"经典之作"呢？因为它是从人性深处生发出来的作品。任何学问都有它的经典：音乐有音乐的经典，美术有美术的经典，文学有文学的经典，哲学有哲学的经典，这些经典都是"千古之上有圣人出，其心同，其理同；千古之下有圣人出，其心同，其理同"的作品，纵使我们不是圣人，我们内在的心灵也是非常向往的，可以接受的，可以跟他共鸣的。孩子在越小的时候，越能够跟天才共鸣，越能够跟圣贤契合，因为他们的心灵是纯净的。如果使用不良的教材，也会记录到他生命的深处，也在影响他的生命，使他的生命成为一个扭曲的、不安的、黑暗的生命，纵使他长大了，想要做一个有理性的人，那些非理性的因子一直都在影响他，而他自己不知道，因为他的下意识、潜意识的门已经关了。

中国的书有许多是经典的。我把这些经典分成四个等级：最高的是《论语》、《孟子》、《大学》、《中庸》；如果还有时间，再教第二层次的经典——《易经》、《诗经》、《老子》、《庄子》；如果还有机会，再教第三个层次的经典——古文、唐诗、宋词、元曲；如果还有时间，再教那些蒙学的书——《三字经》、《千字文》、《百家姓》、

《千家诗》,等等。全天下最没有意义的书,就是我们的小学语文课本。你如果教《论语》了,小学语文还要教吗?你教古文唐诗了,你还要教这些课本吗?甚至你把《三字经》、《千字文》、《百家姓》这些内容都教了,难道他不能读懂现在的语文课本吗?我不是说那些语文课本毫无意义,我是说那些语文课本的意义不大。教育有一种精简的原则,叫教育的经济学——凡是他能够自己学的,我们就不需要教。

我们回过头来讲胎儿教育。能听的时候就给他听,听对生命最有影响的内容,所以,我们的时机越早越好,我们的内容越高深越好,我们的教学法就是最自然的方法。胎儿时期只能听,我们就只让他听。每天早上用2秒钟时间就可以教你的天才,你对CD播放机按一个play,一个replay,就让它转24个小时,圣贤就到家里来当家教了,可以教24个小时,白天听,晚上也可以听,因为你睡觉的时候,胎儿是不睡觉的,胎儿也没有醒来过,叫做半睡半醒之间,这是最好教的时候。有的人知道了这个道理,准备3架CD机,一架播放古典音乐,一架放中文的古典诵读,一架放外文的经典诵读。如果干扰到大人,可以把声音调小一点。你要思考的时候,语言会产生干扰,那就把语言关掉,但还是要剩下一个古典音乐,因此,家里古典音乐是常年不断的。让CD转24个小时就好了吗?让它转7天,总共转168遍,这叫做"书是前世读过来,书到今生读已迟"。我举一个例子。我们选给孩子的第一部书叫做《论语》。不管任何时候,你要读中国书,第一部书就是《论语》。《论语》总共13700个字。第一个礼拜你让他听168遍,把上半部《论语》听熟了,第二个礼拜让他听下半部《论语》,第三个礼拜可以听《大学》、《中庸》,第四个礼拜听《老子》,四个星期就把《论语》、《大学》、《中庸》、《老子》各听168遍。一个胎儿在母亲的怀里要有40个礼拜,算算他可以听多少的经典?如果依照我的建议,生出来的孩子一定是"读经宝宝"。这些读经宝宝首先是聪明,其次是性情平正,不哭不闹，喜欢笑，人见人爱。

宝宝出生以后是不是就没有机会了呢？不然，人类的脑神经的发展是从胎儿开始，一直到3岁发展了80%，3岁之前是最重要的。3岁到6岁再发展了10%，就是发展了90%，到了小学阶段，剩下最后的10%。到了13岁，人类的脑神经发展完全定型。因此，13岁之前是可以用人为的努力让孩子变聪明的，用人为的努力真正地变化气质的。13岁之前聪明起来，永远聪明，不会再笨；13岁之前没有聪明起来的，是不可能再变聪明的，他最多是把他现有的聪明运用得再好一点，他也能够有相当的成就，但是他要很努力。孩子出生以后，继续让他听，听尽世界名曲，听尽经典诵读。等到他眼睛睁开了，要给他视觉教育，就是看尽世界名画，世界最有名的雕塑、建筑、舞蹈、戏剧，总之人类最伟大的创造在3岁之内看完十遍、百遍、千遍，那他这一辈子就养成了美术鉴赏的能力，而且增进了无限的聪明。还有，训练耳朵，让耳朵敏锐，叫做"耳聪"；训练眼睛，让眼睛敏锐，叫做"目明"，"耳聪"加"目明"，就是"聪明"。有很多家长都知道，要从小教育，要早教育，要0岁教育等等，但是他们却没有做。他们为什么不做呢？因为他们被近代的教育理论所限制。一个妈妈想要做胎教，这个妈妈很负责任，就摸摸肚皮，问胎儿：我现在要让你听古典音乐，让你听古筝、古琴，听贝多芬、莫扎特，我让你听《论语》、《孟子》、《易经》，孩子你听得懂吗？孩子没有回答，她替孩子回答了，连妈妈都不懂，你怎么懂，所以，我们就不听吧。她就替胎儿决定，听儿歌、听童谣、听卡通音乐，因为妈妈认为这些孩子能懂。这就是由于愚昧，把孩子教坏了。这一坏不是坏了一年两年，而是坏了一辈子，从根上烂掉，将来长不出好树，开不出好花，结不出好果。

到了1岁的时候，口舌开始起作用。口舌不只是吃东西，口舌会动，我们的耳朵不会动，我们的眼睛不会动，也就是说它们只吸收信息，但是我们的舌头会动，这时舌头是一个最了不起的器官，所以舌头要训练。要怎么训练呢?他能讲话的时候就要训练,你要让他念经典。你怎么让他念呢?在一两岁的时候,你每天带着他念。我们口舌的运动是最能够增进脑神经发展的,而且孩子听进去,他也要模仿这个声音,他必须经过脑神经的回路系统。于是,要训练脑神经的运用,最好是透过语言。而要训练语言,最好是通过教他念书。

等到2岁半或3岁的时候,他就能够正式地开始读书了。读什么书呢?读经。什么叫做"读"?看着字念出声音叫做"读"。你可以用大字报,也可以把他抱在膝盖上,然后拿着书。他不能够认字,你可以一面念,一面指着字,教他读。这样做的附带效果非常重要,就是认字,但是主要效果是一辈子的智慧。我们教孩子读经,他2岁到3岁就可以开始认字,用半年时间就把中国两三千个字都认完了,所以在幼稚园的孩子小班开始教读经,到了中班开始学阅读。读经教育的第一个附带效果就是认字,认字以后就有一个附带效果——阅读,阅读以后的附带效果就是能够自己学习,学习一切的功课,这就是"语文是一切学习的基础"。

既然孩子会读书,你就不需要教他,你就很轻松了,而且越早养成读书习惯,越能够维持一辈子。所以,读经教育能使一个人头脑聪明。开始阅读以后,知识量广博,变得更加聪明,而且思考力会快速地提升。有了思考力,就可以去做数学、物理、化学。何况,真正的科学要有很多常识,你要让他读很多科普读物。孩子的阅读能力要强,阅读能力是从语文来的。所以,一个人在小时候把语文学好了,其他功课就会顺理成章。

在幼稚园教读经是比较容易的,因为没有体制、功课的压力。那要怎么要求呢?首先,做幼稚园的读经活动,就是做幼稚园所谓的正常功课,刚开始附带教读经,最后渐渐地形成"读经幼稚园"。什么叫"读经幼稚园"?就是以读经为主的幼稚园,就是读经的时间占一半以上。台湾有一个幼稚园是这样做的:早上从入园一直到中午吃饭，只有一个科目就是读经，那怎么读呢？老师说，小朋友跟我念，念了三五遍，十几遍。那么要念多久呢？我现在提倡一个在短期内可以实施的标准方法，叫做"三百读经法"：第一个一百，就是每天只读一百个字；第二个一百，读一百遍；第三个一百，给每一个孩子一百分。读经教育是很公平的，只问孩子有没有用功，有没有增进他生命的内涵，不问他现在的成果是什么。于是，每个孩子都会喜欢读经的，因为会读的孩子，他喜欢读经；不会读的孩子，我们也鼓励他。至于小学，我还不敢期待有所谓的"读经小学"，除非是另外开的小学。那怎么做呢？我且举台湾老师的例子。有一个老师刚毕业的时候，分配到一个小学，刚好教一年级，还没有见过学生的面，他知道他班上有30个学生，所以，他准备了30本《论语》。等到开学的第一天，先发这本书，里面全部是文字。这些小朋友非常好奇，他们没有看过这种书，他们心里就想：听说上小学跟幼稚园是不一样的，念的书都不一样，果然不一样。这样孩子就不会反抗。这个老师就说：小朋友翻开第几页，跟我念，小朋友就跟着念，就这样带读了10分钟。然后跟小朋友交代说，以后我们每节课打上课铃都要念这本书，最少念10分钟。每天打上课铃都念10分钟，念了刚到半个学期，他们班的孩子识字量就比别人强，他们班的应试成绩最好。到了第二个学期，这个老师开始实施"阅读教育"。其实孩子是很喜欢读书的。这个老师去图书馆借30本书，跟小朋友说，这些书是给你们看的，小朋友都拍手鼓掌。一个人发一本回家看，看第一本登记一个书名，看第二本登记一次，看第三本又登记一次，以后，每看一本书就再登记一次。一个学期下来，他们看了一两百本书了。这个老师给这些学生带来一辈子的福气。到了二年级上学期，《论语》刚读到一半，这些小朋友每一章都会背。一个月之后，老师说：小朋友要上数学了。数学课本拿出来，里面有没有写字啊？小朋友说：有！老师说：那你们念念看。他们就念：花坪里面有5只蝴蝶，又飞来了3只，问总共多少只？

就是这些文字，数学就是语文。语文学好了，就会算数学，所以就让孩子先学语文，用语文的方式学数学。数学是不可以教的，因为数学是要自己做的。我们中国想要科学救国，一定改变数学物理化学的教育。第一点，不可以再压迫我们的学生，我们中国的数学物理化学教材的深入，是比西方先进国家高出3年到5年，如果我们的孩子不会算数学物理化学，你一定要同情他，因为是我们的国家在压迫我们的孩子，不是我们的孩子不聪明，也不是我们的孩子不用功。第二点，我们的心态要放开，孩子不会做数学物理化学没关系，等到长大一点再做还来得及。其实，我们教学是非常简单的，我们每个学校（读经学校）都会用这种方式：每天打上课铃，让孩子念10分钟，最少是念5分钟，我们就可以把经典带入教学。

成人能不能读经呢？成人也可以读经。你要提升自己的个人能力，你要受到圣贤的启发，得到人生的智慧，你要立定自己的安身立命之道，最好的方法就是去面对经典。怎么面对经典呢？我现在提倡的一个运动，叫做"全民读经，论语一百"。"论语一百"的意思就是读《论语》这本书一百遍，只读原文，不要读注解。然后，你可以用这个方法去读《大学》、《中庸》、《易经》、《诗经》、《老子》、《庄子》，总之，你一辈子就可以读很多的经典，你的语文程度会有大幅度的提升，就可以去读《史记》、《资治通鉴》这一些大书了。

我建议有三篇文章可以看，第一篇《一场演讲，百年震撼》，第二篇《读经教育的全程规划》，第三篇文章就是《读经教育，百问千答》。如果自己有兴趣，可以再去做功课。

陈少明，中山大学哲学系教授，广东省"珠江学者"特聘教授，教育部"长江学者"特聘教授，中国哲学史学会副会长，国务院学位委员会哲学学科评议组成员。长期从事中国哲学与人文科学方法论的教学与研究，主要作品有《儒学的现代转折》、《汉宋学术与现代思想》、《〈齐物论〉及其影响》、《经典世界中的人、事、物》、《等待刺猬》等。

贰 经典教育的现代意义

陈少明

经典教育是一个新的课题。我们以前读书、教书的时候，讲的是思想教育、政治教育、品德教育，而不说经典教育。这当然不是说现在才有经典教育，其实中华民族的传统教育都是经典教育，几乎没有什么别的教育。只是很长一段时间以来，从"五四运动"一直到"文革"前后，我们所提倡的教育都是反经典的教育，重提经典教育是最近的现象。

这一现象包括两方面的情况：一方面是在民间掀起了读经典的热潮，比如说社会上出现了孟母堂这一类私塾、讲堂或学校，民间许多父母自发组织孩子读经典学国学，还有一些学校组织的活动；另一方面是现在高校里有专门读经的内容，也就是高校在通识教育里面引进了四书五经之类的课程。高校的通识教育，以前只有公共政治课，鉴于此课的内容比较狭窄，在教育部大力提倡文化素质教育的形势下，高校的通识教育增加了许多其他方面的内容，经典教育就是其中很重要的一部分，也就是刚才提到的四书五经这一类。

什么是四书五经呢？大家知道，这些都是儒家的基本经典，我们是按数目把"四书"排前"五经"在后，但事实上，是先有"五经"，后有"四书"。"五经"是《诗》（《诗经》）、《书》（《尚书》）、《礼》（《礼记》）、《易》（《易经》）、《春秋》。"四书"是《论语》、《孟子》、《大学》、《中庸》。这些经典的内容非常广泛，从历史的角度看，它们是在漫长的时间段里形成的。比如五经中大家比较熟悉的《诗经》，中小学课本里都有许多此书的内容节选，它的内容不一样，也不是一个时代的作品。我们通常说的经典是在上古，就是中国历史上夏商周这三个朝代前后出现的一些官方的文献。孔子以后，才出现了一些非官方的作品。为什么后来要把这些著作变为儒家经典呢？这些书出现以前，儒家还没有出现。平时说儒家经典，是因为儒家把这些文献的内容，作为一个基本的教育材料向民间传播，以后才把这种经典叫做儒家经典。所以这些经典一开始不是儒家的。还有"六经"一说，"六经"的内容其实和"五经"一样，因为《乐》找不到了，叫"五经"，如果把已经失传的《乐》也罗列出来，就称为"六经"。"四书"则是从孔子以后才出现的经典作品，《论语》是关于孔子言论的语录，《孟子》据说是孟子和他的学生共同编写的。另外是两篇文章，一篇叫《大学》，一篇叫《中庸》，是《礼记》中的文章，被抽出来后与《论语》、《孟子》并列为"四书"。所以"四书"是比"五经"更晚出现的作品，而且内容比"五经"更加系统。儒家尤其是到了宋代的儒家，他们讲经典，主要讲授的就是"四书"。今人一提到"四书"，经常会提到朱熹的《四书章句集注》，此书就是"四书"最基本的一个教材。我们今天所讲的读经、经典教育，大半内容讲的就是"四书"，而不是"五经"。"五经"的内容太难了，难以普及，"四书"相对好一些。

为什么现在大学里会讲这些内容？这些内容放到大学的课堂是

不是大家的共识？其实不一定，这是一个充满争议的话题。反对的人有一个很强烈的立场，认为讲这些内容是封建教育的复辟，是对思想自由的钳制。为什么呢？这与他们对经典的看法有关。"五经"是来自孔子之前的官方文献，而且是当时贵族思想意识的一种基本体现。而"四书"是孔子之后的以孔子思想言论为代表所发展出来的儒家思想。这些思想是与传统社会相适应的意识形态。不管我们把那些朝代叫封建社会还是专制社会，总的来说都跟近代自由民主意识的社会是不一样的，是对立的社会形态。所以现在持有自由主义立场的一部分人就非常强烈地反对，他们会提到一个问题，如果"四书五经"真的有意义的话，那么以前就不会被废除。废除儒家经典有两次重大事件：一次是清末废除科举。传统选拔士人的一个基本途径就是通过科举考试，而科举考试的基本内容就是儒家经典尤其是"四书"。在科举制度实行的后期，"四书"起到了非常重要的作用，朱熹的《四书章句集注》是一个很重要的教材。科举是推动"四书五经"传播的极为重要的途径。其实很多人对经典的熟悉是因为他们想做官，要晋身仕途。做官要经过科举考试，一定要知道这些内容。而清末废除科举以后，大家就不需要通过读经典而做官，这种形势下读经典的热情自然会下降。另一次重大事件是，"五四运动"之后当时的民国教育部宣布学校里不需要再读经。经典不是必修课，类似于如果有一天告诉你政治课不是必修课，那读的人肯定就非常少了。在这种背景下，经典与传统、与非现代化，是被连在一起的。所以，今天重提读经的时候，有些人会持反对的看法。这些看法现在不一定非常有影响力，可是在报刊、学校等不同地方还是有一些这样的声音、观点。所以高校里重读经典的提法，读经课程的安排，原本并不是来自教育部的明确规定，教育部只是提倡在高校通识教育里讲传统文化，把优秀传统文化的内容向学生传播，而不是特别指要读儒家经典，这是有很大差别的。

相反的意见就是积极支持阅读儒家经典。支持的理由是，它是道德权威建立的保证。为什么这样说呢？道德包括什么内容？它的规则与意义是什么？为什么要有道德？这些内容理据几乎全来自经典。道德不是哪个人、哪个老师、哪个政府发明的，历代政府不管是封建时代的，还是现在的人民政府，都要讲道德。而讲道德最基本的概念，所有的政府所强调的内容几乎都是一样的，都强调利他主义，要关心别人，照顾别人，没有任何政府，哪怕是我们所说最反动的政府，会告诉你每个人应该为自己，而不为别人。这就表明道德的问题不是哪个政府发明的，而是人类至少就我们中华民族来说，来自文化中根深蒂固的内容，而这些内容其实就来自经典。所以支持者提出重读经典的一个理由就是，今天我们社会的道德状况不是太令人满意。虽然说今天的社会道德状况是不是真比过去差了，这个问题见仁见智，需要更复杂的讨论才能说清楚。至少这部分人认为，造成这个现状的一个重要原因，就是我们不读经典了，因为经典告诉我们的是关于道德的知识，不读经典就意味着缺乏广泛的道德教育，我们用政治教育或其他教育取代道德教育以后，这个问题变得更加突出，所以，这些支持者主张要恢复经典的教育。大概是支持这一方慢慢在大学里占了上风，加上来自民间的支持，近年来经典教育就逐渐被重提，在高校里流行起来，有些把它叫做通识教育，有些叫博雅教育，有些叫素质教育，内容大同小异，都是以公共课的形式开设。中山大学的博雅学院曾跟全国多所高校联合，开过一个关于"四书五经"教育的学术会议，我参加这个研讨会时，听到了很多做这方面工作的老师——主要也是高校老师——他们对经典教育的看法。因为，这种学术会大多数是支持者才来参加，所以，在会议中听到的意见基本上都是一边倒的表示支持，只是支持的程度不一样。有些支持者是比较说理的、平和的，着重考虑经典对现代的意义。而有些老师的主张可能比较极端，认为大学里面教授经典，大学生只能听，只能接受，不能质疑。因为经典里的许多内容，学生会怀疑它们是不是与当代社会相适应，而这些老师主张经典是只能学习不能质疑，学多了就能潜移默化受影响。在民间还有一些比较极端的做法，不仅仅是要求孩子们读经典，家长们也要组织起来学习。而且有些家长还会极端地认为，现在学校的教育体制是一个不好的体制，缺少必要的道德教育，所以把孩子们送到学校，对做人没有什么帮助，他们的实践就是把孩子留在家里自己教，不再送孩子到学校里去接受教育。这就涉及一个问题，教育理想跟我们现在的教育制度本身是否存在冲突？现代教育体制被质疑得最多的就是高考制度，因为中小学生教育的思路和课程内容设置，几乎就是被高考这个方针所左右，可是在高考中取得高分的考生进入大学后的学习却未必如同他当初应对高考考试所体现出来的能力，更何况还有大量的学生并不是通过高分进入高校，即使进入高校，各学校水平参差不齐，差别非常大。在这个背景前提下，有人对我们现代教育制度保持一种怀疑，也有人基于此原因主张不让孩子到学校去读书。虽然持有这种主张的家长不是很多，实践这一主张的家长更少，但经过媒体报道渲染，还是影响到了其他家长的看法。因此，经典跟我们的现代教育究竟应该是什么样的关系？这是一个值得探讨的问题。要明确的是，这里要讨论的首先不是经典的内容，而是经典的内容与现代教育究竟有怎样的关联。

在给大家概括介绍了当今重提经典教育的背景和相关争论之后，我想先表明以下讨论的基本立场，当然也是我个人的立场。首先，我支持经典教育；其次，我质疑那种认为经典教育只能让学生听，不需要向学生解释，不允许学生对经典提出疑问的态度。然后我再分析，经典与我们的生活，与我们的教育，究竟有什么样的关联？

先从反面分析一下经典与现代教育的关联：

第一，一味强调经典，把经典说成是非常特别、至高无上的想法，这与我们时代的趋势并不相符。为什么这样说呢？因为，我们所说的传统儒家经典，它的内容，它对社会生活的意义，古今情况不太一样。儒家经典在传统社会中类似于我们今天的宪法，它在汉代变成经学，而这个经学一开始不是为了教育百姓，而是政治家制定王朝政治制度以及各种各样方针政策的依据，类似于我们今天的宪法或政治方面的经典著作，是起这样的作用。所以，在传统社会，如果不按经典的主张行事，或者有反对经典内容的，那就得背一个很大的罪名叫离经叛道。经是用来传达道的，道就是过去的政治、社会或者道德的理想。经典之所以能在那时候起这么大的作用，当然是跟它特定的时代背景、社会制度密切相关的。清末民初以来、"五四"以后，传统经典的社会政治意义实际上已经消亡了。要是在今天重提经典时把经典放在那种重要的地位上，肯定与我们的社会政治制度是不一致的，至少与社会生活是不一致的。因此，一味地强调经典、抬高经典的主张是比较难实行的。

第二，强调教师讲经典学生不能质疑的立场是有问题的。今天的教师，与以往的教师身份实际不太一样。韩愈的《师说》里赋予老师三个责任，传道，授业，解惑。传道就是传播经典上告诉大家的真理，授业是传授各种各样具体的历史文献知识，解惑就是解释当经典中的观点互相矛盾或运用到生活当中不明确时，你该怎么解决这个问题。所有的经典，所有的道德规则，都是抽象的，而社会生活的内容非常具体复杂，同样一件事，可能适用两条不同的道德规则，但二者之间是有冲突的，到底该用哪条规则，教师还有这个解惑的功能，这是传统教师的作用。传统教育的内容本来就是经典，传统的教师教经典，跟他权威的身份是一致的，保持统一的，但当今不是。现在的老师，虽然我们也常说为人师表，要求老师应该有崇高的道德觉悟，整个社会、政府、师范院校乃至一般大学，都是这样教育我们的，但当我们聘用老师的时候，考核的都是业务知识和能力，而不是道德。每年都有大量的博士毕业生在大学里找教职，我们会对应聘者履历的内容进行筛选，考核内容都集中在业务方面，而没有对他的道德水准进行一个考核。道德考核这种事情其实是没法做的。一个学生，只要他的档案里没有犯罪记录，没有人会告诉你他的道德品质有什么缺陷，除非我们看出来这个人有心理问题。有些学校或有些专业，在面试时会请心理学专家一起参加审评，但这种情况也是少的。这就意味着，我们招聘进来的老师的道德水准与其他人是一样的，至少我们在考核的时候，没有体现其区别。既然如此，我们对老师的道德要求只是教育制度告诉我们的，实际操作中并没有什么办法来确定与推动，那我们就没理由要求老师在道德教育方面本身就是学生的一个道德模范，最多是在基本道德品质上，他不应该比普通公民的常规道德水平更差，好一点当然更好。而传统的老师自身就是一个道德的模范，最有名的代表当算孔子。中国历史上第一个带很多学生的老师就是孔子，弟子三千，最优秀的有七十多人。为什么那个时代有那么多人做他的学生，跟孔子学而不是跟别人学？当时有那么多人学习，意味着那个时代也不只有一个老师。孔子有这么多学生跟从他，有两个因素。第一，他有丰富的历史文献知识；第二，他的教学内容与他个人的道德或政治实践是相一致的，他的言行足以成为他追随者的楷模，那些人因此支持他、相信他、追随他。可是今天我们到学校里来，不管是家长的认识，还是学生本身，都不是来学习如何做一个有道德的人，而是来学科学文化知识，学一技之长，学将来如何到社会上谋生，虽然我们会附加学习道德，学做一个对社会有用的人，可这种学只是在书本上学、概念上学，而不是跟老师学。在这种背景前提下，我们不会把老师当作道德的权威。在讨论道德问题时，我们也可质疑，不会认为这个老师说的就是真理。但这里要注意区分，中小学教育跟大学教育不一样，中小学教育中，老师起到了一个主导的作用，跟家长相似。可学生年年成长，在复杂的社会里，接收到的信息并不完全是道德的，并不总是正面的信息，老师没理由说我是怎么样你就应该怎么样。老师教学生经典，告诉学生经典里的话都得听而不能质疑，即使老师相信经典是有道理的，相信这些内容是道德的，可是教育是要说服学生，而不是像对待儿童一样，告诉他你做了给你糖吃，你不做没有糖吃。我认为，如果不考虑理性地说服学生，而是单方面觉得老师怎么样，经典里怎么讲的学生就应该怎么样，这样的教育我觉得是有问题的，作用非常有限。

　　前面提到有些家长说要自己教，不把孩子送到学校去，虽说实践的人不是很多，可这样做有没有理由呢？我觉得这是一个可以讨论的问题。家长是不是有权利从小剥夺孩子作为公民参加现代体制教育的权利？作为家长当然可以在孩子小的时候为他安排一切，可是这个孩子并不是从小到大只生活在家里。他以后要去工作，要在社会上跟人打交道，必须拥有其他知识才能立足于社会。特殊情况我不讨论，比如说有些孩子自身并不方便上学，我们讨论正常情况下，因为家长的认识而认为孩子不应该上学的。即使学校里的道德教育并不完全，但学校里的许多其他教育家长是无法代替的，家长的知识再丰富，也不能保证自己比学校的老师可以更有效地把这些知识教给孩子。还有一个更重要的问题是，这个孩子是不是从小在家里接受好的观念，长大以后就成为一个道德非常完善的人，在社会上不受污染？从小在家人的呵护下长大，接受的事物和思想都是正面的，他会理所当然把所有的东西都看作正面的，往正面方向发展没错，但社会事实上并不都是这样的。一旦在社会上面临各种问题，发现与家里纯粹的道德教育不一样，那这样的孩子长大了怎么办？例如，一次去开会碰到了一位台湾学者，他就是把孩子放在家里自己教育的，他很高兴孩子每天都会写功过格，功过格是什么？在明清时期，有一些推广道德教育或者叫强调道德修养的人，为了保证自己的行为思想都符合道德规范，他会把每天自己做过的事写下来，然后检查哪些是道德的，哪些是不道德的。每天都写，哪些是做得对的，哪些是做得不对的。不仅是做过的事甚至包括想的事情，也就是想过而不敢做没有做的事情都要写下来，这样做在道德上就会变得比较纯粹和完善。这种情况在当代社会是一个比较特别的情况。因为在社会生活以及我们的日常生活行为中，有大量的行为并不是道德上要么是好，要么是坏的，大量事情不是这样简单两分化的，有许多行为在道德上都允许，而你可做也可不做。如果每天把所有做过的事情都这样按道德标准归类的话，那么人的选择就会变得很奇怪，也会变得非常艰难。这个问题不是三言两语能够说明白的，必须有专门的分析，在这里我们只能简单提示一下。在我看来，让孩子从小就把所有事情进行可做与不允许做的严格区分，以后他对社会生活的适应就会变得很困难。在具体的经验中，一个人在正常的情况下被不道德的东西诱惑，是非常容易的。例如：有一个大家觉得不错的学生，有一天他被保卫处告到系里，说他到别的学校偷了别人的自行车，老师们按平时与他接触的感觉，都认为不可能是他偷的，但结果他说是他做的。事情是这样的，他到另一个学校去看同学，回来的时候，发现自己的自行车被偷了，去派出所报案也无果，只好作罢。他买了辆新的自行车，又去了那个学校，结果他的自行车又在那里被偷了。这次他就把边上一辆可以撬开的自行车偷了骑回来，他觉得两次他的自行车丢了都没人能给他解决问题，所以这次他偷别人的。这样的想法当然很有问题，因为他所偷的自行车，并不是偷他自行车那人的。即使是那人的，也不该用偷的办法解决。偷，是错的，不道德的行为。这个例子说明，人被不道德的东西诱惑是非常容易的。他自己认为是公平的，而被他偷了自行车的人会认为非常不公平，这事情就复杂了。这表明有一部分人，当碰到事情时，不可能时刻要求自己保持按道德规则行事。

　　科学知识包括基础知识，需不需要传授？可能有比较特殊的情况，比如说有的父母家财万贯，足够让小孩这辈子都衣食无忧，那么学不学谋生的知识已经不重要了。可就整个社会来说，基础教育里不可能没有科学知识。有些极端的状况。美国有摩尼教，有的存在于地处偏远的一些小镇上，那些人过的生活基本上是排斥现代文明的，比如说不用电灯，没有车。据说是源于1848年德国革命以后移民到美国的后裔。他们作为这样一个特殊的宗教派别，可以在自己生活的社区里保留这样的生活，如果小孩到别的社区里去，就会加入到其他生活中去。这种宗教社区生活是稀有现象，就像濒临灭绝的保护动物一样，不是社会的常规现状，因此，自行教育的想法是一个十分可疑的情况。

　　除了对传统经典与现代社会关系的意义理解不对，对经典教育的功能理解不一样之外，把经典教育强调成纯粹的道德教育，也是对经典内容的狭隘理解。比如说，当幼儿园、中小学讲《三字经》《弟子规》的时候，这些内容是跟道德有关的。不可质疑是基于传统经典，是道德权威的立场，但道德意义只是经典的一部分，经典不仅有道德意义，还有更广泛的文化意义。我们常提的儒家经典如"四书五经"是内容更广泛的经典，如《诗经》有很高的审美价值，《春秋》是史学的内容，《尚书》与政治有关。更何况，我们今天讲的经典不仅指儒家经典，而是包含了中国传统文化中的"儒释道"经典。释是佛教，道是道家道教，佛家道家也有许多经典，是我们中国传统文化的基本教本。这些文本里面所表现的内容，并不纯粹只是道德的问题，这可以《庄子》为例。《庄子》是道家经典，不少人读过，如果不带着接受道德教育的眼光来读，可能会觉得它是个更有趣的文本。举一些书中的例子，就可以感受到它与中国传统文化的密切关系。中国文化有一些符号，这些符号不管在经典，还是古代、现代生活中，都是中国文化的组成部分。举例说，我们讲梦，经常就会与蝴蝶联系起来，叫蝴蝶梦，甚至把一部英国小说的名字翻译为《蝴蝶梦》。很少听到蝴蝶在别国文化中是一个重要的文化象征，但在中国是。为什么呢？因为庄子在《齐物论》篇中讲了一个关于蝴蝶的故事，并且这个故事与梦有关。庄子的蝴蝶梦是这样说的：有天庄子睡觉的时候做了一个梦，梦见自己变成了一只蝴蝶，飘飘然飞起来了，飞得非常轻盈愉快，可突然间庄子醒了，一醒之后就看到自己并没有飘飘然，身体躺在地上，然后就纳闷刚才那样快乐轻盈的感觉现在怎么荡然无存了。若故事就到此打住便无甚奇异，神奇的是随后庄子突然问了这样一句话：究竟是刚才睡着的庄周梦到了变成蝴蝶，还是现在醒过来的庄周是那只蝴蝶睡着做梦变成的？这个问题搞不清楚，因为，一个人在梦中是没法证明自己在做梦的，所以，庄子无法说明是自己在梦中变成了蝴蝶，还是蝴蝶在梦中变成了庄子？这个故事很有趣，又极富深意，它表明，自己究竟是谁，每个人的自我认同是有问题的。庄子的故事给我们一个警示，并不是我们每一个人的自我确认是无疑的，既然无法确认，那么也许生活中感受着得失悲欢的并不是我们自己，只是我们自以为我是我自己而已，而无法看到背后许多牵扯着我们欲望的东西。如果我们不再认定这个"我"就是我自己，那生活的态度完全可以轻松自然得多，对许多东西的态度就会变得无所谓。这种生活态度是一个哲学问题，用哲学性的话语来说，就是对主体性的怀疑，这一观点与我们所说的道德教育其实无直接关联，但可以从庄子处引申出非常复杂丰富的道德问题来。庄子以后，中国文化中一讲到做梦，就会让人联想到蝴蝶，或者一讲到蝴蝶的时候，就与梦扯上关系，这是经典神奇的地方。

我们还可举《庄子》中另外一个例子。中国人喜欢养鱼，在自己家或公园里，鱼与鸟一样，被视为宠物，西方文化传统里没这种观念。我在美国洛杉矶闲逛一个很大的商业中心，看到旁边有一块"中国公园"的指示路牌，就好奇去看看在国外中国公园是怎么样的。那个地方，除了看到牌坊以外，就是看到湖里养了很多大条的锦鲤。美国及欧洲国家的园林、公园里也常见湖，但人工湖里一般不养鱼。这触发我想到，也许养鱼是我们传统文化中独特的一种风俗。还有一次我在越南河内一个道观里看到一副对联，内容也与庄子书中"鱼之乐"的典故有关。这意味着中国人对鱼的爱好，其中有一部分原因来自庄子。当然我们民间风俗中讲年年有鱼（余）是说每年都会丰收，财富丰裕，可这是比较世俗的想法，文人雅士讲鱼的时候，不会往这个方面想，他们会联想到《庄子》里讲鱼的典故。有一天，庄子跟他的朋友惠施在河边散步，看到河里有几条鱼在游。庄子说，这些鱼游得非常从容，看起来非常快乐。惠施就说，你不是鱼，怎么知道鱼是快乐的呢？庄子反问，那你不是我，你怎么知道我不知道鱼的快乐？惠施答，因为我不是你，所以我不知道你知道鱼的快乐；而你不是鱼，所以你也不知道鱼的快乐。庄子又答，你刚才的说法就意味着你知道我知道鱼的快乐了，因为你这个说法就明明已经承认了我知道。如果你问我怎么知道的，我就是站在河边这里看到的。庄子的这段话仔细分析起来非常复杂，一环套一环，而且不断地转换概念，整个故事的结果是庄子说完最后一句之后，惠施没再说话。在《庄子》一书中，二人以往的争辩，往往最后某人说完话，另一人不再反驳，就意味着某人赢了，所以庄子在这里是赢了。但此故事仔细分析的话，庄子并没有辩赢，因为他在此过程中偷换了很多概念，可是历代许多《庄子》的文献注释都会认为庄子是对的，或者喜欢庄子认为鱼是会快乐的想法。这是一个非常重要的问题。重要的不是庄子知不知道鱼的快乐，而是庄子认为鱼是快乐的想法大家都觉得应该如此，这个想法代表了中国文化中把万物看成与人一体。这种观念从庄子就开始了，并且得到很大的延伸和流传。在中国画里有鱼乐图，诗歌里有歌咏鱼水之乐等等内容。以上所说，是为了表明，中国的经典，并不纯粹只是讲比较狭隘道德意义上的经典，也不局限在儒家经典或道德权威内容的经典，更何况通识教育，不仅要讲中国的经典，还要讲外国的经典。

  对经典教育，不能把它变得太狭隘。除了不能把道德教育变成只是老师对学生单方面的说教，也不能把经典说成立场都是对的、不能讨论的绝对权威，还有不能把经典看作只是道德的经典。下面我从正面来分析，为什么我要支持经典教育。

  首先，为什么我说经典是可以质疑的，前提是我自己觉得经典

贰 经典教育的现代意义

是经得起质疑的。我们要对经典有信心,没信心才会惧怕质疑,或者回答不了相关的质疑就不让别人提问。能经得起质疑的才配被称为经典,为何这样说?因为儒家经典的基本价值,不是靠神迹,也不是靠不可理喻的假设。在某些一神论的文化传统里,会假设一些我们没法理解的观念,比如说天地万物都是某一位神创造的,或者说某个道德准则是某个神告诉人类要这样做的,儒家基本上没有这样的内容。因为你要讲这个世界是某位神创造的,那就与现代教育的基本知识不一致,不一致就总要面对人家的质疑,可是儒家经典不讲这样的内容。中国文化中有没有一些迷信的或者是神神怪怪的东西,当然有。比如汉代流行的谶纬,"谶"就是类似于道教画符一样的谶语。比如《史记》里面写到刘邦、项羽他们推翻他人想做帝王时,会偷偷地在民间一些地方散布一些谶言,说今年会在什么地方出个皇帝,这种叫谶。"纬"就是专门解释经典的,当然这种对经典的解释并不是根据常识或者是合乎理智地解释经典,而是附会了许多神怪的东西。比如,有解释《论语》时把孔子描述成是他母亲到了某个地方以后突然受孕生下来的孩子,是某位神下降到他母亲身上而生出孔子。但是儒家经典里没有这样的内容,孔子基本生平来历清晰,知道其父母是谁,哪个国家的人,哪年出生的。他一生主要做过哪些事情,有哪些学生,跟哪些人打过交道,去过哪些国家,最后在哪里辞世,基本上都有文本记载,并且在很早的文献里就有所记载。中国文化包括儒家经典最主要的东西,都是高度地符合常识,或者我们说是理性主义的。什么叫理性主义?理性主义的"理"字,是我们中文或者说中国文化中用得非常多的一个字,跟理字有关的成语特别多,不可理喻,以理服人等等,可是大家知道把理字放到这么重要的一个地位是从什么时候开始的吗?——宋明理学。宋明理学是儒家发展的一个阶段。中国思想史的大概发展历程是先有先秦子学,包括孔子老子等人物的著述语录;接下来是两汉经学,就是把孔子要传授的经典变成全社会普遍要学习的文献，这个时代是对经典进行集中研究的一个重要阶段；此后是魏晋玄学，隋唐佛学，再接下来就是宋明理学。宋明理学主要是为了反对魏晋玄学以及隋唐佛学而出现的，认为在这两个阶段里由于道家和佛教占文化主导地位，所以，儒家衰落了，宋明理学要重新举起儒家的旗帜。那么，这种重振旗鼓是要恢复原来的儒家吗？宋明理学家说是，可他们其实提供了新的内容。按照宋明理学早期的代表人物二程兄弟的说法，他们所学的东西都是有来历的，都是由老师教得来的，唯有一个词——"天理"，是他们发明的。从此"理"字被普遍使用，以后中国人把有秩序的，说话能够说得通、能服人的，都称之为"理"。所以现在我们讲真理、道理等用语，源头都从那里来。因此，儒家是高度理性主义，理性主义就是讲道理，经得起别人的质疑和发问，因为质疑也是要讲道理的。

我们说儒家的核心思想是讲道德，但儒家不仅讲道德，也讲政治和社会文化，但是政治和社会文化随着时代变迁，经典里所讲的具体的政治、社会文化观念也会逐渐变得脱节，但有些东西是永恒的，比如前面所说，不论哪个政府哪个人，说起道德，基本的内容都是一致的，从古到今的差别不大。儒家讲道德，究竟讲什么内容？当然它包含了一些具体的行为规则，比如说父母去世，你要守孝三年；别人办丧事时，你在旁不能兴高采烈。有各种各样的规矩。有一些更核心的是基本思想原则，原则是抽象的，跟从原则所有的事情都可以做，我们对儒家道德原则的简要概括就是做什么事情必须是合情合理的，用我们现在日常的话语来说就是，为人处世时必须将心比心。在孔子那里，"将心比心"曾表达为两条语录，一个是"己所不欲，勿施于人"，一个是"己欲立而立人，己欲达而达人"，这两条语录都出自儒家经典《论语》。关于儒家经典，我还要补充几句，平时我们说到《论语》时，大家可能会说这是孔子的著作，这个说法是错的，它是记载孔子言论的著作，不是孔子本人的著述，是孔子平时的言论，由他的学

贰　经典教育的现代意义

生，或者孔子学生的学生根据他老师的说法记载下来汇编成书的。讲述的人，记载的人，编书的人，其实都不是同一个人，我们只能说《论语》是记载孔子思想的主要著作，不能说《论语》是孔子的著作，因为里面有很多话，不是孔子说的，这本书也不是孔子编的。这些语录涉及的内容很广泛，有讲政治的，有讲社会生活的，还有一些日常生活问题的。但其中比较重要的，就是讲道德。道德在《论语》里最基本的概念叫做"仁"。学生向孔子请教什么是"仁"，孔子在不同的时候对不同的人有不同的回答。有些回答是具体的，比如说就做某事问孔子是不是仁，或者笼统问孔子什么叫做仁，孔子的回答都不一样。上面这两条语录，是儒家或者说是孔子所讲的道德规则中最原则性的两条，这两条都是人家问孔子，孔子回答的。这两条来自哪里呢，是一个叫子贡的学生问孔子的话。在《论语》中，出现过的孔子学生名字，大概有三四十个，我们常说孔子有贤人七十，但是《论语》中出现过名字的只有三四十个，而当中出现频率最高或者说给我们印象最深刻的有三个人，分别是颜回、子路和子贡。此外，后人强调得比较重要的是曾子。其实曾子在《论语》中出现的频率不是太高，而是因为宋儒认为曾子的思想非常重要，所以把他的位置提高了。在《论语》中提到最多的这三位学生各有特点，其中颜回为人很善，话不多，做事比较踏实，孔子说什么他都明白，可是颜回短寿，很早就去世了，孔子对他的去世非常伤心，认为他的学生中最好学最富有仁的品质的就是颜回。子贡的特点是非常好学，非常聪明和非常会说话。非常会说话的表现之一是他在向孔子提问的时候，不是抽象地问，而是问得非常具体，以至于别人问孔子问出来的东西都没有他问的重要。我们现在来看这两条，就是他问的。还有另外一个学生叫子路，是一个非常勇敢非常忠诚的人，孔子受困的时候每一次子路都跟在旁边，同时，子路又是一个比较直率的人，他不懂的或者他对孔子做的事情不喜欢，他就会直接质疑，以致经常受到孔子的责备。

回到子贡所问的那两条问题，第一个问题是他问孔子，如果有人"博施于民而能济众，何如，可谓仁乎？"，也就是说一个人有很多钱，有很大的权力，能够造福很多人，这样的人是不是可以叫做仁？孔子听了之后说，这何止是仁，是圣！以前的尧舜也未必能做到。仁说到底是比较简单的，不需要你做多伟大的事业，而是做事情要遵循一个原则，这个原则就是"己欲立而立人，己欲达而达人"。另外一次，子贡问孔子，能不能用一个字来概括出最高道德标准，如果我们终生实践这个字，就会在道德上很高尚。孔子想了想，说了个"恕"字，忠恕的恕，宽恕的恕。何为恕？孔子说"恕"就是"己所不欲，勿施于人"，就是你自己不希望的东西也不要强加给别人。你不要人家向你借钱，你就不要向别人借钱；你不想人家麻烦你，你就不要麻烦人。总之要考虑到别人也像你一样。这两句语录合起来，在朱熹那里的解释就是"忠"与"恕"。忠是成全别人，恕是不强求别人，这一生如果做到忠恕二字，就成为道德高尚的人，不一定要建立什么丰功伟绩或者到哪儿行善，而是你能够根据自己的实际情况实行这个原则就可以了，这样做就是将心比心。当然，哲学家分析这个问题会比较复杂，人心里都有贪欲，有时候也想干坏事，将心比心，是不是可以断定别人也这样想的呢？这个问题分析起来就复杂了，简言之，儒家认为，人都有基本的道德感，比如说好人知道什么是好人坏人，坏人也知道什么是好人坏人，很多坏人干坏事的时候也不会认为自己在做好事，他只不过出于欲望贪求忍不住就要这么做而已。如果这个人明知自己在干坏事而说是在做好事，只能说明他很虚伪，不承认自己是坏人而已。为什么说坏人会知道自己是坏人，因为坏人自己也不喜欢坏人，如果与坏人在一起，他要老是提防着其他坏人侵犯他的利益，所以，坏人也不喜欢坏人。在这个意义上，人对什么是好，什么是坏，都会有一个最基本的道德感，否则我们的社会基本生活就全乱套了。儒家是在肯定这一点的基础上去讲道德问题，所以，儒家道德的最基本原则是合情合理。那儒家为什么要求人应该有道德？并不是儒家告诉人们他们发明了一个道德的规则要大家遵守，实际上儒家是从人们的普遍行为中提炼出哪些道德是大家应该奉行的，否则，我们就等于假设孔子之前、儒家出现之前的人都没道德，这是不可能的。中国文明的历史少说也有五千年，孔子的时代处于约2500年这个中间阶段，那难道说之前的2500年里没有有道德的人？孔子不断地告诉他的学生说，在他们的时代之前，有圣人如尧舜禹等，有伯夷叔齐这样的贤人。道德的问题在儒家看来，是根于人性，是人本性所有的东西，而不是谁告诉你的。儒家发现了人人具有的基本道德感，说它是人的本性。人有很多品性，也有一些会发展出不好的内容，可儒家为什么要强调这一条？因为要把人与动物区分开来。人为什么要跟动物区分开来，这里我们要面对一个基本的事实，从广义来说，人也是动物，但不是普通的动物，人之所以成为人，就是因为人具有的智慧和道德等，这是动物所没有的。人与动物的距离拉得越远，我们就越像人。中国人骂人，最严重的话就是说人家是禽兽，禽兽不是人，而是动物。所以说，人之所以为人最基本的一条就是，要与动物区分开来。那如何区分？我们就必须知道哪些是动物的特性。比如在儒家看来，动物没有礼义廉耻的观念，而人要有。人结婚组成家庭，要穿衣，要盖房，要有一系列的仪式，而不是只受动物本能的支配。人禽之辨的内容还在于，动物是弱肉强食，哪怕是对同类也会毫不留情，可人要与动物不一样，那人就要对他人有同情心，讲关爱，讲道义。这样人与动物区分开来的这部分就叫人性。当然这个人性是从道德意义上区分的，这是儒家的一个基本观点。

　　我们从儒家的将心比心说到人为什么要讲道德这个基本属性，就可看到，道德不是儒家发明的，而是儒家从对人类本性的观察中提炼出来的。接下来我想举些例子，让大家了解一下在具体的问题上，儒家是怎么讲道德的，道德的基本原则是怎么落实的。

首先说一下"三年丧"。孔子有个学生叫宰我，《论语》里记载他经常被孔子批评，孔子觉得这个学生为人不怎么样。一次宰我问孔子，父母去世后我们要守丧三年，时间太长了，三年守丧礼，意味着三年里都不能参加其他任何典礼。政治生活也有典礼，如果三年里不能参加其他典礼，会忘记，能否守丧一年就够了？孔子说，那看你由守丧三年变成一年是否心安，如果心安就这样做。宰我说他心安。孔子反问，你父母去世后的三年里你竟然能吃好喝好，能心安？宰我无语走了。孔子本以为问宰我是否心安会令其反省，没想到宰我回答心安，于是，孔子在他走后骂其不仁。孔子维护"三年丧"的理由是，要回报人出生后作为婴幼儿"三年未免于父母之怀"的恩情。父母照顾孩子并不会因为三年时间太长就弃之不顾。孔子这番话与前有所不同，前面是从情感出发问是否心安，后面给出守丧三年的理由，回报亲情。这里就涉及一个最基本的问题，从生存的本能讲，与动物相比，人没有多少优越感。虽然地球上多少凶猛的动物都被人灭绝了，但人的能力其实非常弱，人生下来之后没有父母照顾和养育多年，几乎没有存活和谋生的可能，而很多动物出生不久之后就能独立谋生。如果没有这种亲子间的牢固的感情，人类不可能发展到今天的状态。因此，儒家特别强调这个内容，把其与孝联系到一块。如果一个人不孝，那就要你考虑你是从哪来的，想想父母养育子女所付出的代价和辛劳。儒家认为讲道德，首先要从孝悌开始，孝就是儿女对父母回报的感情，还有小弟对兄长的服从和尊重。这种感情是人类最基本的感情，如果一个人能对他人友善和仁慈，那首先应该能对自己的父母、亲人仁慈友爱，然后慢慢扩展开来。从亲子之情开始，讲孝悌之道，儒家说孝悌就是仁之本。但儒家也不是说仁只是对你的父母和亲人关爱，还要对他人有恻隐之心，这就是孟子在讲人性善的时候所表达的重要内容。

孟子继承并发展了孔子思想的一个非常重要的内容，是把仁扩

贰 经典教育的现代意义

展到义。今天中国人说这个人很仁义，是从孟子以后儒家才把仁义连在一块的。原来儒家只讲仁，没有讲义，后来孟子讲仁和义，还讲礼智，孟子说"仁义礼智"是人性善的很重要的内容。人性，就是人跟动物区分开来的基本品质。这个品质在孔子那里只是笼统地讲仁，而在孟子这里区分为四个方面——仁义礼智，当然第一个方面也就是首要的方面还是讲仁。仁是恻隐，义是羞恶，礼是辞让，智是是非。怎么说明人天生或者是说人性中有仁的因素呢？孟子举了个例子："今人乍见孺子将入于井，皆有怵惕恻隐之心。"怵惕恻隐之心，就是很难过很紧张的心情。突然看到有个孩子要掉到井里去，这种紧张难过的心情跟这个小孩是谁没有关系，因为我也许并不认识这个孩子或其父母，不需要讨好他们；也不是因为我是个道德高尚的人才会产生这种恻隐之心，而看到小孩子要掉到井里会紧张难过也不是什么可标榜品德高尚的行为，因为我们并没有跟别人去宣布这个事情；也不是因为一会小孩掉下去时发出惊叫声会让我难过紧张，这三个原因都不是。既不是因为孩子父母，也不是因为我要获得好名声，更不是我心理上听到小孩的叫喊声感到很恐惧或很厌恶。那为什么我们会生发怵惕恻隐之心呢？那是因为我们发自内心地对这个小孩生命的关怀。我们对他人的这种关心，不是为了功利，也不是生理上的，而是我们道德上有一个善的心理，而且这种心理是普遍的。因为我们见到一个孩子要落下井去突然感到紧张，这一状态并不意味着你会跳进井里去施救，后面这个行为就不具有普遍性，有些人虽然也会紧张难过，但未必会跳到井里去救孩子，但难过紧张的心理都是有的。见到一个生命遭遇危险都没有恻隐之心，大家会说那种无动于衷的人不仁。孟子在这里举例时特别用了孩子，不是成人，也不是敌人。当我们看到一个懵懂无知柔弱的孩子遭遇危险时，我们更容易触发这种怵惕恻隐之心。这是人之常情，但这种心只是"端"，也就是人心向善的一个苗头，如果不是一个苗头，那小孩落井之后人人都会去救，人人都是善人了。所以孟子只是说，人人都具有这种善的心理，如果这种善的心理我们把它发挥出来，慢慢培养，我们就会成为善人。孟子讲仁，跟孔子讲的重点不一样。孔子讲的是从对亲人的关爱培养起的感情，孟子是讲对他人我们所具备的一种基本的同情心。我们今天也宣传对他人要有同情心，对别人哪怕是陌生人受苦受难也必须有同情心，我们才会给完全不认识的人捐救灾款。孟子所讲这种恻隐之心、同情心，并不是对亲人，也不是对任何的陌生人。通常说，我们并不会无缘无故地去帮助人家，一般情况下人家未必需要，你也未必想去帮忙。可是当那个人有难，而你觉得你处在那种状态会非常难过的时候，你才会把这个陌生人当作一个关心的对象。如果他不受难的话，他跟你毫无关系。这就是孟子讲的心善、恻隐之心以及人性的问题。孟子的说法也是合情合理的，给理由的，讲分析的，而不是独断的。儒家并没有认为每个人都是好人，大家都不会干坏事，孟子只是说我们都有善心，但如果这个善心没有表现出来，没有得到培养，那我们也不是善人。所以儒家讲要有道德修养。孟子跟那些反对人皆有恻隐之心、反对人通过对亲人之情扩展为对他人有关爱之情的人说："予岂好辩哉？予不得已也。"意思就是要坚持讲道理。

到了宋明理学讲"理"。何谓理？宋儒的基本观点是："人同此心，心同此理"。人本质上有共同的心，对什么是对的，什么是错的，什么该做，什么不该做，人本质上有着共同的看法。这些观念的源头可追溯到孟子，孟子讲我们人都有这样基本相同的心，因此，我们会有基本相同的行为。宋明理学、宋儒所主张的儒学是一种讲道理的哲学，其核心价值是经得起质疑的理论。经典应该是经得起质疑的，我们对经典讲道理应该更有信心，否则经典就没有意义。经典经得起质疑，不是我们今天的看法，其实古代儒家的一些代表人物，他们都强调这点。比如陆九渊是宋明理学心学的代表人物，比如陈白沙，广东人，明代心学的代表人物，他们都说过这样的话，"学贵有疑，小疑小进，大疑大进"。就是说你看不懂感到疑惑的东西，不能装作知道，不然学不到你真正想学的东西。古代学什么呢？学经典，经典中包括社会政治、历史，包括道德问题，这些问题在古代是可以讨论的。陆九渊就专门为我们为什么可以怀疑经典提供了一种说法，他认为，单纯读经典就可以成就道德的人格，这样的说法是不够的。宋明理学告诉人们读经典是为了做圣人，孔子时代叫人读书是为了做君子，做君子是做普通的好人，做圣人比做君子层次要高出许多，举手投足都须合乎道德规范。那什么是经典？儒家解释，经典是由圣人所写的书，孔子之前《诗》《书》《礼》《易》《乐》，这些书他们认为是尧舜禹等其他圣人编成的，《春秋》则是孔所作。这就产生一个矛盾，我们读圣人之书，是要学做圣人，那圣人之前没有经典，他们如何成为圣人的？他们没有读经书就可以成为圣人，那我们不读经书也应该有成为圣人的机会。因此，后人读经不是不需要，读经有助于我们学做圣人，但不能把经典当作唯一的真理。经典里面的内容也有些过时的，也有些说的不那么清楚的，不是全盘都能接受下来。我们必须对经典有个理解的过程，有所怀疑就必须要释疑。由此可见，古代儒家圣贤对儒家的经典也是抱着理性的态度，也要讨论，经典里的内容也不是照单全收，而是有所选择地学习其核心价值。质疑，就是对一个东西不相信，就要给出理由，如陆九渊怀疑单靠读经能成为圣人，成就道德人格，给出的理由是：读经目的是成圣，但经典为圣人所作，那么传统的圣人不是靠读经而成的，古人如此，今人应无不同。质疑与释疑，都是要讲道理的。不讲理，就不是哲学，也不是儒家。

经典里的价值，应该有核心价值与一些旁枝末节的次要价值之分，不是所有东西都要照单全收。为什么儒家的经典里会出现核心价值跟旁枝末节的区分？大概有几方面的原因：一是儒家经典不同文本之间，如四书五经，不是一个人、一个时代的作品，至今已经几千年的时间跨度，怎么可能大家的说法都一致呢？肯定不一致。

有些针对具体状况所表达的问题与后面的时代不一定一致，普遍的原则和具体的判断有时候也有一定距离。比如说，在《论语》里有一段语录，孔子的学生子贡和子路两人先后问孔子一个问题，春秋时期齐国有个大臣叫管仲，他原来的主人非常重用他，可他主人被人推翻杀掉之后，他竟然投靠了新主人，做了大官，并且扬名天下。孔子的这两位学生问，这样的人是不是不仁？孔子的回答是，虽然管仲没有跟着旧主人一起去死，可是他在这个新主人的手下有效地管理了这个国家，采取一些文明的手段使得天下各国基本和平共处，老百姓都过着比较安定文明的生活，像这样的人，谁比得上他的仁？孔子的判断跟他两个学生的判断不同，两个学生认为必须忠于一个主人才叫做仁，而孔子的判断标准则是看这个人能不能造福于社会。这两条准则分开看，都可以作为判断一个人是否道德的标准，可是当情况合在一起的时候，就会有两条标准的选择中哪条优先的问题。这个例子要说明的是，道德的规则，当进入具体情境的时候，它的判断可能是不一样的。再加上经典的时代，如《五经》的时代，孔子的时代，跟宋明儒学的时代，跟我们今天的时代，差别非常大，背景十分不同，我们不可能对经典全盘接受。又比如在《论语》里讲得比较多的"孝悌"和"忠信"，前面已提过，孝是对父母，悌是对兄长，要仁慈亲爱；忠信的忠，我们说过"己欲立而立人，己欲达而达人"，在孔子的时代是指对别人托付的事情要忠诚，忠于自己的职守，而不是后人所指下级忠于上级这样的等级观念，因为在孔子的时代，谁做谁的部下，是可以选择的。孔子周游列国，去过许多国家，不断地走，他没有固定要忠于哪一个国王，所以后来的这个"忠"不是孔子时代的观念。所谓信，就是要坚守自己的信用，这个内容在当今时代也是有意义的，也是值得提倡的。可也有些具体的话和具体的判断，我们很难说今天也要照做。比如说《论语》里有一段语录："唯女子与小人难养也。近之则不逊，远之则怨。"这是孔子说的话，我们即使不以女权主义的立场而以正常的平等的近代人的观点来说，大家都不会觉得这种说法是普遍的有道理的事情。这里的"小人"不是指孩子，在古代小人是相对君子而言的，小人在孔子时代就是道德不高尚的人，如此说来女性就是与那些道德不高尚的人其道德水准处于同一位置上。说对这些人关系太好，他就对你肆无忌惮。如果你离得太远不理他他，就埋怨你。孔子挑这方面来说，也许是因为他的个人经验，但几乎所有的古代文明社会中女性的地位都比男性低，这当然是早期人类文明的一个共通问题，而不是孔子比别人更特别强调这一倾向。但我们不能反过来说，因为这是孔子说的，所以是对的。许多人因为觉得孔子伟大，千方百计地为孔子这个说法开脱，说孔子说的不是这个意思，但孔子在这里表述的，就是这个字面意思。

古代的道德和政治教育的内容，对人的权利的意识不是很清晰，古代儒家会讲人民的权利，但不会讲一个人的权利。古代儒家讲人民有过幸福生活的权利，这是很值得肯定的。举个例子，有次孔子到了鲁国，他学生冉有在那里执政，掌管大权，孔子被请去之后赞叹那里的人口真多啊。与今天不同，古代人口多很重要，当时各诸侯国之间没有人口管制，老百姓生活是可流动的，你想到哪个诸侯国定居生活就到哪里，因此，那里人口多就意味着那里的政治比较开明，到那里去不会受到太严重的剥削，还有人多意味着那个诸侯国收到的税也比较多，所以孔子是在赞叹那里的管理很不错，赞叹那里非常"庶"。冉有就问老师，那你觉得我们人口多了之后进一步要做什么事？孔子说要让大家富起来。学生就说，如果富足也差不多了，那还能做什么呢？孔子说，那要给老百姓教育，教育他们有文化，有道德的观念，要生活得更有品位。从这个事例我们可以看出，孔子认为老百姓最需要的首先是物质上的富足，富裕之后才要求有道德、有文化品位的生活，所以孔子认为人民有过幸福生活的权利。举另一例，孟子喜欢讲"与民同乐"。有一次齐宣王跟孟子说，不好意思啊，我喜欢的快乐不一定高尚，因为有些是物质上的享受，听听歌，看看跳舞表演，我也是很喜欢的。孟子听了以后说，这不要紧，要紧的是究竟是你一个人快乐还是大家都快乐，如果大家都快乐，这个高雅的快乐也是高尚的。如果只是你一个人快乐哪怕是精神上的快乐，你也不够高尚，所以要与民同乐。快乐是什么？快乐就是幸福，如果能令更多的人快乐，就是让老百姓幸福。孟子的观点就是，政治人物必须与民同乐，要让老百姓过美好的日子。不过，儒家的确没有对个人说，你要争取你个人幸福生活的权利。儒家对个人往往讲你要怎样利他，怎样成全别人、关心别人，而很少说保护自己的利益不受别人侵犯，而现代社会对个人应有的权利要得到保护这个方面强调得非常多，不管是与西方哲学还是今天的社会观念作比较，这点儒家讲得不够多。现代新儒家徐复观说，儒家讲得最好的内容是讲人格，但在今天我们不能只讲人格，我们还要讲人权，人权观念会让整个儒家观念更完善起来，也就是说对传统的价值包括对儒家的价值并不是全盘继承，我们继承该继承的东西，此外，还需要创造。

总结一下，经典教育的现代意义在哪里？

主要包括三个方面：其一，理解传统的形成。为什么要理解传统的形成？因为我们每一个人都生活在传统中，个人与传统的关系都有一个特点：就是虽然我们觉得历史是人类的历史——所谓人类的历史就是从它的开始到结束都是与人相关的，但是没有一个人敢说自己生活在历史传统之外。因为没有一个人有勇气说自己生活在人类历史的开端，比如说孔子，比如说尧舜禹，他们都是在历史的中间阶段出现的，也就是每一个人出现之前都有人类历史的存在，都会进入到一种传统之中，同时我们也没有倒霉到生活在历史的终结，还没有人生活在人类灭绝地球毁灭这一终点上。那处在历史的中间阶段，我们不是一个人生活，而是过一种共同体的生活。过共同体的生活，我们就需要知道共同体生活的规则，而这些规则是怎么来的，我们必须从经典里面得到教育。我们可将个人与人类作对比,比如,前面提到"庄周梦蝶"这个典故的时候,我们要知道"我是谁"这样一个问题。庄子假定我们不知道是蝴蝶在做梦,梦中变成了我庄周这个样子,只要这个梦没有结束,那我说我是谁是没有意义的。假设别人做梦是无休止的、无限制地一直做下去,我只是对方梦境中的产物,那我也要一直在别人的梦境里过下去,那在梦这种生活里,我就要知道我是谁。每个人都知道我是谁,这跟自己的生活经验密切相关。要注意,我知道我是谁跟我知道你是谁,是不一样的。我们知道别人是谁是根据别人的外观,比如根据他人相貌,我们知道他是人,不是其他动物,但是,我们要了解这个人的时候,就要根据他的相关信息,比如,他在什么地方工作?是什么社会身份和地位?另外我们在与其打交道或别人的描述中,我们知道他的品德是怎样的?我们是这样了解他人的。我们却不是这样了解自己的,既不是我们看镜子看出我是谁,也不是从别的其他的办法。我们是凭自己的记忆,从以往的一连串记忆整合起来之后,我知道我是谁。我知道我是谁的一个结果是能认出我的父母、伴侣、子女、同事,我具有这样的能力是因为我记得今天以前跟他们打交道的经验,然后,知道应该如何与他们相处。知道"我是谁"的目的是为了起这样的作用——对我的行为、生活、与人相处的方式、努力的方向等问题起指导作用,这都有赖于过去的经验。假如人突然失忆了,一般大家都是在影视小说而非生活中看到这样的案例,虽然会觉得这种情形很少,但事实上存在。我曾有位同事突然失忆过几个小时,他的失忆状况不彻底,见到我还是记得我的名字,也知道自己是谁,可是他不知道我来找他做什么。电影里常见的情形是失忆者已经不知道自己是谁了,不知道自己是谁,也不认识别人,要做什么都不清楚,哲学家和心理学家把这种现象叫做自我认同危机。自我认同危机,个人就无法生活,无法应对未来。对于整个民族、生活共同体是一样的,要靠认同,靠大家对这个共同体的来龙去脉的认识。过去是怎样的?社会制度怎么来的?我进入生活应该怎么样的？否则，我去哪里，我怎么知道该怎么做呢？当然我们未必要知道这么多，我们只需知道日常生活该怎么做就行了。可是一个民族的前途，如果你不知道怎么来的，你怎么知道发展的方向呢？比如，如果我们不知道我们的领土、历史和传统，那还有什么理据和动因去争取维护领土归属呢？我们要靠过去的文献记载，我们要知道我们与别的民族，比如希腊、欧洲、印度文明不一样。我们为什么在别的地方见到异国人，跟他打交道的时候心里也会有安全感，知道怎样跟他打交道，那是因为我们对历史、对传统的了解和认识。所以，理解经典就可以理解传统的形成，对中国文化传统形成最重要的一部经典就是《史记》。《史记》之前也有历史，但只是零零散散的文献，而此书从盘古开天地写起，所以今天中国人说炎黄子孙、华夏民族等说法都是《史记》这本书告诉我们的，那我们就知道中国人之所以是中国人，除了用汉字之外，还继承了汉字中储存的文化信息。《史记》是中国传统历史文化的经典，它的思想内容也非常的符合儒学，二十四史的正统观念都是来自儒家的。

其二，理解道德生活的意义。前面提到过一个问题，人为什么要有道德？因为要区别人与动物，人类要与动物区分开来。道德的起点在哪里？在于懂得对父母的关爱，首先是父母本来就爱子女，这是一种自然的情感，亲子之爱在古代是孩子得以成长的前提。在今天，遗弃孩子要负法律责任，在古代，则不太一样，遗弃孩子如同丢弃家里无用的东西一样。因此，在古代，亲子之爱只能用感情维系。父母爱子女，子女爱父母，叫亲子之爱、亲亲之爱。我们今天理解亲字，都理解为亲人、亲戚，对他们要亲爱，但"亲"字的根本意义是自己。我们都知道亲字有很多词，亲自、亲身、亲切、亲近、亲人等等，所有这些亲字，首先是指你自己。所谓"亲亲"是按对你自己的态度，像对待你自己、爱你自己一样去关爱父母，关爱亲人，这样才叫亲亲。我这样说的依据在哪呢？出自《广雅・释亲》，里面关于"亲"的词条所包含的内容分两部分，一个是人的关系，一个是身体，从三月结胎一直写到婴儿出生。什么叫做脑袋，什么叫做脸颊，什么叫做眼睛，所有东西都写在里面，身体是亲的一个内容。我们只有对父母亲亲以后，我们才会进一步扩展，扩展到其他人。本来仁的意义就是亲，仁民的意义就是要像对待你的父母一样对待别人，而且不仅对待别人，对待万物也如此，于是，讲"亲亲，仁民，爱物"，这是儒家讲道德生活境界的步骤。按照宋儒张载的话来说，这叫做"民胞物与"，老百姓是我的同胞兄弟，万物是我的朋友。在儒家看来，道德生活的根本意义要从这里开始。要做一个好人，有道德的人，要从这里开始。当然这是儒家理解道德生活意义的核心部分，而不是道德生活意义的全部。

其三，塑造文化共同体。这点与第一点提到的理解传统的形成是关联的，过去的经典里有很多故事，比如说《论语》、《史记》等经典就有许多历史故事。这些故事有什么作用呢？这些故事会令今人怀古。人与已经消失了的事物之间的怀念之情可分为两种：一种叫怀旧；一种叫怀古。怀旧是对自己所经历过的，但又消失了的事物有一种恋恋不舍的情绪。怀旧是由触景生情引发的，平时我们一般不会三天两头怀旧，有时候看到以前经历过的感动过的事情留下的痕迹，比如说收藏的纪念品，还是故地重游回忆起了当时的一些情景，你所见的旧物旧景引发了你物是人非的感慨，这样一些情绪我们称之为怀旧。那人为什么会怀古？与怀旧有什么区别？怀古中有些东西不是个人的，而是公共的，我们经历过某些时期，某些事件，比如说"五四运动"、"文革"，在这些事件这些时期中，亲历者受到过影响、刺激等，那当人们看到那时期的物品时自然会怀旧，不仅怀旧，那些物件会被我们当作记忆的一部分传承下去。比如我们今天看到万里长城，看到南京大屠杀博物馆，对于经历过那段历史的人来说触景生情是怀旧，可是对于没有经历过的人来说，触景生情想到过去了的历史是怀古。而且，年代越久远，相关的怀念越久远。为什么会怀古？你看到建筑物、物件本身，未必就生发怀古之情，你要知道里面承载的内容。这些内容谁告诉你的？是文字，由古代传下来的文字或者经典记述告诉我们的。假如阿房宫没有被毁，那它一定有比故宫更高的历史文化价值。我们如何得知？这是历史文献记载告诉我们的。我们今天有怀古的能力，或者说我们今天能像苏东坡一样在赤壁想起三国时战火燃烧的情景，像苏东坡一样能感怀，这要依靠历史，依靠经典告诉我们。我们懂历史，有文化，才能不仅会怀旧，还会怀古。怀古与怀旧还有一个重要区别，怀古不只是一个人在怀念，比如项羽和刘邦的故事，代代都有人传读，每一代人都会往过去这个故事所描述的历史里回溯，想象那时的情景。这样我们会发现一个很惊异的事情，读过《史记》的人无数，那些人与我们都不相关、不认识，可是我们竟然与他们有个相关联的东西，就是跟他们想过同样的事情。怀古只是观念上的关联，这种关联导致我们会认为，我们是一个文化的共同体。我们跟外国人打交道时会说我们的经典，会说我们的《史记》。说"我们"，意味着我们是一个文化共同体，我们是中国人，我们跟别人有些不一样的地方，哪怕是加入了别国国籍。我的一些朋友、同事，在美国工作定居，已加入美国国籍，教授中国文献典籍，依然会将这些经典认为是"我们的"经典。经典牢牢地塑造了一个人的文化情感，有了这个情感，我们就知道我们的文化共同体是怎么来的，为什么有那样一些民族感情存在。如果一个共同体没有故事、没有来源、没有文化，那我们的共同体就如同当今的一个足球俱乐部，加入的人签下一定时效的合约，大家一起玩，觉得不好就解散了。我们的文化共同体是不能解散的，因为这种文化情感的存在，我们许多人几乎说不清理由的要极力维护它，不让它解散。这就是文化共同体。如果没有经典，就没有这样的心理。

经典的意义不是那么狭隘的。通过经典，我们能知道传统的来源，理解道德的意义，塑造共同体的意义。儒家经典如此，道家经典也是，中国其他历史文化经典也是。有了这些经典，我们的文化才能是这样的状况。从这个意义上说，无论如何不能中断经典教育的传统，中断了对经典的教育，一个文化就没有了根。这种说法绝对不是独断的、极端民族主义的说法。虽然，我们可以吸收别人的东西。别人的文化也有很多优点，我们可以扩大、包容，可以更新、创造。但是，我们必须要明白，我们的文化、文明与别人一样，都有各自优秀的地方，站在各自立场上是对等的，否则，儒家就不会说亲亲、仁民、爱物，对他人和万物保持一种尊重平等的心态，将心比心了。

最后简单地讲几句经典教育的内容问题，就是有关经典教学的内容我们要有所区分。教育分通识教育和专业教育，通识教育在经典教育中要讲经典里正面的、核心的东西，要选读浅显易懂一点的经典，要讲更有价值的核心内容；专业教育要更全面、更学术地探讨经典的内容。对中小学老师与学生们的讲法肯定要更通俗易懂一些。但不管是给文化程度高的还是给文化程度低的对象讲解经典，都必须是学术的，而不是说教的，是理智的，而不是愚昧的。总的来说，提倡经典教育，是要经得起质疑的。经典经得起质疑，经典教育的方式，也要经得起质疑，特别要经得起反传统、反经典教育分子的质疑。我想，这才是经典教育有前途的一个努力方向。

邓新文，杭州师范大学教授，浙江图书馆文澜讲坛客座教授，杭州师范大学国学院副院长。发表《论儒学的性质》、《自利利他论》、《孟子学问之道发微》、《中国现代学术规范之省思》、《从马一浮再思士之为士》、《〈元代佛教史〉评议》、《贵和取向与致和功夫》、《马一浮之学及其定位问题》、《马一浮与熊十力六艺论之异同》、《理解马一浮的障难试析》、《儒家富强观试析》、《马一浮"六艺一心"论与经学的整合》和《浙江经济发展的文化动因》等论文二十多篇。出版专著一部（《马一浮六艺一心论研究》，上海古籍出版社）。

叁 儒家的教育之道

邓新文

2002年,重庆实验中学有一个学生早恋,他的班主任在教室里面公开地念了几段这个学生写的早恋日记,结果学生就离校出走了。后来,学生家长把班主任告上法庭。当时,重庆市中级人民法院认为,这位班主任对学生严格要求这个出发点是好的,但是处理的方法不当,于是,判决这位班主任公开向他的学生道歉,并赔偿精神损失费2000元。当时我看了这篇报道之后,心里面非常不舒服,便给《中国教育报》写了一篇文章。我在文章中讲了两个观点:第一,既然承认这个老师是对学生好,那为什么还要向这个学生公开道歉,并赔偿其精神损失费呢?这样的处理结果会严重影响老师在学生心目中的地位和威信,而且,我认为这与中国传统的教育之道格格不入;第二,我尤其对赔偿精神损失费不能理解,我认为,精神的损失只能通过精神来进行偿还,它没有办法折合成金钱,我不知道它的换算标准是什么。但是,《中国教育报》迟迟没有发表我这篇文章。后来,我打电话询问,回答说我的教育思想已经过时了。他说,现在的教育思想是结构主义教育思想。所谓结构主义教育思想,就是师生之间并不是一种主从关系,而是一种平等的朋友关系。另外一个案例是我的一个同事,他曾经跟我抱怨说,有一个学生让他非常讨厌。这位学生经常在大庭广众之下勾搭他的肩膀行走,这让他感觉到屈辱。我跟他说,这不能只怪学生,他自己也有责任。因为这位老师崇尚西方自由、平等的思想,平时在和学生交往的过程中常常嘻嘻哈哈,讲话口无遮拦,完全缺乏一个老师应该有的行为规范,所以,学生在跟他交往的过程中潜移默化,慢慢地把这位老师等同于朋友、哥们,最后勾搭老师的肩膀一起走,也就顺理成章了。我认为,今天这种所谓师生平等的教育理念完全与传统儒家所倡导的教育之道不同,它其实是一种小人之道。传统儒家的教育之道是根植于人性之中的自然规律,中国儒家的教育就是顺从这种人性的自然规律而展开的。我们重新回顾一下儒家的教育之道。

首先,反省一下师道尊严这个古老的话题。

如今我们很多老师认为自己只是知识的生产工人。我在北京师范大学演讲的时候,有一位教授就跟我说:邓老师,你把老师这个职业看得太崇高了,把老师说成是人类灵魂的工程师或者是精神家园的园丁,这样对老师的定义太过沉重了。在我看来,老师只不过是生产和传播知识的工人。北师大这位老师的观念,在今天可能有很多人同意,这样一来就降低了师道的意义和价值,也丧失了师道的尊严。从传统社会走过来的人都会注意到,每个地方的家族祠堂中间都会有"天地君亲师"的牌位。那么,什么是"师"呢?中国古代儒家有一个基本信念:只有德为圣人、位为天子的人才可以制礼乐,这是一个政统的问题。教师则承载着中国另外一个更重要的统序——道统。在中国儒家看来,道统比政统更加重要,道统凌驾于政统之上。但是，我们今天却不知道师道所负责的是人间是非、善恶、美丑的评价系统，它是道统的承载者，它的地位比政治、军事、经济都要高。我们今天把自己降低成为知识的生产工人，这是我们数典忘祖。

古语说："师者范也"。"范"是模型的意思，它最初的意思是指一种土器的模型，后来延伸为规范、模板、框架的意思。在这个意义上，所谓"师"就是要成为人间的规范、模板和框架。另外，"师"就是要授人以道。世间之事各有其道：吃饭有吃饭的道，睡觉有睡觉的道，说话有说话的道等等。这些道是要靠"师"来教授的。所以，"师"也是泛指教人以道的人。《尚书·泰誓》篇讲："天佑下民，作之君，作之师。"《礼记·文王》篇讲："师也者，教之以事而喻诸德也。"所以，师，不仅要教之以道，而且还要教之以事，事是指技能性的事。而所谓"喻诸德"是指要教授这些技能性的事情应该如何做才能合乎天理和德性。这些都是站在"道"这个根本性的问题上来谈论师道的。后来，韩愈有一个著名的论断："师者，所以传道授业解惑也。""传道"是喻于天，"授业"是教之以事，"解惑"则是喻诸德。所以，在中国儒家看来，师道本身的天职是非常高的。朱熹在《大学章句序》中说："盖自天降生民，则既莫不与之以仁义礼智之性矣。然其气质之禀或不能齐，是以不能皆有以知其性之所有而全之也。一有聪明睿智能尽其性者出于其闲，则天必命之以为亿兆之君师，使之治而教之，以复其性。"也就是说，天降生民的时候就已经在生民心中赋予了仁义礼智之性，但是人的气禀又各不相同——有的人愚钝，有的人聪慧，有的人浊，有的人清，人的气禀是不齐的。人的道德本性因为气质之偏而受到遮蔽，这就使我们天生所拥有的仁义礼智这些德性不能完满地实现出来。这时，如果在生民之中出现一个聪明睿智之人，这个人能够把自己的本性完满地实现出来，那么，天必将命令他作为亿兆生民的君师，让他来治理、教授万民，使他们都能够恢复他们自己的天性。此外，《学记》又说:"凡学之道,严师为难。师严然后道尊,道尊然后民知敬学。是故君之所不臣于其臣者二:当其为尸,则弗臣也;当其为师,则弗臣也。大学之礼,虽诏于天子无北面,所以尊师也。"这段话反映了中国两千多年以来教育系统的基本观念。这里的"师严然后道尊"的"严"就是尊严的意思,它不是我们今天所说的严肃、严厉,师不严则道不严。当年蔡元培先生主持北大的时候,曾经想请马一浮先生前往北大讲学,马一浮先生给蔡元培回信说:"古闻来学,未闻往教"。马一浮先生的意思是说,按照古礼只有学生千里来学,断没有老师千里往教的。马先生这一番言论公布以后,很多人都嘲笑他,这里面还包括熊十力、梁漱溟这些老朋友,他们都说马先生迂腐——在今天的时代怎么还能说这样的话。但是,梁漱溟先生后来在教学实践的时候遇到了很多问题,他回想马一浮先生当年所讲的这番话,觉得非常有道理,因为它讲的是师道尊严的问题。"道尊然后民知敬学",意思是只有让人们知道这个"道"是非常尊贵的,那么。他们才知道要去敬重这种学问,才会很认真地学习。所以,师之严,并不是为了标榜自己很重要,而是为了弘扬他背后所支撑的道,如果师不严,那就会损害他背后所支撑的道,学生也就不知道敬学。现在有那么多学生厌学,有那么多学生蔑视老师,皆是因为"师不严"。"是故君之所不臣于其臣者二:当其为尸,则弗臣也;当其为师,则弗臣也。"这句话的意思是,国君不把国民当成臣子看待的只有两种情况:一种是祭祀的时候,这个人作为"尸",代表那些死去的人供人们祭拜,这时候国君是不能把他当作臣子的;第二种是这个人是国君的老师,那么,国君也不能把他当成臣子来看待。这两种情况都是为了"道之严"。"大学之礼,虽诏于天子无北面,所以尊师也。""北面"就是向天子下跪的意思,所以当国君的老师面见君主的时候,他们是不需要向君主下跪的。大家再看下面一段话:"汤学伊尹而商祚所以兴,成王事周公而姬邦所以昌,武王之圣尚有吕望之请,明帝之盛亦有桓荣之尊,自古圣帝明王未有不由师而后兴也，故《传》曰：'国将兴尊师而重道'。又曰：'三王四代唯其师'，故师者天下之根本也。"所以，我们可以看到在古代，老师的地位是多么崇高，但是，我们今天的教师却沦为生产和传播知识的职业工人，这是非常可耻的，这是中国文化的堕落。

我们再看一个例子。清世宗雍正在给孔子先世五代封公爵的上谕中说："五伦为百行之本，天地君亲师人所宜重，而天地君亲之义赖师教而益著，自古师道之隆至孔子之圣无以复加。""五伦"就是君臣有义，父子有亲，夫妇有别，长幼有序，朋友有信。所谓"天地君亲师人所宜重"就是说天地君亲师是人所应该重视的。另外，我们从"天地君亲之义赖师教而益著"这句话就可以看出清世宗的眼光是何等伟大。这样一来，"师"的地位就处于天地君亲之上，因为天地君亲之义是要靠"师"来传授的。如果没有老师的教授，我们就不会明白天地君亲的意义。清世宗就已经明白老师的地位是如此的尊贵。但是，我们今天很多老师自己糊涂，他们不知道自己的位置原来在天地君亲之上，自己不珍惜，而自甘堕落，社会也因此蔑视老师。在"文革"时期，甚至把老师称作"臭老九"，以斗老师为荣、为乐。这是值得我们深刻反思的。简而言之，师道之荣、师道之严，包括两个方面：一方面是国家的领导、整个社会要尊重老师，要对老师的人格有基本的信心；另一方面，老师要自尊、自重。孟子有一句名言叫"人必自侮，然后人侮之。"人一定是自己侮辱自己，然后才被别人侮辱。我们老师也是这样，如果我们自己不尊重自己，那么，最后也会让别人不尊重我们。

接下来，我们来谈一谈教授"理"的两种类型：物理之教与情理之教。

《论语》开篇就讲："学而时习之，不亦说乎？有朋自远方来，不亦乐乎？人不知而不愠，不亦君子乎？"第一个字就是"学"。《论语》全书一共有64个"学"字。这个学是什么意思呢？东汉许慎的《说文解字》说："学，觉悟也。"那么，觉悟什么东西呢？觉悟道理、觉悟天理，这个"理"字是中国人要觉悟的根本，是我们人生最大的追求。宋太祖赵匡胤有一天忽然心血来潮，问大臣赵普说："天下何物最大？"一时问住了赵普，后来赵普想了想说："道理最大。"这言外之意是说：皇帝也得讲道理，我这个宰相也得讲道理，君君臣臣、父父子子、兄兄弟弟、夫夫妇妇，大家都得讲道理。在中国文化中，道理是最大的。这跟西方相比是非常伟大的创造。在西方还处于宗教蒙昧的时代，中华民族就已经发现了天理、道理最大。赵匡胤听到赵普的回答之后非常赞叹，屡屡称善。中国人说"有理走遍天下，无理寸步难行"。中国人把理看得最重要。中国人没有说"有权走遍天下，无权寸步难行"，也没有说"有钱走遍天下，无钱寸步难行"。这是这个民族非常伟大的传统，中华民族之所以被罗素看作是比西方还要伟大的民族，就是"道理最大"这个观念已经深入中华民族的骨髓，深入到每一个乡村小民之心。

大家可能会说，这是理想主义，现实中的中国人是这样的吗？我举一个例子，张艺谋有一部电影《秋菊打官司》。秋菊是一个乡村妇女，她老公被村长踢中要害，在床上动弹不得。她去找村长理论，让村长认错，但是这个村长很犟，拒不认错，他说你老公骂我，我就要踢他。于是，秋菊就去告他，她把家里的农产品都卖掉，从乡里告到县里，从县里告到省里。秋菊当时怀着孕，挺着一个大肚子，但是坚持告状。一方面，在城市面前，秋菊是贫苦的；另一方面，在城市里面，她又彰显着一个中国农民的那种韧劲，这又是非常伟大的。这部电影把儒家的文化和法家的思想做了一个碰撞，把中国文化和西方文化做了一个碰撞，把乡村文化和城市文化做了一个碰撞。它把这种种的碰撞通过秋菊这一路打官司展示出来，发人深省。我最感兴趣的是秋菊费了九牛二虎之力去告状，她竟然不是为了赔偿，也不是为了报仇，只是为了讨个说法。"讨个说法"就是要讨个公道，就是要让天理昭彰。在中国文化中，有一个词很重要，叫做"义愤"。天理不畅，人心就有义愤。当一个民族的义愤很强，说明这个民族正气还在，天理还在。当一个民族的正气没有了，义愤没有了，大家都趋炎附势，那么，这个民族就没有希望了。这部电影有一个细节：秋菊经过一路打官司，终于告下了村长，但是当她生孩子的时候，村长竟然还来给她送礼。大家都是乡里乡亲，你可以告我，我心中虽然也有气，但是你生了儿子，我还是要给你送礼，这是中国人克己复礼的一种表现，这是儒家文化精神的体现。电影的最后是警车来了，把村长抓走了，秋菊想去拦也拦不住，当秋菊最后赶到村口，看到警车开走的时候，她喃喃自责，她说：早知道这样，我就不告了，我只是要讨一个说法，并不是要他去坐牢。秋菊要讨的是"情理"，但是法律是不讲"情理"的，只要你违反了，就要受到处罚。从这里我们也可以看到，就是这样一个农村妇女，秋菊也懂得"道理最大"，当然，她这个理是一个情理。

还有一个例子可以说明中国人是重道理的。"文革"时期，我们县里曾经有一个人被评为劳模，颁奖的时候，由于工作人员疏忽，忘了给他写奖状，只发给他一个陶瓷脸盆。在"文革"时期，一个陶瓷脸盆是非常贵重的，可是这个劳模拿了这个陶瓷脸盆之后，心中却闷闷不乐。家里人问他为什么闷闷不乐，他说有什么可乐的，我要的是奖状，他们竟然只给我发了脸盆。一个农民尚且不看重一个贵重的脸盆，而是看重一张奖状，这反映了中国人看重的是精神层面的东西，而不是物质层面的东西。但是，现在形势大变，人生态度大变，价值追求大变："宁可坐在宝马车里哭，也不愿意坐在自行车后面笑"，今天的人更加看重物质层面的东西，而不是精神层面的东西。

这里，我们要区分两种理：一个是情理，另一个是物理。中国文化侧重情理，西方文化侧重物理，所以，西洋科学发达、宗教发达，而中国则是伦理发达，这是因为中西方文化各有侧重。但是，我们长期以来对这两种理不加区分，导致了很多问题的出现。那么，情理和物理有什么区别呢？物理是一种客观的、静态的道理。例如，"1+1=2"，"地球绕太阳公转"，这些都是物理。相应的，情理则是主观的、动态的道理。举个例子，鲁迅写过一篇杂文，这篇杂文里面描写了一位财主晚年得子，远近很多人就前来道喜。其中有的人说这个孩子长得天庭饱满，将来肯定是做官的；有的人说这个孩子长得地阁方圆，将来肯定大富大贵；有的人讲这个孩子长得眉清目秀，将来肯定是文人雅士等等。但这时有一个秀才冒出来说这个孩子迟早是要死的，结果就被这个财主的家丁打出了门，而其他说好话的人都留在里面吃香喝辣。鲁迅在文章的结尾愤愤不平，发表感慨说，这些人只有秀才说了真话，其他人说的都是假话，但是，说真话的人被人赶出去，而那些说假话的人反而能够吃香喝辣。我在中学时代读鲁迅这篇文章时，也引以为然，认同鲁迅的观点，可是现在我认为鲁迅是错的。他错误地把故友之间情谊的情理和客观世界的物理搞混了。物理之作为真理是客观的、逻辑的，它不在于是什么人说的，在什么场合说的。可是中国人讲的情理是在我们生命当下的情境中自然展开的，它在生命流淌过程中流露出来。所以情理是一种生命的展示，它不是谈论和言说的对象，它是要去行动的。人家晚来得子，正是高兴喜庆的时候，在这种场合，你说这个孩子迟早是要死的。没错，这个孩子固然迟早是要死的，但是，在这种场合搬出了这种物理，这就是做作。这个秀才的心里面是有私心杂念的，他说这句话的动机是要表现自己很高明，别人都说了假话，只有他说了真话，这就是心中怀有作意安排。所以，在别人看来，你就是一个恶人。鲁迅其时学习西方文化，对当时的中国有种种愤懑，在我看来，这都是因为他自己的智慧不大。鲁迅在《狂人日记》中说中国文化上下五千年，满嘴仁义道德，但是他翻来翻去，只从字缝里面翻出"吃人"这两个字。我认为鲁迅的讲法是错的。中国文化是世界公认的道德理性一直没有被异化的文化，但是他居然说中国文化是"吃人"的。这是民族文化自卑的表现。鲁迅甚至还说汉字不灭，中国必亡，真是大错特错。

鸦片战争以来，人们经常混淆情理和物理，这也使得整个中国的教育理念都出现问题。我再举一个例子，我夫人一个朋友的小孩从小在我们的指导下背了很多经典。有一个周末，家里面举行party，这个小孩的父亲是做生意的，回来晚了。父亲一进门，这个小孩就站在沙发上指着父亲说"子不孝父之过"，这时全家人都热烈鼓掌，认为这个孩子以后一定成才。后来，这个父亲在我们家谈论的时候，还是眉飞色舞，说他的儿子太优秀了。我听了以后不以为然。他就问："邓老师，这里面是不是觉得有什么不妥？"我说，这里面大为不妥，早知道你儿子是这样学习中国经典的，我还不如不教他。我跟他说，你儿子用西方的方法学习中国的文化，他以为学习了圣人之言，记住了圣人之言，就掌握了真理，自己就变成真理的化身了。但是，没有融入自己生命体验中的"圣人之言"只是一个物理而已，中国文化讲求的是情理。"子不孝父之过"这句话要看谁说，对谁说，在什么场合说，以什么心态说，以什么动机说，以什么表情说，它需要天时地利人和，方方面面都通过良知的照察，而恰到好处、恰如其分地表达出来、流露出来，这个时候才是天理、情理。

简而言之，学问、教育主要是教人觉悟"理"，而这个"理"分为两个侧面：一方面是物质世界的条理、规律，这是工具性的东西；另一方面是作为生命主宰的情理，这一点是中国文化偏长的。我用"偏长"就意味着不是西方没有情理，东方没有物理，而是东西方各有侧重：西方更偏重科学、技术，它们用于物理世界的心思多一些；而中国人对内在生命体察的心思多一点，因此，偏重于情理。但是，我们不是说只要情理，不要物理，也不是说只要物理，不要情理，而是要把两者的主从关系搞清楚。

孔子在《论语》中曾经对自己的生命历程有过一段描述："吾

十有五而志于学，三十而立，四十而不惑，五十而知天命，六十而耳顺，七十而从心所欲不逾矩。"孔子在回顾他一生学问历程的时候有一个显著的特点——他没有从生命外面来讲。我们常常在评价一个思想人物的学问历程，总是要看他创造了什么理论体系，或者其他外在的东西，比如达尔文的进化论、爱因斯坦的相对论、马克思的资本论等等。可是孔子一生的学问历程，没有涉及生命外部的世界，全部是他生命内在的变化，这就是中国文化非常显著的特征。中国文化评价一个人的学问成就并不是看他是否创造和发现外面的物理世界，而是看他生命内在的境界是否有所提升。从"而立"、"不惑"、"知天命"、"耳顺"到"从心所欲不逾矩"，孔子生命的气象，生命的宽度、广度、深度在不断地展开。这种评价标准跟儒家"君子不器"的思想是一致的：君子不是要成为某一方面的专家，而是他的生命境界使得他在任何领域，既能够尊重那个领域的物理规律，又不会被它们所束缚，反而能够驾驭和运用这些物理规律。所以，儒家教人是要实现人内在生命的完满，它是要教人以情理，而不是教人以物理。

第三个问题讲儒家教育之道的人性论基础。

这就回到一个非常简单而深刻的问题：什么是人？在西方文化史上，尼采喊出"上帝死了"之后，福柯又喊出"人死了"。福柯说"人死了"表达什么意思？"人"到底是什么？人和动物的区别究竟是什么？它是一个量的区别，还是有质的区别呢？西方的文化词典中，虽然人的定义有万千种，但是基本上是共通的，那就是把人定义为动物，比如马克思说，人是能够制造工具并且能够运用工具的社会化的动物，还有的说，人是能够使用语言符号的动物等等。这些定义都是把人归结为动物。唯独中华民族没有把人归类为某一种动物，而是把人放在天地人三才之中，认为人是天地之心，宇宙之灵。中国人为什么会这样看待人？为什么中西方对人的定义有这样的差异？有的人说，西方人对人的定义是一种经验性的定义，而中国人对人的定义则是一种先验性的定义。但在我看来，中国人对人的定义同样是经验性的，只不过这种经验是圣人的经验。圣人发现了人之所以为人的本质并不在肉体上，而是在人的心上。人心又是什么呢？人心和动物的心究竟有什么样的差别呢？这个问题很复杂，我这里只能把结论给大家做介绍。孟子讲说："仁，人心也；义，人路也。舍其路而弗由，放其心而不知求，哀哉！人有鸡犬放，则知求之；有放心而不知求。学问之道无他，求其放心而已矣。"孟子把仁和义看成是人的本质，人是怀仁心、走义路的。这内外兼顾才是人的本质，人的根本性规定。孔子把人的这种根本性规定叫做"仁"，孟子把它叫做"良知"，后来宋明理学家把它叫做"理"，还有《大学》里面的"明德"，这都是人之为人的本性。

中国人高明的地方在于它首先发现了动物心和人心最大的差别是：动物心是有为的，人心是无所为的；动物心是有待的，人心是无待的。简单地讲，人心是无目的的。我们人心有两个面向：一个是工具、理智的一面；另一个是儒家所说的仁义礼智信。后一个方面并不需要什么条件，它天性就是这样。朱熹曾用"虚灵不昧"来描述人心，梁漱溟先生则用"自觉不昧，主观能动"这八个字来形容人心。因此，人心是不昧的、自觉的，而不是停止的；是主观的，而不是客观的；是能动的，而不是被动的。梁漱溟先生甚至说，人心的每一个瞬间都是一种全新的创造。而这种关于人心的体验、体会，必须不断地通过工夫的修习才能最后发现。比如《大学》里面讲"定而后能静，静而后能安，安而后能虑，虑而后能得"，它必须是通过一步一步的工夫修为最后才能得到"明德"，而"明德"则是"本心"，真正的"人心"。而且，这个"心"是不生不灭、不动不静、不增不减的。大家知道禅宗讲工夫是要"明心见性"，这大致要经过四个阶段：第一个阶段，息脑运心；第二个阶段，返尘归根；第三个阶段，泯识显智；第四个阶段，明体达用。第一个阶段的"息脑运心"已经难倒了古今中外多少探索者。中西方那么多哲学家、科学家，他们何尝不想搞清楚宇宙的真理、真相，但是，为什么西方那么多伟大的哲学家最后都走到了不可知论，走到了怀疑论？就在于他们不能够做到息脑运心。东方圣者高明，他们通过息脑运心，发现了在六尘之中根本找不到的"根"。老子在中国思想史上已经非常聪明了，《道德经》里面讲"孔德之容，惟道是从。道之为物，惟恍惟惚。惚兮恍兮，其中有象；恍兮惚兮，其中有物。窈兮冥兮，其中有精；其精甚真，其中有信。自今及古，其名不去，以阅众甫。"老子也只是做到了息脑运心之后的阶段"返尘归根"，但是这种归根只是初步归根，所以他说："天下万物生于有，有生于无。"这个"无"就是上面所讲的"恍恍惚惚"的那种状态，而这种状态则依然是一种"识"，因此，老子也没有做到"泯识显智"，更不用说"明体达用"了。马一浮先生曾经有一个判断说，西方人无人见性。自古希腊以来，西方人一直为气习所缚，在这种意义上，中西文化的紧张也表现在"性"与"习"的对立。孔子讲"性相近，习相远"，我认为今天西方的学问基本上集中在"习"上——它把各种经验，经过思考、通过总结，而得出了种种理论。这些理论在中国先圣看来只是"习用"而已。所以，我们今天中国人在人文领域、在精神领域的自卑完全是没有必要的。

我们讲第四个问题，儒家的教育之道。

孔子讲过四句话："教民亲爱，莫善于孝。教民礼顺，莫善于悌。移风易俗，莫善于乐。安上治民，莫善于礼。"

"教民亲爱，莫善于孝"意思是想要让人与人之间亲爱，用孝道来教人是最好的，因为它所教的亲爱之情是发自生命本性的真挚自然之情。

"教民礼顺，莫善于悌"，所谓"礼顺"就是要礼让顺从，这个顺从是指顺从真理，顺从天性。"莫善于悌"就是从小在家里面要尊重哥哥姐姐，以此来培养顺的心境、心态，以后遇到其他人也知道尊重别人。"顺"这个字在今天的中国非常难做到，今天的人

叁 儒家的教育之道

不喜欢顺字,他认为逆才能表现自我,才能拥有自我。其实,我们今天的这种"自我之教"也是一种错误之教。佛教认为"我执"是所有痛苦的根源,佛教的整个证道过程就是要破我执——破分别我执、破俱生我执。而我们今天的教化,却要教我们这种子虚乌有的自我。连马克思的智慧都看到了,他说人的本质就其现实性而言乃是其全部社会关系的总和。我们现在却偏偏不信马克思这一套,偏偏认为所有的社会关系都是负担,都想抛弃,都认为离开所有社会关系还有一个自我,而且还要迷恋这个自我。这非常错谬!这种错谬导致今天的人生非常痛苦。我曾经看过上海东方卫视《幸福魔方》的节目,其中有一期讲到一个富婆请一个心理医生来干预、挽救她的儿子。她说,自己当年在创业的过程中忽略了儿子,没有对儿子尽到应有的照顾,现在儿子长大了,发现他跟自己一点感情都没有。儿子生日的时候,她送给儿子一辆宝马,可是儿子的脸上没有露出一丝笑容。她跟儿子说明年生日的时候送给你一套别墅,儿子也说随便,也感觉不到一丝高兴。在节目中,这位富婆非常痛苦,哭哭啼啼、捶胸顿足。在我看来,她原来一直在追求自我,追求成功,她认为人一旦成功了,什么东西都会有。可是她发现自己成功了,除了金钱之外,其他什么东西也没有得到,这是因为她错误地认为人生价值的实现就是为一个抽象自我的实现而不断奋斗。这不是自我实现,而是自我癫狂。美国心理学家马斯洛有一个自我实现的理论,很多人接受、奉行他的理论。但是,马斯洛所讲的自我实现理论只是描述了一个抽象自我的实现阶梯,这样一种成功观、人性观是非常片面的。在中国儒家看来,一个人生来就扎根于五伦之中:一个人生下来就是有爸爸妈妈的,他要实现自我,就要实现一个做儿子的自我;将来他有了儿子,他就要实现一个做爸爸的自我;他将来有老婆,他就要实现一个做丈夫的自我;他将来有学生,他就要实现一个做老师的自我——他的自我是所有他的社会关系的交汇点。他必须跟方方面面打交道,把方方面面的天性、天伦、天职都尽到，这样才是自我的实现。这样一来，人的天性和情理就顺、通了，他不需要得到什么东西，就能感到非常的快乐。

"移风易俗，莫善于乐"。意思是想改变风俗，最有效果的方法就是"乐教"。这个乐教是广义的，它不只包括音乐，还包括舞蹈、美术、诗歌等等。为什么乐教能够移风易俗感化人？因为，人性本来就是和的，而乐的本质也是和，所以，它们能互相感应。风俗未化，都是由人内心七情六欲的不和造成的。因此，梁漱溟先生说教育的第一要务就是要让孩子快乐。

"安上治民，莫善于礼"意思是说治理国家最好的方法就是礼乐教化。司马迁在《史记》中把三种治理国家的方式作了比较："子产治郑，民不能欺。子贱治单父，民不忍欺。西门豹治邺，民不敢欺。"司马迁在最后还问：三子之才谁最善乎？这里，"不敢欺"、"不能欺"都是他律的行为，这是因为我斗不过你，所以我才屈从；只有"不忍欺"才是自律的行为，才是内心天理的自然流露，人性的自然流露。所以，显而易见，子贱的智慧才是最高的，他治民于无为。

那么，什么是礼呢？礼和乐可以说是中国文化的精髓。马一浮先生曾经对礼乐有一个判断："礼主别异，乐主和同。礼是大序，乐是大和。合序与和，即是至美。"我们曾经有一个说法：西方人求真，中国人求善，希腊人求美。我觉得这个说法有点道理，但是不究竟。其实，中国文化不光是求善，也求真，也求美。而且这个美是大序大和意义上的美。马一浮先生给浙江大学写的校歌里面第一段就是："大不自多，海纳江河；惟学无际，际于天地。形上谓道兮，形下谓器；礼主别异兮，乐主和同；知其不二兮，尔听斯聪。"这里面讲出中国文化中的四个关键字：道、器、礼和乐，而礼乐的本质和灵魂就是仁义。所以，孔子说："人而不仁如礼何？人而不仁如乐何？"一个人的内心如果没有仁爱，那么，他就算讲礼作乐也只是形式主义。所以，礼和乐必须要有生命内在的仁义作为根据。

这是儒家的礼和我们今天的法（规章制度）最根本的差别——礼是建立在仁义基础上的规则，这是一种天然的节奏，天然的节文。

许慎在《说文解字》中讲："礼，履也。所以事神致福也。从示从豊。"这个履有两层含义：第一层意思是鞋子，顾名思义，这跟脚有关，而脚跟行走有关，因此，礼跟行为有关，礼不是用来说的，不是用来思考的，礼是用来行动的；第二层意思是这个"履"又是《周易》"六十四卦"中的"履卦"，这一层我后面分析。

所谓"事神致福"，表明礼是脱胎于原始宗教的，它是用来侍奉神明，获取福报的一种宗教仪式。后来的古圣人发现原来这种宗教仪式能够表达人的性情之真，能够顺乎人的性情之真，于是，就慢慢把它宗教的成分剔除掉，而使它成为人调养身心、修养性情的方式。在我们今天科学理性的指导下，大家越来越不能接受有所谓的神灵，更不能接受神灵能给我们赐福这种说法。我觉得科学和理性有它们的适用范围：在物质世界的规则、条理里面，科学理性是适用的。但是，说到生命内在和情理深处，我觉得科学理性是不够的。"事神致福"这种观念是中国人从经验世界中获得的，只是因为我们今天的科学不能解释，我们就要把这种观念扫除掉，这是不对的。我想，这个至少是可以存疑的。

"从示从豊"，如果从"示"（示）的篆字就可以观察到，它的上部分是"天"，下面的部分则表示"日月星"三光。古人相信，人类的是非善恶、祸福吉凶是可以通过天的这些自然现象而呈现出来的。天通过日月星三光而启示人类哪些行为是对的，哪些行为是错的。这里，我从儒家和基督教这两个方面来说明这个"示"所体现的生命的真实性。孟子有一段话说："操则存，舍则亡，出入无时，莫知其乡，惟心之谓与？"孟子这段话讲的是良知。他说良知很奇怪，如果你操守、操持它，这个良知就存在；如果你舍弃它，这个良知就不存在。它在我们心中的出入是不遵守时间的，是非常自由的。古圣人就发现良知非常的神奇。良知从哪里来？它住在哪里？为什么常常在我们心中呈现呢？在儒家看来良知的来源也是非常深奥的。以孟子的智慧，都找不到它是从哪里来的，所以孟子说"莫知其乡"。中国人将这种不是从我们经验世界中来的"超经验"的来源归结于天。我们再看基督教，上帝按照自己的形象，造了泥人，放在地上，但是人不会跑，后来上帝往泥人身上吹了一口气，再放到地上，这个泥人就会跑了。我认为，这在基督教里面是一个象征。它象征人的神性不是来源于他的肉体，而是直接从上帝那里获得的。因此，我们说"意识是人脑的机能"这句话实际上是半对半错。我们今天的解剖学，包括其他科学都不能够从正面证明这个结论。我们现在只能做一个逆推：如果人脑坏掉了，那么我们的意识也会消失，这才推断说意识是从人脑中产生出来的。这种推断显然非常粗糙，但是我们今天很容易接受这种观点。所以，哲学研究是无止境的，同时，它也表明人的精神性的本源是很难知的。康德这么伟大的哲学家，他研究到最后竟然发现"物自体"不可知，而人的自由意志又来源于物自体。这就说明"示"的这种观念，在哲学、在心理学中，都有很深的根据。再看后面的这个"丰"（豐）字，它上面像一个容器，下面是一个"豆"。豆在古代是祭祀用的，用以盛放食物以供奉神灵的礼器。我在这里和大家分享一个经验，我少年时期所受的教育就认为科学是最高真理，其他的都是封建迷信。当时，我的母亲经常到庙里面去拜佛，她从庙里面给我们带来了食物，我们吃了都觉得好吃。但是，我们一听说是庙里的，就把吃到嘴里面的吐到地上，反过来批判我们的母亲太过迷信。我母亲每年出产的第一束稻谷，做出来的第一碗饭，都先去供奉神灵。把少年时期的我认为母亲很迷信，现在的我观点就大不相同了。我现在觉得，我母亲的这个行为是非常伟大的。伟大在什么地方呢？她知道要有感恩心。她知道收成不仅仅是人劳动的产物，它还是天地的恩赐。这样就把人的星空拉得非常广大：上至天，下至地，中间有祖先。她这样一个人格，这样一个心灵世界，跟今天只有一个虚幻自我的人（的人格）相比，它们的空间、深度、广度就大不一样。

南宋理学大家朱熹说："礼者，天理之节文，人事之仪则也。"文就是外在表现，节就是节度。所以，礼就是有节度、有分寸的表现。什么是天理？上面我讲了一些，这里我补充两点。天理和西方的真理是有差别的。天理在中国，它是一种情理，而不是西方的物理。那么，在这个"理"字前面加上一个"天"字，有何意味呢？我的理解是有两层意味。

第一层意味是指天理是至高无上的，地球上、宇宙间没有比天理更高、更大的理。"天"字是在"大"字上面加上"一"，这就表明世间所有的东西，再大也大不过天。所以，天是至高无上，至大无外的。我们人类经常犯一个错误，经常把人创造的理、发现的理凌驾于天理之上。秦王在一个冬天的夜晚喝醉了，醒来的时候发现身上盖着一张薄毯，他就查问是谁盖的。结果查出是一位大臣，而他是没有资格给秦王盖毛毯的，按照秦国的法律，他这是越位行事，是越权的行为，是要判处死刑的。仔细想一想，这位大臣当时经过秦王身边的时候，发现秦王睡着了，天气比较寒冷，正好身边有一个毛毯，顺手做了一件好事，这当然是一个符合天理的行为，可是秦王最后还是把这位大臣给杀了。杀他的理由也是振振有词：法律至高无上，有法必依、违法必究、执法必严，否则法律等同于虚设。但是，这在儒家看来就是"刻薄寡恩"。所以，秦国通过商鞅、韩非子、李斯的变法和改革而变成一个法律至高无上的帝国，它按照法律这种人为的规律去运行，迅速崛起、强大，势不可挡，兼并了六国，可是强大的秦帝国只历经两代就土崩瓦解了。为什么会这样呢？这中间的原因在于法家把一个人为的东西看成是至高无上的。相反，整个周朝虽然历经了春秋战国之纷乱，却依然存在了八百年，这在于整个文明建构在至高无上的天理良知之上，这就是最深、最广、最高的一种根基。还有一个例子是《论语》里面的一个故事。叶公语孔子曰："吾党有直躬者，其父攘羊，而子证之。"孔子曰:"吾党之直者异于是:父为子隐,子为父隐,直在其中矣。"叶公对孔子说:"在我们楚国,有一个非常正直的人,他的父亲偷了羊,儿子就去告发他。"孔子听完之后,巧妙地进行反驳说:"我们那个地方的人跟你们不一样,我们这边是儿子偷羊,父亲帮他隐瞒,父亲偷羊,儿子帮他隐瞒,正直就在其中。"我们把这个例子进行深入探讨。我在本科生的课上请同学们讨论过这个案例,结果既在我的意料之中,又在我的意料之外:95%的同学站在叶公一边,只有5%左右的同学支持孔子的观点。其中,我问一个女学生为什么赞同叶公的观点?她说如果父亲帮儿子隐瞒,儿子帮父亲隐瞒,哥哥帮弟弟隐瞒,弟弟帮哥哥隐瞒,最后的结果就会导致大家互相隐瞒,这就是亲亲相隐,那还有法治的尊严吗?听到她的回答,我追问说,假如你现在发现你的父亲贪污了,你会去告发他吗?她说,我不会告。我说,你刚才不是说告是对的,不告是不对的吗?为什么你现在要做一件你认为不对的事情呢?她说,告发是对的,这是从理智上说的,现在我不告,是从感情上说的。我说,你的感情和理性是矛盾的?她说,本来感情和理性就是矛盾的。这个女生的思想反映了什么?在《吕氏春秋》里面也有类似的故事:楚之有直躬,其父窃羊,而谒之上。上执而将诛之,直躬者请代之。将诛之,告吏曰:"父窃而谒之,不亦信乎?父代而诛之,不亦孝乎?信且孝而诛之,国将有不诛者乎?"荆王闻之,乃不诛也。孔子闻之曰:"异哉!直躬之为信也,因父而在取名焉。故直躬之信,不若无信。"这个故事的大意是,楚国有一个行事正直的人,因为他的父亲偷羊,于是他便向官府告发了,官府捉拿了他的父亲并且要执行死刑,直躬者却站出来请求代父受罪,即将行刑的时候。直躬者向监斩官说道:"我告发了我父亲偷东西,难道这不是'信'吗?我现在代父受刑,这难道不是'孝'吗?我信孝两全,都要被杀,天下还有不被杀的人吗?"荆王知道后便赦免了他的罪。这个案子,其实楚国的君臣断得很不好。这个案子后来传到孔子那里,孔子说:

叁 儒家的教育之道

"直躬之为信也,因父而在取名焉。故直躬之信,不若无信。"孔子讲这句话是什么意思呢?本来父子的关系是情理,是生命内在的关系,现在楚国的这个直躬者把父子关系当作一个物理,作为一个工具来用。第一次这个直躬者利用父子关系盗取一个大信之名,第二次他又利用父子关系盗取一个大孝之名。大家乍一看这个故事,都觉得蛮感人的,但这是被里面的名相所迷惑。楚国的君臣就是这样被欺骗的。因为大家只看到物理而忽视了情理,不知道情理是要有"实"的。《论语》里面记载子路问孔子如何理政。子路曰:"卫君待子而为政,子将奚先?"子曰:"必也正名乎!"子路曰:"有是哉?子之迂也,奚其正?"子曰:"野哉!由也。君子于其所不知,盖缺如也。名不正,则言不顺;言不顺,则事不成。事不成,则礼乐不兴;礼乐不兴,则刑罚不中;刑罚不中,则民无所措手足。故君子名之必可言也,言之必可行也。君子于其言,无所苟而已矣。"孔子将名实关系放到这样一个高度来看待。那么名和实哪个更重要呢?孔子认为"实"更重要,"名者实之宾也",名只是实的表现,没有实就不应该有名。楚国的君臣错误在什么地方?这个直躬者所做的事情,全部没有实,只有名,这种人是奸狡之人。而孔子要培养的是老实的人格,知之为知之不知为不知。所以,他说,"巧言令色鲜矣仁"。孔子最讨厌名实不符的人。反过来看,父子相隐,父亲帮儿子隐瞒,儿子帮父亲隐瞒,这反而是一种天性,这是从良知里面体现出来的。叶公所讲的直躬者其实是搬出一个理性的工具,他已经退了一步,用脑袋里面的观念来告诉自己要去告发父亲,这已经不是天理。在孔子看来,这是违背天性的,是不诚的,因此,孔子认为一切人为的作意安排都是自私的,只有生命内在的诚意自然的吐露才是真正的天理昭昭。基督教常说博爱是最高的真理,儒家说"No",天理才是最高真理,爱再大也大不过天理。我们今天说大爱无疆,这是基督教的话。在中国,大爱有疆,这个疆就是"天理"。裴多菲说,"生命诚可贵,爱情价更高。若为自由故,两者皆

65

可抛。"这一思想在中国文化看来是有问题的,自由难道比天理还高吗?自由能够成立,能够实现,它必须依据天理。比如,孔子"七十从心所欲不逾矩"。孔子认为从心所欲不等于自由,只有从心所欲不逾矩,才是真正的自由。因此,裴多菲所讲的可以把爱情和生命都抛弃掉的自由,在儒家看来是有问题的,它取消了天理的维度。

天理的第二层意味是什么呢?我的理解是天然的,不假雕饰的,不作意安排的,自然而然的。《道德经》开篇说"道可道,非常道;名可名,非常名"。天理是那个不可道、不可名的理,只能在良知中呈现,而不能拿来。天理是我们生命正在展开所呈现出的那个活泼泼的理,离开生命的活动都不叫天理。哪怕像"父慈子孝"这句话,如果变成一个教条,那么它也不是天理。天理是生命内在活泼泼的展现。1998年一个深夜,我和一个朋友在杭州大街上骑自行车,遇见红灯的时候,我闯过了红灯,我那位朋友守着红灯,等绿灯亮了才走。他骑过来后说,老邓,你今天做得不对,你怎么能闯红灯呢?我说你做得对,我做得更对。我说,红绿灯不过是人为的一个工具而已,一个工具性的东西之所以能够被人类运用和接受,因为它能够反映天理。天之大德曰生,天之大道曰行。交通畅通、保护生命,这是天理。天理和工具相比当然是天理更重要。我们做事假如合乎天理,但不合乎工具,没关系,工具可以丢掉;假如既合乎天理,又合乎工具,那两者可以并行不悖;假如两者发生矛盾,当然守天理而弃工具。我说,现在深夜十二点多了,方圆几百米外看不到一辆车,你还守着红灯,这叫形式主义,这是做作、呆板。这在法家里面是有意义的,但在儒家里面是要受到批评的。儒家教人是变通的,有时该闯红灯就要闯,见到绿灯该停还是要停,它不是有一个外在的工具让我们死板地去接受和执行。如果是这样,那叫哀莫大于心死。儒家要培养的人是让人良知敏锐,因地制宜、因人而异、因时而化,是让人廓然大公、物来顺应,而恰如

叁 儒家的教育之道

其分、恰到好处。这样一个活泼泼的、有力量、有美感的生命状态才是儒家要培养的，而不是被动地接受和执行外在工具所规定的条令。因此，东方智慧是追求心灵内在的真理。齐白石讲过一句名言："学我者生，似我者死。"儒家的智慧是不能讲模仿的，儒家是要让我们生命中的仁义，自己开发出来，促成我们生命内在的维度，使之自然合乎天理，而不是从外面遵从一个形式，更不是模仿。孟子有一句话："由仁义行，非行仁义"，行仁义是模仿，由仁义行，则是从我们生命内在的天知、良知中生发出来的一种力量。现在，我们很多老师讲学，学生都很厌倦，都不愿意听，因为他讲的都是别人的知识，他生命里面并没有自己的真实的感悟，所以，他把知识讲死了。而天理是自然而然的，绝对不是教条式的，死板的。《中庸》里面有句话："人能弘道，非道弘人"。是我们人的心，活泼泼地去弘道，不是一个道来要求别人。所以儒家讲的道理是从生命内在活泼泼地生发出来的，而不是因为它是圣人讲的，我就要去听；而是圣人讲的，合乎我的良知，我才要去听。

天理既然有节文，那什么是节呢？按照我的观察，这个"节"有三个特点。第一，竹子的节意味着分别、差别和不同。我们观察生活中的竹子，可以看到"节"是一个标志，是一个分界线，它把上下两节分开，表现上下两节的差别和不同，这是节的第一层含义。第二，竹节的差别和分别又很特殊。它既有差别、分别，但又不脱节。竹子根部的营养可以吸收到竹苗那里去，竹苗上的光合作用又可以储存到根部。所以，竹子的节虽然有分别，但是它又是一气贯通的，从根到叶，从叶到根，它们之间是流通的。第三，竹子的节意味着分寸。德国哲学家莱布尼茨说："世界上没有两片相同的树叶"。中国的谚语说："一娘生九子，九子各不同"。这个世界上我们找不到两个完全一样的东西，绝对相同的东西只能存在于我们抽象的观念世界中。所以，孔子说"君子和而不同，小人同而不和"。这个"同"是虚幻的，因为它本来就没有。因此，追求同只不过是小人的虚幻观念。强调差别，反对一刀切，这才是真理。法家之所以被中华民族淘汰掉，是因为法家最容易一刀切。一刀切就忽视了事物的差别性。不过，过分强调事物的差别性，又会走向另外一个极端，就会导致尖锐的对立，导致此疆彼界，水火不容。于是，儒家从竹节上发现了另外一个真理，这个节虽然有差别、有分别，同时又是一气贯通的。这就是儒家所讲的一体之仁。一体之仁是什么意思呢？儒家说体认，而不说认知。这种体认是什么意思呢？体就是身体的意思，体认就是把对象纳入到自己的生命体验中来认识，而不是像科学研究一样，站在物外来研究事物的规律，这是中国儒家的认识——格物，这跟西方科学观察的认识是有差别的。儒家讲"一阴一阳之谓道"，阴阳是不能分离的阴阳，所以，阴阳的矛盾必须站在"一"的立场上才能化解，既不能站在阳的立场，也不能站在阴的立场。儒家处理任何矛盾都是站在这个立场上。曹植写了一首诗"煮豆燃豆萁，豆在釜中泣。本是同根生，相煎何太急。"豆和豆萁在外形上看，何其不同，但是当我们仔细观察，会发现如此不同的东西原来是同根所生。所以，儒家在看待对立、差别的东西时，总是会发现它们背后"同"的一面。但是，今天的人心中越来越没有"一"了，所以庄子说"道术将为天下裂"，人们越来越看到各个孤立事物之间的对立性，而没有看到孤立事物背后的统一性。而儒家这个节字里面就兼顾了这两个方面。只有这两个方面兼顾，才是礼的基本精神。光看到差别，没看到统一性是法家，光看到统一性，而没看到差别，这是魏晋玄学，是老庄之流。儒家既要看到事物的差别性，又要看到这个差别是一体所生。这就像我们五个手指头一样，五个手指长短不同，功能不同，但是这五个手指却又能一起协调工作，这就是一体之仁。

另外，理的基本功能就是"辨上下，定民志"。这是《周易》第十卦《履卦》的卦象。在卦象中，孔子用"辨上下，定民志"加以指点。如果把上下辨析清楚了，辨析准确了，老百姓的心就安顿了。中国人造了一个不上不下的字"卡"。如果我们上不上，下不下，这就是卡住了，卡住了就不通，不通就会生病。所以，中国人讲通情达理。情不通就会生病，而身体的气不通也会生病，医家说"通则不痛，痛则不通"。辨上下就不会卡，不卡就通。中国人还造了一个词叫做"忐忑"，上不上，下不下，这就是忐忑，忐忑就会不安。今天的人为什么心不安幸福感那么差呢？一个重要的原因就是上下不分。

随着理在中国传统文化中的慢慢衍生，形成了中国一个伟大的宗教，这个宗教是广义的宗教，叫五伦之教。辜鸿铭先生说："欧洲宗教要人们'做一个好人'，中国的宗教则要人们'做一个识礼的好人'；基督教叫人'爱人'，孔子则叫人'爱之以礼'。"光做一个好人还不够，而且还要合乎礼节。父母可以喊子女叫宝贝，子女不能喊父母叫宝贝，因为这是礼。这个礼在中国就形成了基本的生活方式、教化方式，这就是五伦之教。"五伦"就是"父子有亲，君臣有义，夫妇有别，长幼有序，朋友有信。"这个五伦之教始于什么时候？现在考证不出来，似乎在神农时代就是这样。这五伦之教又终止于什么时候呢？终止于五四新文化运动之后，特别是"文化大革命"。五千年来，中华民族改朝换代了多少次，但是无论哪一次，都没有抛弃五伦之教。王安石变法够激进吧，但是同样没有改变这个五伦之教，张居正也是。我常讲五伦之教就是中华文明的定海神针。五千年来，强大的野蛮民族可以灭掉我们华夏政权。但是灭不掉五伦之教，反过来被五伦之教同化。此外，哪怕是成熟的文化，东亚文明——佛教，这是一个伟大的宗教，它传到中国来，最后是跟五伦之教和平共处，它没有把五伦之教同化。明朝的时候基督教传到中国，它也是一种伟大的宗教，可是基督教同样没有办法同化五伦之教。基督教传教士当年在翻译《圣经》的时候，做了很多手脚，把《圣经》里面冒犯五伦之教的内容都悄悄拿掉，不敢翻译。基督教是要建立一种什么样的伦理呢？上帝是唯一的父亲，而其他的亲友，像爷爷奶奶、外公外婆、爸爸妈妈，全部是兄弟姐妹，所有人在上帝这个父亲下面，全都是平等的，它是要超越家庭伦理，这是基督教的伦理观。基督教的教义和伦理观为资本主义的发展开辟了道路。马克斯·韦伯写了一本书叫《新教伦理与资本主义精神》，里面分析了基督教如何为资本主义的发展准备了坚实的基础。但是在中国，基督教的这种教义并不能同化掉我们的五伦之教，反过来，它被中国的五伦之教所改造。我有一个朋友是基督徒，她在上海开了一家饭店，有一次感恩节的时候，要她的儿子回来参加活动。她给她儿子打电话，我们就在旁边开玩笑地说：你儿子可以不来，因为在上帝面前，你跟她是姐弟关系，而不是母子关系，他不用听你的话。我那个朋友说，他敢！他是在中国，老娘还是老娘，我说了，他就得来。所以，中国的基督徒是中国五伦之教的基督徒。家庭伦理还是凌驾于上帝之上的。这个生命力如此强大的五伦之教又为什么会在五四运动之后慢慢死掉呢？谁把这个定海神针拔掉了呢？五四运动，一帮青年学到了一点西方传来的学问思想，便狂妄自大，来拔五伦之教这根定海神针。自己的子孙烧自家的后院，挖自家祖宗的坟，这是无可奈何的事！所以，李鸿章把近代的变局称之为"三千年未有之变故"。现在，我们一般讲国学的人都不愿意讲这个五伦之教。我的理解有两个原因：第一，这些讲国学的人本身就不理解五伦之教的天经地义，不理解它是天理的直接表现。这是自己不知，所以信念不坚。第二，今天有一个强大的背景，这个背景就是自由平等。不管懂与不懂，人人都拥护自由平等。只要跟自由、平等相反的教义，都认为是落后封建。所以，在中国讲五伦之教会受到一大批所谓的自由主义者的批判。但是，我个人觉得，要讲中国文化，不讲五伦之教是有问题的，那就讲不到中国文化的核心。很多人反对、批判五伦之教是因为它与平等观念相抵牾。但是，什么是平等？我自己编过一个寓言。老天阳光普洒，雨露普润，老天是不是平等的？大树得到的阳光雨露多，小草得到的阳光雨露少。这本来就是平等，合乎天理和万物的本性。可是小草们不知道这是平等，它被假象迷惑，看到大树得到那么多阳光雨露，它就对上天说，你太不公平了，你给大树那么多阳光雨露，但却给我这么少。上天对小草说，如果我把大树的阳光雨露给你，你不就被晒死、淹死了吗？小草终于明白过来，知道自己追求的平等是虚妄的。所以，我们今天争平等，很多时候只是在果上争平等，却不知道这个果上的不平等是由不平等的因素造成的。天理告诉我们，人既有本性上平等的一面，同时也有不平等的一面，这就是气质之偏，参差不齐。这两者兼顾才是真正的平等。但今天很多人将本性上的平等和气质上的平等混为一谈，所以平添了很多烦恼，很多愤慨。五伦关系的根本在于彼此关系中的人都以对方为重，梁漱溟先生在《中国文化要义》中讲得很好，他说："伦理社会所贵者，一言以蔽之曰：尊重对方。何谓好父亲？常以儿子为重的，就是好父亲。何谓好儿子？常以父亲为重的，就是好儿子。何谓好哥哥？常以弟弟为重的，就是好哥哥。何谓好弟弟？常以哥哥为重的，就是好弟弟。客人来了，能以客人为重的，就是好主人。客人又能顾念到主人，不为自己打算而为主人打算，就是好客人。一切都是这样。所谓伦理者无他义，就是要人认清楚人生相互关系之理，而于彼此相互关系中，互以对方为重而已。"

王培林，广东技术师范学院天河学院院长、教授。主持省级和国家级研究课题多项，发表专著多部和论文数十篇。曾两次获广东省高校优秀教学成果一等奖、广东省高校"两课"优秀教师奖、广东省哲学社会科学研究成果三等奖等。曾任广州市人民政府决策顾问团顾问。社会兼职主要有：广东哲学学会副会长、广东社会主义社会辩证法研究会副会长等。

肆 中国传统思维与现代管理

王培林

我们学现代管理,为什么要了解中国传统思维?

管理是人类的一种特定行为,而人们的行为必然会受其思维方式的影响。我们先从三个中外行为比较的事例讲起。

第一个事例,一个在厦门大学从事教学研究的美国人曾说:"中华文明历史悠久,已有5003年的历史"。作为中国人听后都觉得这个说法很奇怪,为什么是5003年?向他讨教,他说,我刚到中国的时候,你们告诉我中华文明有5000年的历史,我来这已经3年了,所以你们中华文明的历史应该是5003年。这位美国人的计算太"精确"了!这就是我们与外国人的思维差异。

第二个事例,是一个经常被引用的故事。一栋国际公寓失火了,按常理,人们都会第一时间把最重要的东西抢救出来。实际情况是,犹太人抓起钱袋子就跑,法国人把情人抱了出来,中国人是把老母亲背出来……各国人们的不同行为反映出他们的思维定势很不一样。

第三个事例，也是一个流传很广的故事。有三个女孩子在海边玩耍，她们分别来自中国、美国和日本。一阵风来，都戴着帽子穿着裙子的女孩们，反应各不相同。有个女孩用手紧紧按住头上的帽子，不让它被风刮走；另一个女孩两手用劲压住自己的裙子，不让风掀起来；还有一个女孩一手按帽子，一手压裙子，两手抓。大家猜猜，这三个女孩分别会是哪个国家的呢？只顾帽子的是美国女孩，只抓裙子的是日本女孩，而两手抓的是中国女孩，钱财与礼仪同等重要啊。

下面我们再从另一组图像和数据，看看一个对中国文化比较了解的西方人（德国人）所描绘出来的中西文化差异与碰撞：

1. 表达个人观点：中国人总喜欢拐弯抹角，一个中国人如果像外国人那样直来直去地说出自己的观点，会被认为"没有城府"，"直肠子"是要吃亏的。中国人的处世哲学中最重要的一点就是"话到嘴边留半句"。因此在外国人看来，中国人表达自己的意见时，总令他们费解。

2. 生活方式：西方人经常独来独往，生活很独立，因为地广人稀，他们习惯一种独立冷清的生活。我前年去了新西兰，当地风光很美，居民很少。我问一位朋友会感到孤单吗，他说不会啊，有个老同学住得很近，开车两个多小时就到了。我听了哑然，这在广州太不可想象了。人们笑称在新西兰是"好山好水好寂寞"。我们中国人口多，街上到处都是人潮，生活方式也是喜欢热闹的，喜欢抱团活动，被戏称为"穷山穷水穷热闹"。

3. 守时问题：中国人通常没欧美人那么守时。我们的准时是以时间区间算的。我以前到省里开会，规格挺高的，下午三点的会往往三点零五分开始，也算是准时的了。从经济学的角度分析，如果我们的会风习惯都如此，人们就会想，我何必那么早去呢？不如走时间成本节约的路线。久而久之大家都习惯了迟到，结果会议开始的时间就会越拖越后。当然，现在开会的风气已经有了很大转变。而西方人讲究守时，德国人尤其厉害，他们的准时是讲时间点，而不会像我们一样是有弹性的区间。

4. 人际关系：当很多人在一起的时候，西方人是三三两两形成一个个相对独立的小组。中国人的人际关系要复杂得多，人与人之间盘根错节，错综复杂，你中有我，我中有你。在公司上班，千万不要随便说人是非，这里面谁与谁的人际关系说不清楚。

5. 对待愤怒的方式：西方人是表里如一的，心里愤怒，脸上的表情自然也愤怒。而中国人很多时候会掩饰、压抑内心的真实情绪，心里再恼火，脸上还是要保持微笑。这叫"喜怒不形于色。"

6. 排队问题：西方人排队比较守规矩，排成近似直线形的队伍。中国人排队不那么讲次序，有时乱得像个马蜂窝，看不出队伍的头尾。

7. 周日的街景：在西方，周末街上的人流也许比工作日还少，而我们国内周末就像过节了，街头巷尾都是人。像广州上下九路、北京路这些商业区，大家应该很有体会。

8. 聚会：西方人在聚会中多是三三两两的交流，而中国人更喜欢的是大聚会，所有人围坐一起交流。

9. 在餐厅里：低声交谈是西方人的习惯，而声浪很大，猜拳喝酒、说笑聊天的情景在中餐馆里则太常见了。

10. 旅游：西方人更多的是用眼睛欣赏，用心感受。而我们国人更热衷于把所见到的一切都拍照录影，有顺口溜是这么说的："上了车子就睡觉，到了景点就拍照，回到家一问，什么都不知道，到此一游嘛！"

11. 处理问题：西方人直接对着问题去，该怎么处理就怎么执行。中国人会绕着弯来，有时把问题都绕过去了。

12. 三餐：只有中午一餐西方人习惯吃得丰盛、热量大，其余两餐都是便捷简约吃法。我们三餐都是热气腾腾的，都是丰盛正餐。

13. 时尚：西方人用筷子匙羹，我们用刀叉，反过来了。

14. 交通工具：现时西方很多人放弃开小车，乐于骑自行车或走路出行，而我们国人正在狂热地追求人人开上小车，以车代步。

15. 老人的生活：你可能常能看见一个西方老人牵着他的宠物犬在散步，但我们这里最常见的情形恐怕是老人牵着个小孩在走，都在带孙子辈。

16. 对待孩子的态度：在西方，孩子是家庭成员中的一位，用他们的宗教话语来说，孩子是上帝暂时让父母托管的一个恩赐。孩子不是父母的私有物品，如果家长打骂责罚自己的子女，孩子可以报警的，如果劝阻无效，家长的监护权就会被剥夺，孩子转由国家福利机构抚养。而在中国，孩子是一个家庭的中心，所有的长辈都围着孩子转。打骂自己的孩子，也是正常的。

17. 自我意识：中国人讲究做人要低调不张扬，要夹着尾巴做人，把自我意识放在很低的位置上，比如与别人干杯时，酒杯都要放得比别人低一点以示尊敬对方。而西方人的自我意识很强。

18. 领导：西方人认为领导只比自己高一头，高一小截而已。中国人的领导是地位超然、高高在上的，下属对领导都是仰望敬畏的心态。

这些中西人们行为方式的差异，与他们传统思维方式的差异有很大的关系。

MBA 教育中有这样的说法——"国际化视野，本土化行动"，强调既要了解本国与国外的差异，又要立足于本土的情况做事。在这个意义上说，我们了解与国外的差异，是为了更好地认识自己。从思维方式比较出发，可以破译不同民族行为的"密码"，因此，了解我们自己的传统文化的思维，对学习当今的管理学是十分必要的。

学界一般认为，文化结构由四个层面构成：

1. 表层：器物文化。这是看得见摸得着的文化，如美国的可口可乐与中国的王老吉。器物文化往往最先最直接发生碰撞，而这种碰撞不讲阶级、不讲主义，只以品质好坏论高低。

2. 浅层：行为文化。如一校之校风，一个公司的员工习惯行为等，都是行为文化的反映。

3. 中层：制度文化。制度约束行为，如国家出台了不少新的公费消费制度来制约奢侈浪费的吃喝之风。

4. 深层：思想文化。这是最核心的层面，起决定性作用，依次决定和影响着外面三圈的文化层。从管理学的角度说，一个公司的思想文化，就是该公司的核心动力。比如华为，它的企业精神是"狼文化"，狼嗅觉灵敏对市场很敏感，狼是团队精神，狼是主动出击。思想决定着制度，华为公司里就有一个床垫制度，员工在办公室里常年备有床垫，加班就睡床垫。

思维方式属于思想文化，处于文化的深层结构，它决定着我们的行为，对人的行为有直接的重要的影响，因此，我们要对思维进行研究。

要认识中国传统思维，我们可以通过一些参照系，通过比较可以更直观地认识到我们传统思维的基本特征。拿什么作参照系，与什么作对比呢？跟外国比，尤其跟西方、跟欧美比，而且是跟欧美近代以来的思维方式作比照。鸦片战争之后，英法德崛起，随后美国崛起，从此，它们走在了世界各国的前列。

首先我们应明确，什么是一个民族的思维方式？著名历史学者刘长林是研究中国传统文化的专家，他在其《中国系统思维》一书中说："在一个民族的发展过程中，那些长久地、稳定地、普遍地起作用的思维习惯、思维方法，对待事物的审视取向和公认的观点，就叫做民族的思维方式。"

对中国传统思维，我们还要做一些简明的界定和说明：一是从范围上，主要指汉民族。我由于自身的兴趣和工作需要，多次去过新疆、西藏等少数民族聚居地，这些地区的文化与汉族文化的差异是巨大的。我们讲中国传统思维，很难把各个少数民族极具个性的文化思维方式都涵盖进来。因此，主要还是指汉民族文化的传统思维方式；二是从时间上，主要指古代及近代；三是从层次上，主要包括经典文化与世俗文化；四是从适用上，体现为概率性，也就是70%以上的统计概率，这点很重要。有一次我给MBA学生上课，有位学员很高大很壮，我问他是否北方人，结果他是广州本地人；而另一次，我将一位个头比较矮小的男孩子错认为本地人，其实他是山东人。——这两次我的判断都失误了。但如果让一百个广州人和一百个山东人分两群站在一起，让我们进行判断的话，我们犯错的几率就很低，多数情况下我们都能正确区分出来，这就是概率的体现。以前有过一场大学生辩论赛，辩题是"大学生谈恋爱利大于弊还是弊大于利"，双方在辩论中都做了具体举例，正方举例说，某班有两同学谈恋爱激发了学习动力，后来双双考上研究生，因此，是利大于弊；而反方则举例说，某班有两同学沉溺于谈恋爱，后来双双毕不了业，因此，是弊大于利。双方各说各话，有理又有据，但都说服不了人。其实，要是懂得从方法论上引进统计概率，那效果就大不一样了。现代西方哲学就特别讲究概率和概率真理论。

从中西文化比较角度看，中国传统思维具有六大基本特征：

特征一：整体性——长于综合、短于分析的有机整体思维。中国传统哲学讲"天人合一"、"天人感应"、"天人相与"、"我物相渗"等学说。中国人把宇宙看成一个由自然、社会、思维三大部分组成的，并且是各部分相互联系、有机进化而成的大系统。在这个大系统中，人与自然、心理与物理、主体与客体是有机统一的。而西方思维着力于对"万物一体"的宇宙进行分割，并作个别研究，如同剥洋葱。举例来说，中国传统哲学中道家思想创始人老子"道生万物"的"宇宙生成论",所谓"道生一,一生二,二生三,三生万物"。由道衍生出万物,万物又归于道,宇宙是一个循环往复的大系统。庄子也讲"我物相渗"论:"天地与我并生,万物与我为一"。再看儒家提倡的"修齐治平",也就是"修身、齐家、治国、平天下"的理想人生,是把个人修身养性,管理好一个家庭、宗族,到治理好一方水土,再到安抚天下黎民百姓,看作是一个整体的观念,个人与群体,小家与大国,都是相通的。而《孙子兵法》中强调"天时、地利、人和",点明了战争能否取胜也是一个整体条件的综合结果。正是由于国人强调整体性,在中国传统文化中,由整体到局部,由全局到细节的思维逻辑非常突出,这与西方正好相反。例如时间观念:中国人的表述顺序是年月日,西方则是日月年。地理方位:中国由大到小,西方则从小到大。做事逻辑:中国强调为什么要这样做,在大道理上先说清楚;而西方人则先做好每一件小事,再进行归纳总结。中国人倾向于"集体本位"、和谐主义,西方人则倾向于"个人本位"、个人英雄主义。论述问题:中国人先总后分,西方人是先分后总;中国先务"虚"后务"实",西方人则先务"实"后务"虚"。

特征二:类推性——重直觉、轻实测的直观类推思维。国人善用类比,将自身的观察、经验(包括社会、自然的、心理的各种现象)外推,以认识另一事物。这属于一种直觉思维,其特点是综合性、非实测性、非逻辑性。孔子说:"己所不欲,勿施于人",这就是推己及人的思维方式。老子说:"治大国如烹小鲜",是用煎小鱼的经验来譬喻治国之道。儒家讲"家国同构",君臣父子、家与国,是可以相互比拟的关系,一国如同一个大家族,君主是父亲;一个家族也如同一个小国,父亲为君主。因此,我们传统文化把当政者称为"父母官",就不难理解了。又如佛教禅宗的"顿悟成佛"说:佛是自性作,莫向身外求。自性迷,佛即众生;自性悟,众生即佛。民谚中也处处充满类推思维:"易涨易落山溪水,易反易复小人心","马无夜草不肥，人无外财不富","水至清则无鱼，人至察则无徒"等等，都是从熟悉的自然界现象推论出做人的道理，很生动直观。还有民间流传的一些说法，如吃什么补什么，吃猪脑补脑，脚扭了吃猪蹄补……这些其实没有严谨的科学依据，但普通老百姓深信不疑并且代代口口相传。在这种类推思维中，"天人感应"的说法对中国人的思维影响尤其深远。中国文化中的"天人感应"之说是指：人世间将有什么大变更，大自然都会有所表现，给人们预告一下，吉有佳兆，凶有恶兆。比如民间把1976年唐山大地震与同年政治三巨人毛泽东、周恩来、朱德的相继逝世联系起来。1976年7月28日，中国唐山地区发生了几百年来罕见的大地震，震级在七级以上，波及十四个省、自治区、直辖市，死亡人数二十四万以上，七十余万人受伤。灾区现场情况惨烈，损失巨大。唐山发生大地震45天后，毛泽东主席永远告别了红尘。就在当年的1月8日，周恩来总理逝世。7月6日，全国人大常委会委员长朱德逝世。因此，人们把唐山大地震这场大灾难看作是大自然对我们国家社会大变动的预兆和感应。在日常生活语言中，我们也有大量从类推得来的词汇，如用人身体的某些部分来做比喻类推：耳目、口舌、手足、心腹、心肝、胃口、情同手足、唇亡齿寒、心心相印、口蜜腹剑……

特征三：模糊性——富于弹性、确定性弱的模糊思维。由于前两个特征，整体性和类推性，重综合、重类推，缺乏精确的实测实证以及严密的逻辑分析，必然导致思维的模糊性。缺乏定量化的分析，必然也是模糊的。中国人的语言具有很大的伸缩性、不确定性、非定量性，即使用数字表达也多为不精确的数字。一个美国人认为"中国文明已有5003年的历史"，我们觉得好笑，但别人的精确更加对比出我们思维的模糊。还有中国人的时间观念，如约会、开会，这些都是重要场合了，而我们的时间准确性还是以一个区间算，很少能坚持准确到点。这跟我们传统农业社会的背景有关。假如我是一个有几十年农耕经验的老农,什么时候稻子熟了该收割了,我就很有发言权。稻谷的颜色要黄到什么程度才叫熟了,这些都是不用作量化分析的,凭老经验大概地把握就足够了。中国人的生活常识,如吃什么补什么,有没有效果很难说,这种思维定式却根深蒂固代代传下来。

特征四:辩证性——重视两极相通转化的辩证思维。国人认为任何事物都存在两极,且两极相通并相互转化。西方传统思维侧重于形式逻辑(如"A 是 A");中国传统思维侧重于辩证思维("A 是 A,也是非 A")。比如大家都耳熟能详的寓言故事,"塞翁失马,焉知非福",中国人的思维是很灵活辩证地看待同一件事的不同对立面。如道家阴阳学说,深刻广泛地影响了中医学说。再看日常生活语言:物极必反、时来运转、乐极生悲、否极泰来、分久必合、宇宙、动静、生灭、消长、虚实、舍得、痛快……都是两极矛盾并放一起,表示两极相通并互相转化,这是我们传统思维很微妙很高深的地方。

特征五:中庸性——弃偏激、求中和的中庸思维。中庸有时我们也讲作中和,即坚持中道(正道),重视和谐。儒家把"不偏不倚、无过不及"视为道德的最高标准。按北宋"二程"的解释为,"不偏之为中,不倚之为庸。中者,天下之正道也;庸者,天下之正理。"就是说我们凡事不要走极端,不要两边倒,要坚持适度的原则。《易经》中的"阴阳相分、柔刚定位"原理(如君臣、父子、夫妇关系)。俗话:万事和为贵;家和万事兴……《礼记·中庸》"中也者,天下之大本也,和也者,天下之达道也,致中和,天地位焉,万物育焉。"两极化思维方式在思想上突出以自我为中心,在方法上容易走极端。而中和(中庸)思维方式在思想上关注他人,在方法上讲求平衡,更具有合理性和包容性。一般认为,毛泽东是综合性思维表现突出的一位领导人。共产党在早期的斗争中始终存在着右倾机会主义和"左"倾思想两条路线的斗争。相比而言，毛泽东能够很好地取其"中"，表现出了中和思维的特征。比如说，在共产党内部"右倾"机会主义抬头的时候，毛泽东毅然决然地走上了井冈山，提出了"枪杆子里面出政权"的正确思想；在共产党内部"左倾"思想漫延的时候，毛泽东要求放弃与国民党在政治和军事上的对立，与国民党建立抗日统一战线，为共产党的发展和壮大创造了良好的条件和环境。关于毛泽东思想的中和性和包容性，外国学者和专家也持有同样的看法。《毛泽东传》的作者罗斯·特里尔曾经这样说到："在左派和右派的意见和分歧斗争中，作为领导者的毛泽东一直喜欢居于中间位置。在第二次统一战线形成期间，他也是站在这种位置上。他最反对的两种极端观点是'投降主义'和'关门主义'。"《毛泽东》的作者迪克·威尔逊对毛泽东的著作进行了认真的研究和分析，他认为毛泽东的思想博大精深，有很强的包容性："要进行系统的考察，就应该判断出混杂在毛的著作中的大量中国引语。毛是写给中国人而不是西方读者看的。据统计，毛著作中的所有参考资料，22%源于儒家思想，12%出自道家或墨家的著作，13%是中国传奇或纯粹的文学作品中的东西。换句话说，他的引语几乎一半是中国读者所熟悉的。相比之下，仅有4%源于马克思和恩格斯，24%引自斯大林，18%引自列宁……"。毛泽东的思想就是包容的结果，他能够站在高处把相互矛盾的双方融为一体。值得注意的是，这种中和性思维，与现代管理学中提倡的整合性思维非常相似。比如说加拿大多伦多大学罗特曼管理学院院长罗杰·马丁在《整合性思维：成功领导人的思考方式》中对什么是整合性思维有这样的描述："过去6年间，我先后采访过50多位成功的领导者，时间最长的交谈长达8小时。最终我发现，他们大都具有一个非同寻常的特征：他们愿意而且能够同时接纳两种相互冲突的观点。在碰到意见冲突时，他们既不慌张，也不是简单地进行非此即彼的取舍，而是另辟蹊径，提出一个新思路：既包含了原先两种观点的内容，又比原先两种观点胜出一筹。我们可以把这种思考和综合的过程称为整合性思维。"另一位中国近现代政坛的领袖人物蒋介石,其名字与中国传统中庸思维很有关联性。蒋介石的名字据《蒋介石秘录》一书:蒋母王采玉为他取名"中正",是因为担心他过于顽皮,希望他不要一味豪爽、奔放,而在将来要能够由"中庸"做到"公正"。当王采玉逝世的时候,朋友们的悼诗中有下述意义的词句:"介石之性,举动异乎常人,如出地蛟龙,脱羁神骏。母爱之教之,故名之曰中正。"要注意的是,"中庸"涵义还演化成"折中"之意,如孔子说"不患寡而患不均"(分配)。我们的日常生活语言中有许多此类说法:"枪打出头鸟","人怕出名猪怕壮","木秀于林,风必摧之;堆出于岸,流必湍之;行高于人,众必非之"等等。鲁迅曾经讲过一个寓言,很多人住在一个没窗没门的黑屋子里,闷热难耐,有人说开个窗吧,主事者说不行,老祖宗没有传下开窗的传统。最后大家闷得实在受不了,要把墙推倒,这时候主事者说,不要推墙还是开个窗吧。鲁迅用这个故事表达对我们民族陋习的一个反思。在心理学中,这叫偏激效应,很形象地体现出折中的做法。而这样的折中思维在西方并未占主导地位。

特征六:伦理性——重情轻理、重义轻利的伦理思维。在事实认识与价值判断中,中国人侧重于后者;在利益与道义的选择中,中国人也侧重于后者。这是一种把道德追求放在首位,以伦理为中心的社会认识模式。儒家的"修齐治平"模式,把"修身"放在首位,就是把伦理道德看作首要的,在此之上才有齐家、治国、平天下。像我们小时候上学评优,不管是三好学生(德智体),还是五好学生(德智体美劳),都是把"德"放在首位。"善有善报,恶有恶报",正义战争必胜……虽然事实不尽如此,但这是我们传统思维一直以来提倡的信念。正如《菜根谭》里说"德者事业之基,未有基不固而栋宇坚久者;心者修行之根,未有根不植而枝叶荣茂者。"但这种伦理在先的思维特性,也容易让我们在事实认识面前容易被价值判断干扰了视线。比如见两路人打架，我们总是对被打者或处于下风者抱同情态度而指责打人者，同情弱者嘛，但我们也许根本就不知道现在被打着的这个人是先动手打人者、为恶者，只是对方还手了，他反倒落败被教训而已。

总的来说，中国传统思维博大精深，我们简要地概括为以上六个基本特征：整体性、类推性、模糊性、辩证性、中庸性和伦理性。其中前三者形成一个有机的逻辑关系，而辩证性和中庸性是密切相关的，正因为辩证看到事物的两端相互关联又相互转化，所以要适中地把握，行中庸之道。伦理性则是一个统率整体的基本原则。当然，这六大特征的归纳仅一家之言，可作进一步的讨论。

中国传统思维对现代管理有哪些影响？

作为中国人，辩证性的思维特征深深融入了我们的认识思维当中，我们很自然地就会从积极和消极两方面来辩证看待这个问题。

积极影响，主要有以下三个方面：

其一，有利于开拓企业经营的视野。整体性思维启示我们不仅从企业内部要素的关联，更要从外部宏观环境和市场需求的变化来综合做出科学的战略决策。

其二，有利于从动态整合思考问题。什么叫整合性思考？就是超越两极，融为一体。大作家斯科特·菲兹杰拉德曾经说过，考验一个人是否智力一流，要看他的脑力有没有办法同时容纳两种对立的观点，且仍有能力正常发挥功能。一个人的头脑中不能只有一种思想、一种观点，而是要拥有两种相互对立的观点，并能够很好地驾驭这两种相对立的思想和观点。如何能够把冲突的双方融为一体呢？这就要求我们能够站在高处，看到双方的共同点，充分地包容矛盾和冲突，而不是排斥矛盾和冲突。在此基础上，把相互矛盾的双方很好地融合在一起。整合性思考（执其两端，取其中点）时什么是中？就是说话办事不要过，也不要不及，要恰到好处。不是简单地偏向某一方,而是寻找一个相对双方来讲都可以接受的"点"。取其中,绝不是"二一添作五",简单地取其中,而是像确定三角形的"顶点"一样,站在高处,为双方提出正确的方向和目标,从而形成超越双方需要又满足双方需要的"第三点",这个"第三点"就是我们说的"中"。

其三,有利于现代团队建设的开展。先给大家出个题,谁是我们当代大学生学习的榜样呢?是前苏联小说《钢铁是怎样炼成的》里的保尔·柯察金,还是当代美国大亨比尔·盖茨?我还曾经就此话题开过一个讲座,题目就是"谁是我们学习的榜样——保尔还是比尔"。小说中的保尔说过一段很有名的话:"人最宝贵的是生命,生命属于人只有一次。一个人的生命应当这样度过:当他回忆往事的时候,他不致因虚度年华而悔恨,也不因碌碌无为而羞愧;在临死的时候,他能够说:我的整个生命和全部精力,都已献给世界上最壮丽的事业——为人类的解放而斗争。"无疑,保尔对生命和人生的看法是始终忠诚无私地奉献。关于比尔·盖茨,我们摘选一下《比尔·盖茨的十句话——让你改变一生》这本书中他说过的几句话:在学校里,你考第几已不是那么重要,但进入社会却不然。不管你去到哪里,都要分等排名。(社会、公司要排名次,是常见的事,要鼓起勇气竞争才对)。学校里有节假日,到公司打工则不然,你几乎不能休息,很少能轻松地过节假日(否则你职业生涯中一起跑就落后了,甚至会让你永远落后)。在学校老师会帮助你学习,到公司却不会。如果你认为学校的老师要求你很严格,那是你还没有进入公司打工。因为,如果公司对你不严厉,你就要失业了(你必须清醒地认识到公司比学校更要严格要求自己)。我是这么认为的,我们既应该有保尔的忠诚度,又要有比尔的执行力,这样我们就可以成长为企业的精英骨干,而我们懂得在企业管理中,要求员工综合拥有保尔和比尔的忠诚度和执行力,那我们的企业肯定会人才济济,发展壮大。

消极影响，主要表现在以下五个方面：

一是人治大于法治；二是容易形成家族式管理；三是忽视制度化管理与定量化管理；四是不利于个人才能的充分发挥。从中庸之道演变来的折中主义，容易让我们抹杀个人特色，特别有个性的人容易被否定掉；五是容易形成平均主义的分配方式。

第三部分的内容，主要讨论中国传统思维的创造性变革与管理创新。

我们正处在改革开放与创新的时代，针对中国传统思维的可能造成的消极影响，应该进行创造性变革与管理创新。

首先，我们探究一下中国传统思维方式的成因。从地理环境上说，我国只有东南部沿海，而北部、西部地域大多都是与其他内陆国家接界交壤。所幸的是我国境内河流甚多，如黄河长江几乎横跨我国东西。我们不是海洋文明，是相对封闭的大河流域文明。这自然而然地形成了我国自古以来的经济基础是早熟的农耕文明，是自给自足的自然经济。这种相对封闭的大河流域经济，也就决定了当时社会大一统的集权政治。而这些物质基础和社会形态，对我们国人文化基因的影响是深远的，如对中国传统哲学、科学技术的影响。

我们应该如何科学评价中国传统思维方式呢？

其一，从历史视角看：要承认我们的传统思维方式是根基于农业文明，农业文明从生产方式来说相对落后，更不要说工业文明之后的信息文明，其作用具有两重性。

其二，从现代视角看：与现代化既有冲突的一面，也有相契合的一面。西方文明讲求量化、实证，对于我们运用于管理是必要的，如市场调研，这就是西方技术。因为实证、量化、比较的方式还是适用并对于许多事情来说是必要的。如媒体报道中经常出现这样的语句——我们经济形势一片大好。如何大好？那就要指标量化，能反映经济形势好的指标有哪些，我们做到了什么程度，如失业率、就业率、进出口数量等，要用数字指标说话，才是科学的，让人信服的。过去上政治理论课的时候，说在社会主义条件下，工人是国家的主人，因此，我们工人工作的积极性比西方资本主义国家里的工人高。这只是一个逻辑推理和价值判断而已。我们学过行为组织学，应该知道工作积极性有哪些衡量指标，比如说出勤率、流转率、员工提合理化建议的百分比等等，这些都是可以量化的指标。统计结果出来后并不是原先推想的一个结果。事实是，我国工人工作积极性不如西方国家的工人高。邓小平同志说我们要大胆学习借鉴西方的经验，当然包括管理科学。当然，并不是任何东西都必须、都可以精确量化，有些东西精确落实的成本很大，而且并不是必要的。这种情况下模糊思维和整体思维就可以发挥它的独特作用了。

其三，从全球视角看：中国传统思维与西方思维方式具有较明显的互补性，对构建现代思维方式有独特的价值。

当代中国思维方式正发生深刻的变革，呈现出以下一些发展趋势。

1. 纵向思维与横向思维相结合，侧重横向思维。纵向思维是指我们过去都是自己跟自己比，觉得自己还不错，邓小平同志说，我们打开国门会发现自己有很多落后的，不仅仅自然科学落后，社会科学也落后。现在侧重横向思维，就是要跟别人比较借鉴。

2. 整体思维与分析思维相结合，侧重分析思维。

3. 定性思维与定量思维相结合，侧重定量思维。

4. 两极思维与系统思维相结合，侧重系统思维。在计划经济年代里，我们用两极思维来认识获利这个问题，简单地分成两端，要么毫不利己，要么损人利己。按照党的号召，我们是要做毫不利己专门利人的人。但是要完全做到毫不利己，确实非常困难。有位经济学家做过分析，如果社会上我们每个人都毫不利己，会出现什么情况呢？专门利人的"人"也就不存在了。复旦大学俞吾金教授提出"问题域"这个概念很有启示意义。我们应超越传统问题域，确立新的问题域：在毫不利己和损人利己二者之间还有广阔的"中间地带"——市场经济中我们可以利人又利己，或者利己不损人；相反，损人不利己，损人又损己等现象是很多的，并不是只有毫不利己或损人利己两者之分。这就是系统思维对两极思维的创新。

5. 价值思维与事实思维相结合，侧重事实思维。这些变革是针对传统思维方式的不足而出现的。

其次，还有从盲从性思维向批判性思维转变，从单向性思维向多向性思维转变，从惯常性思维向创新性思维转变等变革趋势。这些变革主要是针对计划经济年代思维的缺陷而出现。例如，共同富裕还是两极分化？这是传统的问题域。在传统资本主义下，经济必然两极分化。在未来共产主义观念体系中，社会经济目标是达到也必将达到共同富裕。而现在许多经济学家提出了新问题域，让中产阶级成为主体，至少在现实发达国家的实况接近如此。社会结构从传统的"金字塔型"到现代"菱形"社会转变，这也是两极思维方式向系统思维变革的一个典型体现。

在今天，我们的思维比过去有更大更开阔的发挥空间，这是一个很活跃的时代，关键是我们如何把握得住，如何创造性地改造改善。

最后，我们从思维方式变革看现代管理的创新。

从宏观层面的国家管理和社会管理来看。邓小平同志作为我国改革开放进程的总设计师，其治国方略最能体现思维方式变革与创新的意义。诸如，危机意识（中国与西方发达国家的发展差距比较）超越了传统封闭性的纵向比较，凸显了新时期横向思维的时代意义；承认差距，着力推进改革与开放，超越了传统的自我优越感，体现了事实思维先于价值思维（判断）的思维创新；"共同富裕，让一些地区、一部分人先富起来"的思想，突破了平均主义分配传统，体现了侧重分析和系统思维的创新等。

从微观层面看企业管理和组织管理。每个公司都有自己的发展目标，即任何目标都不会自己实现。为了实现目标，要做好两件事——目标的量化与细节化。

（1）目标必须量化。什么叫量化？例如，喝酒会伤肝，很多人都知道，但可能伤到什么程度，就不清楚了。有关的研究表明，喝一两白酒，人的肝就要连续忙碌46个小时。如果一个晚上喝了一斤酒，人的肝会忙成什么样，就可想而知了（1104小时）。由于量化，我们对酒伤害肝的认识就深刻了。在管理学中，"量化"是指时间、货币或单位数量的换算。例如，时间的换算＝时间量度＋流程设计。时间本身就是一种成本，企业强调"流程再造"，就是为了节省时间，降低成本，在激烈的市场竞争中占据优势地位。美国联合包裹UPS公司的墙上，有这样一句话：Can we be faster？（我们还可以更快吗？）何为"流程再造"？以到医院看病为例。传统的看病流程是：排队取号——拿病历表——排队就诊——医生看病——开出药方——排队打价交费－等候药师配药——取药，顺利的话整个流程约30分钟。而假设我们通过电脑联网，门诊挂号时医生就知道；医生开出药方时药房已知道；当你走下楼梯时，药师已在准备你的药；当你走到药房时，交费就可以取药了。必要的时候，你甚至可以直接回家或回公司，因为医院会通过快递把药送给你。按这种流程，我们又可节省多少时间呢？

日本是东方国家，但它较早地向西方学习，它的许多企业里都很成功地吸收西方经验并形成了自己的管理制度。F1（一级方程式）世界大赛是如何快速更换轮胎的呢？丰田公司的广告里有两句话：一是"In the blink of eye"（一眨眼的瞬间）；二是"Four new tires in three point two Seconds"（换四个新轮胎只要3.2秒）。其流程设计是：车子一进站，大家一起拔起轮胎，用1秒；滚车胎，又用1秒；上车胎，再用1秒；扣上去不是拧螺丝，而是用环扣扣上去，就是3.2秒。丰田赛车换四个新轮胎只要3.2秒。另一个案例是，日本"新干线"的联动误差设计。日本"新干线"全程共 420 公里，但其连动误差一年总计只有 36 秒，而且是连冬天下雪和夏天刮台风都考虑进去了。一年 36 秒，这意味着每个月的误差是 3 秒。怎样把误差控制在这 3 秒内？日本人设计了许多应对的方法。例如，在旅客比较多的时候，火车站经常雇一些人来把旅客推上火车，等等。"新干线"是日本的高速铁路客运专线系统，于 1964 年 10 月 1 日开始通车营运，是全世界第一条载客营运高速铁路系统。通车多年从未发生过因人为因素导致有人死亡的事故，因此，"新干线"被称为全球最安全的高速铁路之一，也是世界上行驶过程最平稳的列车。

（2）目标必须从"细节"中寻求方法。为实现一定的目标，必须将目标细节化，有必要对员工的动作、步骤、做法进行规范，具体要求是：动作的规范＝标准动作＋省工原理；步骤的规范＝标准步骤＋严格要求；做法的规范＝科学方法＋效率改善。例如，现代企业（日本）的"6S"现场改善活动：

第一步整理：把要与不要的物品分开；把不需要的物品加以处理。

第二步整顿：把需要的物品加以定量、定位（以便用最快的速度取得物品）。

第三步清扫：打扫清理场所，创造舒适工作环境。

第四步清洁：使现场保持最佳状态，使员工能愉快地开展工作。

第五步素养：使员工养成严格遵守规章制度的习惯和作风（这是"6S"活动的核心，要着眼于提高员工的素质）。

第六步安全：安全工作没做好，前面的努力会白费。

思路决定出路。最后我用法国著名数学家、物理学家、哲学家帕斯卡的一句话来结束我们的讲座，他说："人不过是一根芦苇，是自然界最脆弱的东西。但他是一根有思想的芦苇。"我们是世界万事万物中的一分子，我们的个体生命都是短暂的脆弱的，但作为万物之灵的人，我们每个人都拥有能改变事物不断创新的思维和思想，这是生而为人的独特之处。

第二篇 ● 哲 学

张践，中国人民大学继续教育学院教授，教育部佛教与宗教学理论研究基地专任研究员，中央民族大学客座教授，国际儒学联合会理事、普及委员会主任，中国实学研究会会长，尼山圣源书院常务副院长，中国宗教学学会理事，中国统一战线理论研究会民族宗教理论甘肃研究基地研究员。长期从事中国宗教史和中国哲学史的研究工作。

壹 中国的人生宝典——《论语》

张　践

之所以将《论语》定义为人生宝典，是因为它的内涵非常丰富。宋朝宰相赵普有一句话叫"半部《论语》治天下"。日本企业管理之父涩泽荣一有一本书叫《论语与算盘》，意思是说有一本《论语》在手就可以经营世界上最好的企业。

一、孔子与《论语》

《论语》是中国历史上最伟大的思想家、政治家、教育家孔子及其弟子言行的一本语录集。孔子是中国的圣人，被称为大成至圣先师，在全世界被评为十大文化名人之首。1988年的时候，世界上七十多个国家诺贝尔奖的获得者在巴黎聚会，探讨人类21世纪的发展，其中有一位瑞典的物理学家汉内斯·阿尔文说："人类在 21 世纪要生存下去，就必须回到二十五个世纪以前，去汲取孔子的智慧"。为什么他会提到这样一个观点？其实，这个观点并不是这个物理学家首创的，在他之前，西方学者早就提出过"轴心时代"的问题，即认为人类历史虽然是循环发展的，但是这个循环反复总是循着一个轴转动。在中国，这个轴心时代基本上就相当于春秋战国时期。"轴心时代"思想是 1948 年德国的历史学家雅斯贝尔斯提出的，他揭示了一个非常有趣的文化现象。他说，在经历了史前文明和古代文明以后，在大约公元前 800 年至公元前 200 年的时间内，在世界范围内出现了一些最不平常的历史事件。公元前 800 年至公元前 200 年这段时间正好是中国的春秋战国时代，我们知道这在中国是一个文化最发达的时代。其实不只是在中国，在全世界，这也是一个文化最发达的时代，世界上最主要的文明，比如基督教文明、希腊文明都是在这个时期形成的。雅斯贝尔斯曾讲过："在中国，孔子和老子非常活跃，中国所有的哲学流派，包括墨子、庄子、列子和诸子百家都出现了。和中国一样，印度出现了《奥义书》和佛陀，研究了一直到怀疑主义、唯物主义、诡辩派和虚无主义的全部范围的哲学可能性。伊朗的琐罗亚斯德传授一种挑战性的观点，认为人世生活就是一场善与恶的斗争。在巴勒斯坦，从以利亚经由以赛亚和耶利米到以赛亚第二，先知们纷纷涌现。希腊贤哲如云，其中有荷马，哲学家巴门尼德、赫拉克利特和柏拉图和许多悲剧作者，以及修昔底德和阿基米德。在这数世纪以内，这些名字所包含的一切，几乎同时在中国、印度和西方这三个互不知晓的地区发展起来。"也就是说这几大文明的起源，不是互相影响的，更不是互相传播的结果，而是它们自己独立发展起来的。雅斯贝尔斯还说："直至今日，人类一直靠轴心期所产生、思考和创造的一切而生存。每一次新的飞跃都回顾这一时期，并被它重燃火焰。自那以后，情况就是这样，轴心期潜力的苏醒和对轴心期潜力的回忆，或曰复兴，总是提供了精神动力。"也就是虽然人类后来经历了整个中世纪的发展，历经了工业时代的发展，但是人类社会不管在哪一个时期遇到重大的精神挑战、社会危机的时候，都是毫无例外地重新回到轴心期，在圣贤的经典里去重温经典，解释经典，来寻找我们社会前进的精神动力。我们知道，西方文明有一个重大的转折就是15世纪到17世纪，西方资本主义的兴起。资本主义发展的前提需要思想解放，这个思想解放运动叫文艺复兴。它为什么不叫文艺创新，而叫文艺复兴？实际上它是从中世纪的基督教黑暗统治中回归到古希腊、古罗马时代文艺繁荣的时期，去重新解读亚里士多德、柏拉图这样一些先哲的经典，然后获得新的动力，推动了人类资本主义文明的产生。这就有一个问题，为什么轴心时代的智慧对于人类文明如此重要？从历史上看，轴心时代是人类摆脱原始的氏族公社，私有制、家庭、铁器作为主要生产工具出现以后的一个时代，在这之前，中国也好，古希腊也好，人类都是处于一个大的氏族公社，都是在公有制的生产方式下生活，人与人之间的矛盾并不尖锐。从轴心期开始，个体和家庭脱离开氏族，私有制开始出现人与人之间的关系和矛盾就尖锐起来了，这是当时存在的一个迫切需要解决的问题。春秋战国的思想之所以非常活跃，就是那个时期的圣贤们在思考：我们应该如何面对这样一个私有制条件下个体价值彰显的时代。如果我们从自己的生存处境看，严格地讲，我们今天也没有离开个体家庭、私有制，人和人之间彼此分离、分裂，这种矛盾基本和2500年前的处境是一样的。在这个时期，我们反过来去追溯圣贤们当时的思考，会给我们带来一些启迪，一种智慧。轴心时代就如同人的青春期，在青春期什么都是朝气蓬勃、崭新的发展，这是一个人身体和思想的成熟时期。所以，这个时期圣人们所看到的这些东西，对于我们今天依然具有重要的启迪作用。今天的中国，经过30年的快速发展，取得巨大经济建设成就的同时，也积累了诸多精神和社会层面的严重问题：不仅有两极分化，社会对立严重，社会保障制度不够健全，买房贵、看病贵等实际的问题，还有最重要的是我们的精神出现了问题，我们对我们自己的文化没有信心。因此，对绝大多数中国人来讲，我们还是要重新寻找我们的精神家园。那么，这个精神家园在何处？我认为其中非常重要的一点就是恢复中国人对自己文化的信心，我们要重新回到我们的先哲们（例如孔子）那里去寻找人生的智慧，去寻找我们做人的依据。胡锦涛同志曾在十七大报告中指出："弘扬中华文化，建设中华民族共有的精神家园。"所谓的精神家园，就是中国文化的不证自明的、最高的终极价值。到了十八大，习近平总书记就这个问题有更多的强调，我注意到2015年至少有两次，其中都提到中国传统文化的问题。一次是在3月3日中央党校开学典礼上习近平说："中国传统文化博大精深，学习和掌握其中的各种思想精华，对树立正确的世界观、人生观、价值观很有益处。"另外一次是在4月19日下午中央政治局就我国历史上的反腐倡廉进行集体学习的时候，习近平强调说："了解我国古代廉政文化，考察我国历史上反腐倡廉的成败得失，可以给人以深刻启迪，有利于我们运用历史智慧推进反腐倡廉建设。"这些讲话特别清楚地说明了我们今天学习儒学的重要价值。

下面我简单讲一下孔子的生平。据《史记·孔子世家》所载，孔子出生在鲁国陬邑，就是今天曲阜和泗水交界的地方。孔子的一生大致可以分为五个阶段。第一个阶段是30岁以前。孔子出生在宋国的一个旧贵族的家庭，他刚出生，父亲就去世了，他是在母亲的抚养下成人的，生活非常艰苦。孔子曾经自述："吾少也贱，故多能鄙事"。他曾经管理过仓库，也放过羊群，还做过为人举办丧葬祭祀的司仪。年轻时候这种勤苦生活的历练，对于他了解人生，了解社会具有非常重要的作用。孔子生活在鲁国，而鲁国是礼乐文化非常发达的地方，他自己也非常善于学习，由于年轻时候不断地坚持学习，到30岁的时候，他已经比较有名气了。他自己说"吾十有五而志于学,三十而立",30岁以后开始开办学校,招收弟子。第二个阶段是30~50岁,孔子一边教学,一边求仕,到各个诸候国去宣传自己的思想、政治主张。第三个阶段是51~54岁,孔子在鲁国参政。孔子最开始担任中都宰,经过他的治理,该地民风大变。由此,孔子受到鲁国国君的重视,任命他为司寇,这个职务相当于国家的司法部长,而且,还代理三个月的丞相。当时,正逢齐鲁夹谷之会,孔子凭借他的智慧挫败了齐景公试图绑架鲁定公的阴谋,而更加受到鲁定公的信任。当时,鲁国的政治掌握在孟孙、叔孙、季孙三家贵族手中,而孔子则支持削弱三家势力的"堕三都"行动,遭到了三家重臣的极力反对。由于鲁定公不敢得罪三家贵族,最后,只得放弃对孔子的支持,孔子也只能离开鲁国。第四个阶段是55~68岁,这是孔子周游列国的时期。孔子带领众多门徒进行长达14年的周游,到宋、卫、陈、蔡等诸侯国传播自己的仁政思想,希望得到某一个国国君的支持,实现自己平息战争、恢复社会安定的理想。这一路充满了艰苦和危险,在陈蔡无粮,在匡地几乎被杀,吃尽了苦头。在这14年的周游之中,孔子始终没有获得诸侯的支持,在对自己的政治理想无法实现的失望无助之时,孔子只得返回自己的家乡鲁国。第五个阶段是69~73岁,孔子回到鲁国之后,继续从事教学活动,传播自己的思想。同时,他也利用当时鲁国保存下来的大量古代文化资料,系统地整理了《诗》《书》《礼》《乐》等文化典籍。同时,他还系统地整理了鲁国的历史,修订了《春秋》一书。《春秋》也成为我国历史上第一部编年史体裁的历史著作。在73岁的时候,孔子就离开了人世。晚年的孔子人生充满了悲哀,他的独子孔鲤和得意弟子颜回都先他而去,他自己的政治理想也没有办法实现。《论语》里记载了他多次的感慨,比如他说:"凤鸟不至,河不出图,吾已矣夫!"又说:"甚矣,吾衰也!久矣吾不复梦见周公!"其实,孔子和历史上很多著名的思想家一样,在世的时候都郁郁不得志,这是因为他们的思想太超前了，而与他们同时代的统治者的眼光都比较短浅，看不见他们思想的伟大。所以，孔子的思想一直在他去世几百年以后，到汉代才被重视，而被尊奉为国家的主流意识形态。

《论语》这本书是孔子去世以后，他的弟子凭记忆辑录的老师讲课时候提到的观点，日常生活指导他们所说的一些话，还有一些是老师的生平事迹，还有一些是弟子与弟子之间的对话。《论语》这本书每一章在内容上并不完全统一，每一章的题目并不是这一章的纲领，也不是这一章的主题，只是这一章第一条前面的两个字。所以，我们读《论语》的时候，可能会发现它是一本在内容和结构上比较零散的语录体文集。

二、老安少怀的社会理想

孔子生活的春秋时代战争不断，老百姓的生活惨不忍睹。孔子探讨、建立自己的学说并不像古希腊的哲人那样是出于对智慧的热爱，而是肇始于一种忧患意识。在那个忧患的时代，孔子首先提出来，我们要有一种理想，要追求一种天下由乱到治的大道。在孔子看来，道的问题非常重要，孔子说："志于道，据于德，依于仁，游于艺。"他的志向就是追求社会发展最根本的东西，这就是社会道德伦理，而社会道德伦理最重要的就是仁爱精神。"游于艺"就是我们的生活要在礼乐艺术中间去陶冶、去丰富、去深化，"人能弘道，非道弘人"，这个道是靠人来发扬的。"道不同，不相为谋"，那些追求个人利益、残害人民的人，你跟我的道不同，你给我再多的钱，我也不能跟你同流合污。还有"朝闻道，夕死可矣"，我为了追求道，哪怕是今天晚上就死了，我也非常乐意。"道不行，乘桴浮于海"，实在找不到道，我愿意驾着小舟到海外去。我在这里要强调一点，就是孔子对道的执着追求，很值得我们学习。我们的国家、我们的社会，甚至小到我们一个家庭，应该有自己的精神追求，追求道就相当于我们的精神有一个归宿，或者有了一个依据。如果我们在茫茫的大海，或者茫茫的沙漠，没有北极星的指引，我们手里又没有指南针，那么我们会无所适从。与此相类似，我们做人，在社会上生存，需要一种精神上的指引，我们要追求道。这个道从大的国家层面来讲，是我们的道德问题，制度问题。对于我们个人，也应当有自己的精神追求，起码我们每一个人要有做人的原则。如果我们个人缺少这样的原则，我们会在人生的道路上，在很多利益问题上迷失方向，而最后丧失人生的立场。从内心来讲，没有追求的人，也会让我们自己的精神陷入一种负担。在这样的情况下，不树立一个正确的人生理想，就会使我们整个社会陷入一种浮躁的状态，人与人之间的矛盾也会变大，我们丧失了内心的道德追求，仅仅把眼睛盯在眼前的利益上面。这是追求道的价值意义。

孔子说的道到底是什么？孔子希望国家恢复安定、和平的局面。孔子说："天下有道，则礼乐征伐自天子出。天下无道，则礼乐征伐自诸侯出。"还有，子路问君子。子曰："修己以敬。"曰："如斯而已乎？"曰："修己以安人。"曰："如斯而已乎？"曰："修己以安百姓。修己以安百姓，尧舜其犹病诸！"君子应该怎样做？"修己以敬"。就是加强自己的修养，对我们追求的那个道要有一种敬畏之心。再下一步就是"修己以安人"，就是我们自己的道德修养提高还不够，我们还要影响我们周围的人，使他们也提高自己的道德水平，而过上一种幸福的生活。将"修己以安人"再推扩一步就是要"修己以安百姓"，这就是要安顿天下的百姓，要心怀天下，把我们的理想推到整个社会去。这也是儒家所提倡的修身、齐家、治国、平天下的社会理想。我们再看：

颜渊、季路侍。子曰："盍各言尔志？"子路曰："愿车马、衣轻裘，与朋友共，敝之而无憾。"颜渊曰："愿无伐善，无施劳。"子路曰："愿闻子之志。"子曰："老者安之，朋友信之，少者怀之。"

这里记载了孔子问子路和颜渊的志向是什么。我们看到，子路是一个非常豪爽的人，为了朋友，什么都舍得，他是一个豪侠。颜渊是一个非常谦逊的人，他不会自己夸赞自己，也不会向别人诉苦。紧接着子路问老师的志向又是什么？孔子说，"老者安之，朋友信之，少者怀之"，也就是希望天下的老者都能够安宁、安乐，我的朋友又非常的信任我，而年轻人都能够得到培养、培育。后来人们把这句话总结为"老安少怀"。因此，孔子的社会理想并不只是提倡个人的修养，他追求的是整个社会的公平、公正、和谐、安定、富裕。这和我们今天所追求的价值理想是完全一致的。在《礼记》里面还记载着孔子这样一句话：

大道之行也，与三代之英，丘未之逮也，而有志焉。大道之行也，天下为公，选贤与能，讲信修睦，故人不独亲其亲，不独子其子，使老有所终，壮有所用，幼有所长，矜寡孤独废疾者，皆有所养，男有分，女有归，货恶其弃于地也，不必藏于己，力恶其不出于身也，不必为己，是故谋闭而不兴，盗窃乱贼而不作，故外户而不闭，是谓大同。

今天，我们常说的一个词叫"中国梦"，中国梦最好的表述就是"大同"。大同的理想是几千年来中华民族最高的理想。也就是说，孔子所追求的道，其实就是大同之道，这就是孔子最崇高的价值理想。

三、仁本礼用的处世之道

儒家思想到底有没有核心价值？儒家的核心价值是"仁本礼用"——以仁为本，以礼为用，我们认为整个儒家从头到尾都贯穿着这样一个精神。这就是儒家教给我们的处世之道，也可以说是我们建立和谐的人际关系的根本原则。我认为，一个概念在一个体系里面成为核心价值的必要条件：第一，出现的次数足够多；第二，就是要能够一以贯之，贯穿整个体系的全部。而"仁"的观念和"礼"的观念起码是可以达到的。我们统计过，在《论语》中，仁字出现了109次，可以说除了各种虚词之外，它出现的频率最高，而礼则出现了70多次。《说文》在解释"仁"字的时候说："仁：从人从二"，这是说仁是解释人际关系的重要概念，只有在人与人之间才有"仁"，只有我一个人，就无所谓"仁"和"不仁"。反映孔子对仁的观念最核心的是两句话：第一句是："颜渊问仁。子曰：'克己复礼为仁。'"另外一句是："樊迟问仁。子曰：'爱人'。"我们可以说克己复礼是仁的外在表现，而爱人则是仁的内在要求。我们先从克己复礼这一外在的标准来看，"仁"可以说是一个很高的境界，是人们很难达到的一个水平。颜渊问仁，孔子答曰克己复礼。紧接着，颜渊又说："请问其目。"孔子就答曰："非礼勿视，非礼勿听，非礼勿言，非礼勿动。"凡是不符合礼仪的东西不要看、不要听、不要说，也不要动。另外，子张问仁，孔子曰："能行五者于天下为仁矣……恭、宽、信、敏、惠。"还有，"刚毅木讷近仁"，孔子还提到了"巧言令色鲜矣仁"，孔子喜欢那种内向的、不自我表现、不自我张扬的人。"居处恭，执事敬，与人忠。虽之夷狄，不可弃也。""克、伐、怨、欲不行焉，可以为仁矣？"子曰："可以为难矣，仁则吾不知也。"克就是功利心特别强，伐就是自我夸张，怨就是到处发牢骚，欲就是欲望特别多，这些都不是仁人所有的。还有,"惟仁者能好人,能恶人。"孔子往往是针对不同人的不同提问而指点为仁。说实话,上面所讲的这些关于"仁"的标准在我们今天来看,谁能够天天都做到呢?我们一时一刻都能做到非礼勿视、非礼勿听吗?时时处处都做到这些要求是很难的。正因为仁的外在标准设定得很高的,所以孔子的学生都有疑问,谁能够达到这个境界?孔子说,古今达到这个境界的人没有几个,除了尧舜禹汤文武周公等圣王外,仅有殷之三仁(指微子、箕子、比干),伯夷、叔齐、管仲等寥寥数者。伯夷、叔齐本来是商朝的旧臣,武王伐纣以后,他们为了表示对旧的国家、旧的君主的怀念,不吃新朝发给的口粮,宁愿饿死在首阳山上,这是气节。那么他自己和他的学生有没有达到仁的标准的?孔子曾说,他最好的学生颜回也只能做到"其心三月不违仁"而已。当学生问到他自己是不是一个仁人的时候,他说:"若圣与仁,则吾岂敢"。因此,仁的外在的客观要求非常的高。如果一个道德理论提出的标准特别高,高到我们普通人都望尘莫及,那么这个道德理论就没有意义了。于是,孔子一方面把"仁"的标准说得如此之高,这凸显了做一个仁者的难度;但另一方面,他又把实现"仁"的方法说得极为简单,让人觉得"仁"非常的亲切,它就在我们身边,只要我们去采纳它、实行它,就可以行之有效。这个就是仁的主观标准,也就是"仁"又仅仅只是一种意志的自觉状态,这也是孔子所讲的"仁者爱人"。只要你有一份爱人的心,你就是仁者。孔子说:"一日克己复礼,天下归仁焉。为仁由己,而由人乎哉?"也就是你一天做到克己复礼,人们就会称赞你是一个仁者。你要想成为一个仁者,并不在于外在的要求,也不在于社会的帮助,只要你想做,你就能做到。孔子又说:"仁远乎哉?我欲仁,斯仁至矣。"所以,仁就在我的身边。从这个角度讲,道德行为完全出自主体的自觉,而不是外来的强制。所以,从仁的主观标准来讲,它又非常容易。

那么，我们如何处理"仁"这外在的极高标准和内在的极低心态之间的张力呢？为此，孔子提出了实践仁的具体方法，这个方法就叫作"忠恕之道"。孔子说只要按着这个方法去做，你一天一天地去进步，一天一天地去修养，一天一天地去帮助别人，你自己慢慢地就成为一个纯粹的仁者。有一次孔子讲学的时候，孔子就对曾参说："参乎！吾道一以贯之。"曾子曰："唯。"对于这样一个涉及孔子思想根本的大问题，当时只有曾参一个人听懂了，而其他门人依然茫然，所以："子出，门人问曰：'何谓也？'曾子曰：'夫子之道，忠恕而已矣。'"为人处世核心的东西就在于忠恕。什么是忠恕？宋代大儒朱熹在注释的时候说："尽己之谓忠，推己之谓恕"。这两句话就是忠恕之道最权威的解释。尽己就是充分地反省自己，推己就是把我想做到的也让其他人做到。要推己，首先要尽己。用我们今天的话讲，尽己就是主观意志的反省，要求人们在处理与他人关系的时候，不要仅仅以个人主观的意愿作为出发点，而是以我希望别人也能如此待我的普遍原则作为行为的出发点。比方说，我们出门的时候，都不愿意被小偷偷钱包，那应该怎样做呢？就要奉行这样一条原则：我不愿意被偷，那我也不要去偷别人的。这就是我们反省自己。反过来想，我需要得到帮助，我也尽量去帮助别人。比方我们上公共汽车的时候，看到了老人、孕妇、病人，我们需要给他们让一下座位，就是我们心中想到自己也会老，也会病，将来我们老了、病了的时候，也希望别人能够给我们让座。这是忠恕之道的具体表现。从积极的方面来讲："夫仁者，己欲立而立人，己欲达而达人，能近取譬，可谓仁之方也。"我自己想达到的东西，也帮助别人达到，我自己想实现的目标也帮助别人实现，通过这种自我意志的反省，能够获得一个忠恕的原则，这就是"仁之方也"。我们要实现一个崇高的道德标准，就是通过这样一步一步地去做。另外，从消极的方面来讲，就是要做到"己所不欲，勿施于人。"也就是说我们自己不能接受的东西，也不要对别人做。比方说，2013年6月世界上有一个大新闻，就是"斯诺登事件"。斯诺登事件可以说是帮了中国的大忙。习近平主席访问美国和奥巴马总统在庄园会谈，谈的重点问题之一就是黑客问题。美国从中央情报局，到参议院、众议院都在指责中国的黑客"侵犯"美国的隐私，美国就一直对中国施压，甚至搬到了元首会谈上。斯诺登事件出来以后，就打了美国一个响亮的耳光。据斯诺登所说，美国的几大公司包括我们熟悉的苹果公司、微软公司、谷歌公司、雅虎公司，全部跟美国中央情报局有关系，我们中国人所有的隐私、所有的通讯、所有的邮件，美国人都可以看得见，都在中央情报局的监控之下。这就是我们所说的"己所不欲，勿施于人"。忠恕之道涉及目前我们整个社会的心态和安定问题。在市场经济条件下，人一旦没有了伦理的底线，那就什么都敢干。如果我们按照"己所不欲，勿施于人"的道理去想、去做，那么我们的社会，我们所生活的世界一定会有所改变，而变得更加美好。

礼是仁的外在表现，克己复礼为仁。"礼"本来是一种宗教祭祀的仪式。孔子不太注重礼的一些具体的仪式，当林放问礼之本的时候，孔子说："大哉问！礼，与其奢也，宁简；丧，与其易也，宁戚。"这就说到礼的本质了。孔子又说："麻冕，礼也，今也纯，俭，吾从众。拜下，礼也；今拜乎上，泰也。虽违众，吾从下。"孔子说："用麻织礼帽，是合乎礼制的；现在的人们改用丝帛，认为这样节俭，我遵从大家的做法。君臣相见，做臣的先在堂下跪拜，这是合乎礼制的；现如今大臣直接到堂上跪拜君主，这样就过于骄泰了，即使违背众人意愿，我仍然主张先在堂下跪拜。"也就是说，孔子并不是从礼的外在形式，而是从礼的内在本质去理解礼。礼的内在本质是什么？孔子的弟子子曾说："礼之用，和为贵。先王之道，斯为美。小大由之，有所不行。知和而和，不以礼节之，亦不可行也。"礼的内在本质就是"和为贵"。过去，我们总是强调社会的和谐，事实上，儒家所讲的和谐社会一定是在礼的节制之下的和谐社会。这一点也是我们需要理解的，这在今天仍然也是适用的。实际上，礼就是一种社会制度，孔子说："殷因于夏礼，所损益可知也。周因于殷礼，所损益可知也。其或继周者，虽百世，可知也。"在孔子心目中，西周周公所开创的"周礼"是最完美的社会典范，所以他曾说"周监于二代，郁郁乎文哉，吾从周"，他毕生都将恢复周礼当成自己的事业。周礼的这种规范，孔子认为就是小康社会所必须有的规范，刚才我们讲孔子最高的社会理想是大同社会，按我们今天的话讲，这是一个共产主义社会，是一个非常平均、平等、和谐的社会，但是这个社会在儒家看来，这是三代以上才出现的社会。可是我们眼前这个社会暂时达不到那种社会状况，那么怎么办？我们就通过礼乐来规范大家，让大家"小大由之"，每个人都安于自己的社会本分，安于自己的社会层次、地位，服从礼乐，按照礼乐生活，那么这个社会就构成一个小康的社会。什么是儒家所讲的小康社会？《礼记·礼运》篇讲："今大道既隐，天下为家。各亲其亲，各子其子，货力为己。大人世及以为礼，城郭沟池以为固。礼义以为纪，以正君臣，以笃父子，以睦兄弟，以和夫妇，以设制度，以立田里，以贤勇知，以功为己，故谋用是作，而兵由此起。禹汤文武成王周公，由此其选也。此六君子者，未有不谨于礼者也。以著其义，以考其信，著有过，刑仁讲让，示民有常。如有不由此者，在埶者去，众以为殃。是谓小康。"这段话的大意是说，如今大道已经消逝了，天下成了一家一姓的财产。人们各自把自己的亲人当作亲人，把自己的儿女当作儿女，财物和劳力，都为私人拥有。诸侯天子们的权力变成了世袭的，并成为名正言顺的礼制。制定礼仪作为准则，用来确定君臣的关系，使父子关系淳厚，使兄弟关系和睦，使夫妻关系和谐，使各种制度得以确立，用这些礼仪制度来考察人们的信用，揭露人们的过错，树立讲求礼让的典范，为百姓昭示礼法的仪轨。这种社会就叫作小康。所以，小康社会并不是一个绝对平均的社会，到了平均的共产主义社会那就不需要礼了。而今天的社会是私有制的社会，是财产差别的社会，那么规范人与人之间的关系，除了要有仁爱精神，我们还需要外在礼的规约。这就是我们所说的仁本礼用。孔子虽然说过："不患寡而患不均，不患贫而患不安。盖均无贫，和无寡，安无倾。"但是，孔子所讲的"安"和"和"不是绝对的平均主义，而是社会上各个阶层的人能够各安本分，按照礼乐给你的规范，享受你应该享受的与身份和地位相匹配的，不要僭越自己的等级，不要僭越自己的身份，这就是小康社会的和谐了。

四、为政以德的治世之道

为政之道，需要为政以德的执政理念。这个理念是孔子非常重视的。在春秋以前，治国靠的是"神"，中国古代有一句话叫"君权神授"。到周代以后，开始融入"德"的概念。儒家不主张以神治国，而是主张以德治国。孔子说："道之以政，齐之以刑，民免而无耻。道之以德，齐之以礼，有耻且格。"孔子这句话是对着法家说的。法家认为治国必须靠法治，法家有一个非常著名的治国主张叫"以法为教，以吏为师"。而儒家反对单纯的依法治国。我们今天又回到要"依法治国"还是"以德治国"问题的讨论上来。很多法学专家都认为只能搞依法治国，不能搞以德治国。其实，他们是对以德治国有误解。德虽然不能变成一个可以操作的东西，但是我们可以把德治的思想理念贯彻到我们的教育体制、行政体系中来，这就是以德治国。以德治国有什么好处？那就是"有耻且格"。为什么这个"有耻且格"比"免而无耻"要好呢？我们现在的社会可以说充斥着各种假货、伪劣产品，抽假烟、喝假酒，看音乐会是假唱，看足球比赛是假踢，这个假货当然要绳之以法，要有法律来约束它。但是，有一件事对我的触动特别大，就是2008年三聚氰胺事件出现以后，老百姓的意见都非常大，把矛头指向国家质量监督检验检疫总局。当时有一个新闻发布会，国家质检总局副局长说：三聚氰胺从本质上讲，不是一个法治的问题，而是一个道德的问题。他刚开始说这句话的时候我特别的愤怒，我觉得你一个国家质检总局的官员，你把三聚氰胺的问题给推到道德上去。而这个道德教育又是从幼儿开始的，那么就有无数人要对这件事负责，你就把国家监督的责任给推掉了。后来，他一解释，我才恍然大悟，这确实是一个道德的问题。他说企业在牛奶里加三聚氰胺是因为牛奶的蛋白质含量比较低。而质检总局在检测牛奶的时候，要检测蛋白的含量。企业发现了一种化学药物叫三聚氰胺，加进三聚氰胺之后，那些蛋白质含量比较低的牛奶，显得蛋白质比较高了，以此来对付国家的检测标准。目前，至少有一百多种化学药物都可以有这种功能。他说我们质检部门如果把这一百多种药物都纳入检查标准，检查程序就会无限的大，而且即使我们把这一百多种都列上了，那些搞化学的人还会再做出新的化学药品来。所以，这本质上还是制作奶粉的人，养奶牛的人自身一个道德自律的问题。如果没有耻，没有道德，那我们整个社会就会运作不好。我们社会一定要有正确的价值导向，树立一种道德的标准。孔子曾说："为政以德，譬如北辰，居其所而众星共之。"领导干部提倡以德治国，那么，人民就会拥护你。

　　这里面就涉及一个问题，就是领导干部的表率作用。为政以德不是一句空话，一个国家是不是为政以德，一个干部是不是为政以德，关键是要看你怎么做，而在中国这个具体的国家中，更加关键的是领导者的表率作用。季康子曾问政于孔子。孔子对曰："政者，正也。子帅以正，孰敢不正？"做领导的要正直、正派、公正。政治本身，就是执政者的以身作则的表率作用。东汉许慎的《说文解字》中把"攵"旁解为"支"，后世的学者认为，"支"

经常借用而成为"攵"字，而"攵"旁又明显带有"敲打"义，如我们常用的"教""收""攻""敌""败"等。实际上，儒家也讲民本主义，统治者虽然有最高的权力，但是人在做天在看。天就是通过人民群众来看的，天拿着棍子在旁边看着你，看你是不是行得正，行得不正就要敲醒你。因此，儒家的德治理论特别强调领导者的表率作用。季康子又问政于孔子曰："如杀无道以就有道，何如？"孔子对曰："子为政，焉用杀？子欲善而民善也。君子之德风，小人之德草，草上之风必偃。"这是说良好的政治并不需要很多暴力的镇压手段，只需要领导带好头，那么人民群众自然会效法。孔子又说："其身正，不令而行；其身不正，虽令不从。"你自己做了一个很好的表率作用，你不用说话，底下的人就会效法你；你自己做得不正，底下人自然也会跟着不正。领导者除了其身要正之外，还要争做人先。如，子路问政，孔子曰："先之，劳之。"请益，曰："无倦。"有什么事情领导干部做在前面，最辛苦的活领导干部去干。孔子又说："上好礼，则民莫敢不敬；上好义，则民莫敢不服；上好信，则民莫敢不用情。夫如是，是四方之民襁负其子而至矣。"领导者自身好从礼、讲义、守信，人民群众自然服从。领导干部先要自己做好，你的表率作用是一个最大的示范作用。古人有一首诗写道："吴王好剑客，百姓多创瘢。楚王好细腰，宫中多饿死。"吴王喜爱精通剑术的侠客，吴国的百姓为了讨好吴王，从小就练剑、打斗，致使身上伤痕累累；而楚王喜爱腰身纤细的女子，后宫中的美女为了博得楚王的宠爱，大多节食以至于饿死。上有所好，下必甚之，上面失之毫厘，底下就失之千里。领导干部要做到廉洁奉公。唐朝诗人白居易有首诗写道："三年为刺史，饮冰复食蘖。唯向天竺山，取得两片石。此抵有千金，无乃伤清白。"白居易做了三年刺史，临行时所带的也只是"天竺山"的两片石头，他还怕因此伤了清名。白居易为官两袖清风，清白廉洁，这是值得我们现在的领导干部学习的。

五、修己安人的君子人格

我们学习《论语》，有一个重要的主题就是要学习如何做人，如何做一个君子。清代名臣曾国藩讲过，"先做人后做事"，所以儒学主张办好一切事情，首先要做好自身的道德修养。儒家追求的人生境界有"三不朽"之说，而首要则是"立德"。先立德，然后才是立功、立言。所以，人首先要有君子的人格追求。孔子对君子人格有很多的要求。孔子说"古之学者为己，今之学者为人"。我们学习一个东西，一定要反思自己，真正按照上面所说的去做，这个是非常重要的。我们学孟子、学老子、学庄子，最关键的我们要解决个人的生命问题，是为己之学，而不是为人之学，不是学给别人看。孔子还讲过："君子博学于文，约之以礼，亦可以弗畔矣夫？"这个是讲用礼仪，用社会的标准约束我们自己。君子的标准很多，我们不一一细说。另外，我们说培养君子人格，进行道德教育，还要处理好功利和道义之间的关系。在我们现实生活之中，经常会出现一个现象，就是道德伦理和社会的世俗功利之间发生矛盾。这个时候君子要怎么看待利益的问题呢？为什么很多人会成为贪官？不是因为他们不知道那些道德规范，最根本的原因是他们不能超越世俗利益的引诱。孔子主张"见得思义"，要分清什么样的钱财可取，什么样的钱财不可取。子曰："富与贵，是人之所欲也，不以其道得之，不处也。贫与贱，是人之所恶也，不以其道得之，不去也。君子无终食之间违仁，造次必于是，颠沛必于是。"富贵是人人都想要得到的，但不用符合道义的正当方法去得到它，就不会接受这样的富贵；贫贱是人人都厌恶的，但不用符合道义的正当方法去摆脱它，就不会去摆脱这样的处境。只有正确地对待义和利之间的关系，才是一位真正有仁德的君子。《论语》里面说"君子喻于义，小人喻于利"。过去批评孔子的时候说孔子只讲义，不讲利。其实，这是对孔子主张的误解。君子并不排斥利，只是更加注重义，他首先是取义。君子不是说不要利。"富而可求也；虽执鞭之士，吾亦为之。如不可求，从吾所好。"如果眼前的富贵是合乎道义的，那不管多么低微我也去做；如果是不符合道义的，那坚决不干。相比于利，君子更追求道的境界，这是一种公平的境界，是一个社会公平的理想。孔子又讲："君子食无求饱，居无求安，敏于事而慎于言，就有道而正焉，可谓好学也已。"又说："饭疏食饮水，曲肱而枕之，乐亦在其中矣。不义而富且贵，于我如浮云。"肱是指胳膊，由肩至肘的部位，曲肱，即弯着胳膊。大意是：君子吃粗粮，喝冷水，弯着胳膊当枕头，只要是为了道，乐趣也在其中了。用不正当的手段得来的富贵，对于我来讲就像是天上的浮云一样。孔子又说，"笃信好学，守死善道。危邦不入，乱邦不居。天下有道则见，无道则隐。邦有道，贫且贱焉，耻也。邦无道，富且贵焉，耻也"。这是孔子给弟子们传授的为官之道。"天下有道则见，无道则隐"，"用之则行，舍之则藏"，这是孔子为官处世的一条重要原则。孟子有句话叫"达则兼济天下，穷则独善其身"，正可以与孔子这里所说"天下有道则见，无道则隐"相呼应。当我们个人改变不了社会的时候，我们可以改变自己。

儒家的道德理论学说，不仅有助于社会秩序的维护，也有助于个人精神健康、生命质量的提高。子曰："智者乐水，仁者乐山；智者动，仁者静；智者乐，仁者寿。"所以，在儒家看来，做一个仁爱的君子，本身就是快乐的，长寿的。怎么样做到智者乐，仁者寿？就是不要过度放纵自己的物质欲望，不要把利益看得太重。如果我们把挣钱、创造财富当成我们人生的唯一目标，那么，我们就会永远生活在埋怨和哀叹之中。因此，智者和仁者通过自己的道德品德的修养，通过人的道德追求，通过自己的理想和付出，找到了人生的价值，他可以超越我们眼前所看到的物质享乐。如果我们把人生的幸福仅仅建立在物质享乐上面，而不是建立在一种理想、一种事业、一种社会的目标上的话，就会总是怨天尤人、天天埋怨、天天发牢骚，精神就总是不愉快，当然很难长寿。所以，我们学《论语》、读《论语》，实际上首先是一个为己之学，从孔子那里，我们学习圣人的人生智慧，能够改变社会，能够影响他人的时候，我们努力去做，即使我们暂时影响不了别人，起码也让自己获得一个快乐的人生、幸福的人生。

王硕，中山大学哲学系，中山大学中国公益慈善研究院执行副院长、中山大学公益慈善伦理研究所所长。现主要致力于中国传统伦理思想的现代阐释以及文化比较视阈下公益慈善哲学的建构。

贰 处己之道

王 硕

大家是大一的学生，朝气蓬勃，活力四射，跟中学不一样了。中学是"豢养"，像小宠物一样被好好地"圈"在某个地方喂养，而大学是"放养"，我们如同来到一片森林之中，每个人都要去认识自己、寻找自己、展现自己。

关于中国传统文化中非常核心的命题——处己论，和我们每个人都息息相关，就是我们如何去认识自己、保有自己、发现自己。当我们来到大学，如同一个个被喂养得好好的小宠物，来到了大学丛林、社会丛林之中，我们面临着许多关于自我价值的问题和困惑，需要去探讨，需要去寻求答案，因此，大学里有许多关于这方面的传说。比如，我们刚进大学的时候，往往是个理想主义者；当遇上心爱的姑娘或小伙子时，就变成了浪漫主义者；很快未来的压力把两人打得粉碎，这时候成了现实主义者；最后拿到毕业证时，就成了批判现实主义者。我感觉到现在大学生的压力越来越大了，比如，我是2000级的本科生，那时候大学的基本状况是，学霸在秀成绩，情侣在秀恩爱，土豪在秀有钱。结果现在大学里是学霸在秀恩爱，土豪在秀成绩，情侣在秀有钱。这说明社会、大众价值观给予了我们更大的压力。在这样的情形下，这一代会有更深的焦虑感。我的师兄廉思做过一个很有现实意义的研究——"蚁族"，他对北京中关村附近一个大学毕业生聚集地的生存状况作了一个调研报告，引发了很大的社会反响，甚至有人大代表提案要处理好"蚁族"的问题。什么叫"蚁族"？一大群刚刚拿到毕业证就陷入失业状态的大学毕业生。为什么叫"蚁族"？第一，他们的智商普遍比较高；第二，他们群居，都租不起独立的房子；第三，他们都处于一种忙乱的焦虑状态。其实，他们对整个社会又存在着潜在的威力，社会学者管这帮年轻人叫底层知识青年。他们有一定的知识，有一定的技术，但是一出校门，就直接进入到了社会比较低的阶级层次里，他们当中越来越多这样的焦虑：我们的未来在哪里？企业家李开复曾在其《当迷茫在大学里泛滥成灾》中写道："从小学时代我的理想，到初中时代我的将来，到高中时代我的大学，到大学时代我的迷茫，你们在这一过程中完成了人生目标的蜕变，最后剩下的是死掉的虫皮。"那到底我们要在大学里完成什么样的蜕变，最后才能化茧为蝶，而不是如同我们老去的皮囊一样变得庸庸无为？这真是个哲学难题。

学哲学最大的好处是什么？我初学哲学的时候也在问，在想，学哲学能做什么？我自己多年学习哲学后的体会是，学哲学能让自己不那么孤独。因为你会发现你问过的任何最蠢的问题，在历史上都有哲学家问过、探讨过、回答过，哲学家专门负责去提问天真的问题，然后去回答这些最蠢的问题。身边的人常常会指责你不要去想那些傻问题了，而这些恰恰是哲学家最喜欢的问题。

我去日本考察学习时，见到了松下电器的创业者所创办的一所学校——松下政经塾。松下幸之助的童年生活非常艰苦，9岁的时候就因家贫离家去当学徒，23岁的时候创立了松下公司，等他快55岁的时候就建立了日本PHP研究所，相当于从商业界进入到教育界的统领地位，等到80岁的时候创办了松下政经塾，他的人生信条是：人最重要的品质就两个字——素直。在日文里，这个词语是什么意思呢？它代表着一种最朴素的天真。能够始终怀着一颗质朴之心面对这个世界，是松下先生认为的人最重要最优秀的品质。

现在我们就来看看最天真的一批哲学家，他们是如何思考最困扰我们人生的问题的。在中国传统文化中有一位地位非常高，被公认智慧很高的哲学家——庄子，但是他也曾和我们一样迷茫，他问过这样一个问题："固若是芒乎？"我们一起来读原文："一受其成形，不化以待尽。与物相刃相靡，其行尽如驰，而莫之能止，不亦悲乎！终身役役而不见其成功，苶然疲役而不知其所归，可不哀邪！人谓之不死，奚益！其形化，其心与之然，可不谓大哀乎？人之生也，固若是芒乎？其我独芒，而人亦有不芒者乎？"（《齐物论》）大意是我们在父母相爱的瞬间，在妈妈的肚子里"一受成形"，即成为人形，当你脱离母体降生到这个世界上发出第一声啼哭，接下来面临的是什么呢？"不化以待尽"——即使你不出门，宅在家里哪儿都不去，不跟任何人打交道，什么都不干，依然会慢慢衰老，依然走在死亡的路上。看到这里许多人会说，那我们还是要参与到这个世界中去，与其说坐以待毙，不如参与到这个变化中去。一旦我们与外界开始接触，与他人开始交往，又会面临什么呢？"其行尽如驰，而莫之能止"。人生就如车轮不止，念书、毕业、找工作、结婚生子，人生目标一个接着一个，当你努力到达一个台阶，就会又梦想着再登上下一个更高的台阶。当一个人越成功，其面临的外界压力越大越多，从而无法停止自己的脚步。我曾向一位事业非常成功的慈善家了解这种心态，他说，一开始他只是很简单地想养活老婆孩子，有点能力了就想养活整个家族，等企业做大了就想着要对整个公司所有的员工负责。正如松下幸之助先生说的，企业不应该是个人盈利的机器，而是社会的公器。当一个人能力越大，其承担的责任越大，当责任巨大时，你还能轻易地撂下这副担子吗？如果终有一天我们能功成名就，那么再苦再累的人生都能坚持。大多数人，一辈子还是得勤勤恳恳才过得上安稳的小日子，没有什么建功立业的机会，经常会感到忙忙碌碌，却又不知道自己要走向哪里，只是感到很疲惫。有个猎头公司的广告语用来形容这种状态很恰当：你在疲于奔命，却在原地踏步。当今社会许多人如同热锅上的蚂蚁，为生活奔忙，可似乎锅越来越热，忙而无功，依然没有安顿好自己的人生，这是为什么呢？该如何走出这种困境呢？像庄子这样的圣人、真人，也为此迷茫过。智慧如他，曾做过一番探索，得出的结论是我们总在生活中迷失了自己，丧失了自己。而缘何丧己？有几个主要原因。

第一，丧己于物。《庄子·缮性》中写道："古之所谓得志者，非轩冕之谓也，谓其无以益其乐而已矣。今之所谓得志者，轩冕之谓也。轩冕在身，非性命也，物之傥来，寄者也。寄之，其来不可圉，其去不可止。故不为轩冕肆志，不为穷约趋俗，其乐彼与此同，故无忧而已矣！今寄去则不乐。由是观之，虽乐，未尝不荒也。"意思是现在的人以得到荣华富贵为乐，人们以占有外物而不是以保养自己的本性为乐。举个例子，女孩三十未嫁，算大龄剩女了，自己如果觉得没什么关系，丝毫不因此事有什么心理负担，照常快快乐乐地过日子，这是遵从自己的本性得乐，精神是放松的。如果你迫于亲人、世俗的压力，宁愿找个不合适的人也要把自己嫁了，这就是为外物所迫，很难有真正的快乐。庄子总结说："故曰：丧己于物，失性于俗者，谓之倒置之民。"

第二，失其本心。儒家与庄子有异曲同工之言，《孟子·告子上》说："非独贤者有是心也，人皆有之，贤者能勿丧耳。一箪食，

贰 处己之道

一豆羹，得之则生，弗得则死。呼尔而与之，行道之人弗受；蹴尔而与之，乞人不屑也。万钟则不辨礼义而受之。万钟于我何加焉？为宫室之美、妻妾之奉、所识穷乏者得我与？乡为身死而不受，今为宫室之美为之；乡为身死而不受，今为妻妾之奉为之；乡为身死而不受，今为所识穷乏者得我而为之，是亦不可以已乎？此之谓失其本心。"孟子举了个例子，说乞丐都不吃嗟来之食，但人们在生活中常常难守原则，不断妥协，不断改变自己，不断欺骗自己，这种就叫失其本心。

第三，不自知。《庄子·应帝王》中写道："南海之帝为儵，北海之帝为忽，中央之帝为浑沌。儵与忽时相与遇于浑沌之地，浑沌待之甚善。儵与忽谋报浑沌之德，曰：'人皆有七窍，以视听食息，此独无有，尝试凿之。'日凿一窍，七日而浑沌死。"浑沌为什么会死？因为失去了他的本性，失去了他自己的本然状态。谁导致了他的死亡？是两个想报答他的人。这就需要警惕了，我们往往对敌人怀有防备之心，对亲人熟人就不一样。例如，你父母会跟你说，我们都是为了你好，你必须接受我们的意见，按我们说的做，我们难道会害你吗？这个时候，你往往就会放弃了自己的本性，不再坚持。话说回来，如果浑沌清楚自己的本性，坚持保留自己的自然状态，本来面目，也就不会丧失性命了。从这个寓言我们可知一个道理，"灭而不自知，由别之而不别也"（《春秋穀梁传·襄公六年》）。我们要认识自己的本来面目，认识到与自己性命攸关的本性。丹麦哲学家索伦·克尔凯郭尔在《致死的疾病》中说道："一切危险中最大的危险就是丧失自我，它可以在这个世界上悄无声息地发生，似乎它根本就没有发生过。"什么是自我？自我在哪里呢？自己怎么找到自我呢？这就要我们懂得识己。

得先认识"我"是什么？中国的文字是很有意思的，我们可以从古代文字来源解"我"字。甲骨文中的"我"，是指有垂饰的戈形，延伸意思是以戈自卫、以戈服人（《甲骨文编》）。大家知道，戈是一种兵器，戈上有垂饰，说明拥有这种兵器的人是掌握着权力的人。清代阮元《经籍籑诂》中说："我谓宰主之名也。""我"字最初的含义，是人间宰主（最初是指黄帝）的特称，如甲骨卜辞中殷王不是称"我"就是称"王"。总的来说，"我"意味着"宰主"，自为主宰的内在意识。我们还有另外一种解"我"的方式，《说文解字》里说"我，施身自谓也"，所谓"施身自谓"就是自己称自己，可见"我"是在与他人、外物发生关系当中才成立的观念。举个例子，我朋友家的儿子刚上小学，很调皮，喜欢摔电视机遥控器，不管家长用什么办法都改不了他这个坏习惯，孩子的老师给他们出了个主意，往遥控器上贴了个标签，写着"宝宝的遥控器"，从此这小孩再不摔遥控器，而且很爱惜，别人要用还得经他同意，听他分配。总结起来，"我"的内在规定性主要有三方面：主宰性、关系性、独特性。丹麦存在主义哲学先驱克尔凯郭尔在《致死的疾病》中写了一个寓言，讲的是一个农夫，因为很穷，赤脚去赶集，很幸运地赚了一笔钱，就买了袜子鞋子，打扮得很体面去喝酒。喝醉了，就在马路中间睡着了。这时，一辆马车飞驰过来，马夫对农夫吼道："快闪开，不然我就要照你的脚轧过去了。"农夫迷迷糊糊支起身子一看，看到穿着新鞋的脚，觉得不像是自己的脚，便回道："轧过去吧！那不是我的脚！"其实，沉醉的又何止是这个农夫？我们常常不清楚什么是自己的，什么只是"鞋袜"而已。那什么是"我"不可剥夺的特质呢？

有一段震撼心灵的小戏剧，剧里的木偶人本来很开心，忽然，他发现自己原来是被别人操纵着的木偶，于是，他毅然决然地开始拔掉别人操纵他的线。当一根根线被拔掉之后，木偶人不会动了。这个小戏剧是很深刻的，我们都在寻找自我，但如何界定自我，如何确定自我的自由？你和他人的关系是什么？如果真的脱离了他人，你的生命会如何？

儒家、道家都曾经探讨过识己之法。《论语·学而》中记载，曾子曰："吾日三省吾身，为人谋而不忠乎？与朋友交而不信乎？传不习乎？"《庄子·人世间》中记载，回曰："敢问心斋。"仲尼曰："若一志，无听之以耳而听之以心，无听之以心而听之以气！听止于耳，心止于符。气也者，虚而待物者也。唯道集虚，虚者，心斋也。"儒家主张省身，道家主张斋心。不管是省身，还是斋心，其实，都是让自己得以放空，身心获得安定清静。可叹的是，我们现在许多人的生活，连乘车和上洗手间都无法放空身心，时刻被微博、微信占据着，以致身心都没有自我认识、自我恢复的时间。

当我们明白如何避免丧己，该如何识己之后，就可来了解如何立己。怎样才算立己呢？立己就是成为一个能够立足于世的人。在《论语·颜渊》篇中，司马牛问君子。子曰："君子不忧不惧。"曰："不忧不惧，斯谓之君子已乎？"子曰："内省不疚，夫何忧何惧？"试想一下，如果一个人在回忆过往或者面对未来时，既没有后悔遗憾，也没有忧虑恐惧，这是多么难得的境界，这就是立己之境。

如何立己呢？《淮南子·修务训》中说："知人无务，不若愚而好学。自人君公卿至于庶人，不自强而功成者，天下未之有也。"《孟子·离娄上》中记载，孟子曰："不仁者可与言哉？安其危而利其菑，乐其所以亡者。不仁而可与言，则何亡国败家之有？有孺子歌曰：'沧浪之水清兮，可以濯我缨；沧浪之水浊兮，可以濯我足。'孔子曰：'小子听之！清斯濯缨，浊斯濯足矣，自取之也。'夫人必自侮，然后人侮之；家必自毁，而后人毁之；国必自伐，而后人伐之。《太甲》曰：'天作孽，犹可违；自作孽，不可活。'此之谓也。"古人告诉我们，人必自强自信，自尊自爱，才能够立足于天地间，这就是立己之基，所谓我之为我，是其所是。

我们可以从三个方面来理解立己之基：我与生俱来的；我奉命而为的；我梦想成为的。我曾有位师弟是学新闻专业的，但他非常喜欢服装设计，可家人并不赞同，希望他能沿着新闻传媒之路走下去，并且为他的学业做了许多安排。毕业多年之后，我在北京遇到了他，当时他抱着一沓非常精美的画册，我问这是什么，他告诉我他现在已经是某个知名品牌服装的设计师了。接着他反问我，是否在做话剧？因为读大学时我们同为话剧团的成员，我只能很惭愧地告诉他，我早就放弃了话剧的梦想了，没有坚持。他很认真地跟我说了一句话："你要坚持每天为你的梦想做一点点儿。"车来了，他告别我上了车，那一刻，我感觉到他追逐梦想的脚步，就像逐渐驶向远方的车子，那么有目标、有动力。因此，我们每个人都应该问问自己，明确自己的立己之基。

孔子说过："夫仁者，己欲立而立人，己欲达而达人。"（《论语·雍也》）意思是说自己要很好地在社会上立足，不是去打倒别人以保全自己，而是要别人也能立足于社会上。自己想显达，也要先帮助别人显达。何谓"达"？《论语·颜渊》篇中记载，子张问："士何如斯可谓之达矣？"子曰："何哉，尔所谓达者？"子张对曰："在邦必闻，在家必闻。"子曰："是闻也，非达也。夫达也者，质直而好义，察言而观色，虑以下人。在邦必达，在家必达。夫闻也者，色取仁而行违，居之不疑。在邦必闻，在家必闻。"孔子纠正子张，告诉他在国家、在家族里很有声望，那叫"闻"不叫"达"，达是正直正义，善于察言观色，能体谅别人，成就别人。

我们可以从孔子本人的经历来体味一下立己之境与立己之基。用时下的流行词语来说，孔子的人生就是一部"屌丝"的奋斗史。孔子的外貌很丑，《史记·孔子世家》中记载，孔子长九尺有六寸，人皆谓之"长人"而异之。《荀子·非相》中提到：仲尼之状，面如蒙倛。总之，历史上有文献可考据的记载中，对孔子外貌的描述大概是这样子的：身材高大，上身长、下身短，驼背，胳膊长，筋骨强健，力大过人，头顶凹陷，面丑，七窍豁露，天庭饱满，没有胡须。而他的人生经历更是坎坷艰辛，他三岁丧父，十七岁丧母，由于当初父母结合并不是明媒正娶的，他的母亲在婆家并没有地位，当他父亲去世之后，他跟母亲就被撵回了外祖母家，因为他是庶出的孩子。等十七岁母亲去世时，他想把父母合葬在一起都不能，因为他不知道自己的父亲葬在哪里。他只能守着母亲的棺木站在城门口问过往的路人他父亲葬在哪里，终于有一个好心人告诉他，他才得以偷偷把母亲与父亲合葬在一起。还有一次，全城士大夫的家庭聚餐，由于孔子的父亲是名小官，按理说他也是士大夫的儿子，结果他被拒之门外，大家不承认他是。所以说孔子完全是凭借自己的能力和人格一步一步去奋斗的。当然，孔子终其一生也没什么轩冕之位，相反他接连经历了丧妻，独生子早死，爱徒颜回短命之痛。当代有位学者李零写过一本研究孔子和论语的著述，书名叫《丧家狗》，这是借用了《史记》当中评论孔子的话——"惶惶然如丧家之犬"。孔子在世的时候并没有获得多么大的政治地位，却成为后朝后代直到今天我们所景仰的道德圣人、伟大教育家。这么光耀千古、流芳百世的美誉，都是孔子用自己的勤奋和人格去实现的。

我们每个人都应该去找寻自己，认识自己，向圣贤学习立己道，真正做到立己达人，处理好与他人的关系，而不是执着自我，或封闭自我。印度拍摄过一个微电影 *The Tree*，就是一棵大树倒在了马路上，拦住了所有人的去路，于是，所有人都在观望、等待、抱怨。直到一个小学生走上前去试图推动大树，接着一群小孩子赶来帮助这个小伙伴，所有看见这一幕的大人们似乎从困惑抱怨中醒悟过来，纷纷跑过来，终于，众人齐心协力把大树搬走了。或许我们并不需要做大事，只需要尽一己之力，因为，这就是大事。

刘伟，2011年毕业于中国人民大学，历史学博士；同年，进入中山大学哲学系，工作至今。研究方向：先秦思想史、两汉经学。

叁 编纂的权力——以《论语》为例

刘 伟

我今天讲演的题目是"编纂的权力——以《论语》为例",我们都知道《论语》这本书虽然跟孔子有关系,但并不是他一笔一笔写成的,而是由他的弟子编纂而成的,那么这就极有可能存在着编纂者或者被记录者之间的张力问题。例如,如果你给你的朋友写传记的话,虽然你记载的东西是你朋友的事例,但是怎么去记载,所有的材料编成一个什么样的故事,或者你编纂的这个故事要说明什么,这又是另一个问题。也就是说,你讲的故事可能和真实发生的事件存在差异。所以,这里我就以《论语》为例,看一下编纂者在什么样的意义上决定了我们对《论语》的理解。《论语》里面有些材料或者有些文本会明显地掺杂着编纂者所暗示给我们的东西,而这些东西决定着我们的理解程度。换句话说,如果我们从一个更广阔的背景下看,《论语》所塑造的孔子形象并不取决于孔子，而取决于编纂者。我们现在看《论语》，我们所理解的孔子形象是一个和蔼的老者，是一个教育家，但事实是什么，很难搞清楚。在这个意义上，我们说《论语》的编纂者要塑造什么样的孔子形象，是由他，而不是孔子本人决定的。

我们先看一下"论语"中"论"的读音。今天"论"有两个读音：一个是 lún，另一个是 lùn，这个字读这两个音有没有什么理由？大家先来看一则材料，《汉书·艺文志》，这是东汉班固最后编纂的，当然，他借鉴了西汉流行的一些东西。他在介绍《论语》的时候说："《论语》者，孔子应答弟子时人及相与言而接闻于夫子之语也。当时弟子各有所记，夫子既卒，门人相与辑而论纂，故谓之《论语》。"这里讲《论语》里面内容的来源有：第一，是孔子回答弟子和当时人的一些对话；第二，是弟子们记录老师说过的一些语录，比如说弟子们在听课的时候每个人都做了笔记，孔子去世之后，这些笔记就成为了解孔子的一些重要材料。可问题在于这些记录的东西可能有错误、遗漏或者重复的地方。这里，班固还讲到"门人相与辑而论纂"，这句话非常重要，它指出《论语》这本书编纂的方式——凡是有孔子讲课笔记的所有学生都凑到一块商量、讨论，看里面哪些是对的，哪些是错的，哪些应该保留，哪些应该去掉。所以，在《汉书·艺文志》这个时候"论语"的"论"字确实不读"lún"，而是读"lùn"，因为这是弟子们聚在一起讨论而成的。

这个读音到六朝的时候就开始变了。我们看这段话："《论语》者，孔子应答弟子，时人及相与言而接闻于夫子之语也。当时弟子各有所记，夫子既终，微言已绝，弟子恐离居以后，各生意见，而圣言永灭，故相与论撰，因辑时贤及古明王之语，合成一法，谓之《论语》。"这里的前半部分和班固所讲的一致，但关键的是差别的地方。"微言"是什么意思？它是指难以理解的，并不是很明显、很显白的东西。这里讲到孔子去世了，所以微言已绝。那么"恐离居以后，各生意见，而圣言永灭"，是说弟子们都害怕老师一些很高明的想法随着老师的去世而消失了。那应该怎么办呢？紧接着讲到"相与论撰，因辑时贤及古明王之语，合成一法"，这里的重点在这个合成一法，它要把孔子和当时一些重要人物的话集合到一起，成为后世可以效仿的东西。我们知道可以效法的语言本身一定是要有道理的、有条理的、经典的，"论"就有这个意思，二者可通。所以，从这个时候"论"就开始读"lún"，表示有条理、可效法之义。在这段话当中，孔子弟子的编纂权力被消解掉了。为什么？因为《论语》里面的东西要成为人们仿效的标杆，那就必须是圣人所讲的，如果是弟子编纂或者有弟子意图的话，那它的权威性就大打折扣了。从这时候起，弟子或者门人等后世编纂者的作用就被淡化，这跟前面不一样。

我们通过三段材料来看一下这个编纂者到底在什么意义上决定我们的想法。

第一段文本是关于公冶长的。公冶长在这个文本中是一个很无辜的人。

> 子谓公冶长，"可妻也。虽在缧绁之中，非其罪也。"以7以其兄之子妻之。"

这则文本涉及两个人物，公冶长和南容。"缧绁"是监狱的意思。"虽在缧绁之中，非其罪也"，意思是这个人虽然被抓起来了，但并不是因为他的罪过，这是孔子对公冶长的评价。在做出这个评价之后，文本中有一句话"以其子妻之"，意思是把自己的闺女嫁给他。孔子评价南容这个人是"邦有道，不废；邦无道，免于刑戮"，意思是如果这个世道政治清明，那就出去当官，如果这个世道很坏，则可以不被杀，或者免于政治惩罚。我们知道，在孔子的思想里面能够在乱世保存自己的人是一个境界很高的人。在评价完公冶长之后，后面也有一句话"以其兄之子妻之"，意思把自己的哥哥的女儿嫁给了南容。

这个文本对我们的暗示非常明显，它在对比公冶长和南容这两个人，然后，通过这样的对比来看待孔子的行为。在孔子看来，能够做到"邦有道，不废；邦无道，免于刑戮"境界是非常高的，这里我可以举一个证据。《论语》里面有一条材料"邦有道，如矢；邦无道，如矢"，这是孔子在评价卫国的史官史鱼：史鱼这个人非常正直，他就像射出的箭一样不会拐弯。正直到什么程度呢？无论邦有道还是邦无道，他都是那种正直敢谏的人。但是，卫国还有一个叫蘧伯玉的人，孔子曾评价他是真正的君子：君王有道，则出仕辅政治国；君王无道，就卷铺盖卷走人，归隐山林。在孔子看来史鱼只是一个正直的人，但还称不上是君子，而蘧伯玉则是个君子。很显然，孔子对那些能够在乱世之中明哲保身的人评价更高。因此，在上面这则文本中，孔子对南容的评价更高。

我刚才提到的那个文本在古代是没有标点的，那么，今天我们对它进行标点的话，就会有不同的断法，你们刚才看到的那种标点法是我从中华书局出版的朱子的《四书章句集注》中看到的。这样断法意味着后面那些对公冶长和南容评价的话都是孔子的原话，今天我们写文章的时候用双引号来表达所有被描述的人的原话。我们来看另外一种标点法：

子谓公冶长可妻也。"虽在缧绁之中，非其罪也。"以其子妻之。子谓南容，"邦有道，不废；邦无道，免于刑戮。"以其兄之子妻之。

叁 编纂的权力——以《论语》为例

如果这样断的话,那就说明"可妻也"这个词可能是编纂者总结出来的。也就是说,孔子可能说过很多话,比如公冶长这个人真好,长得又帅,个子又高,挣钱又多,等等。最后,孔子表达了公冶长是一个值得托付女儿的人,但他没说"可妻也,虽在缧绁之中"这句原话。在这种断法里面,"虽在缧绁之中,非其罪也"这句话可能是孔子说的。还有一种断法:

子谓公冶长:可妻也,虽在缧绁之中,非其罪也。以其子妻之。子谓南容:邦有道,不废;邦无道,免于刑戮。以其兄之子妻之。

这样断法,说明后面那些评价公冶长和南容的话全部是编纂者对孔子的话的总结,并不是孔子的原话。所以,在没有标点的时候,我们永远不能还原场景。今天的标点符号可以帮助我们还原场景。我们从不同的标点符号的形式中可以看到对说话场景的不同设想。

如果按照《集注》的断法,那么,孔子确实是在就公冶长和南容两个人的品格进行评比,而且这个评比后面还跟着一个证据。大家仔细看这个文本。"以其子妻之"和"以其兄之子妻之",这只是编纂者所举之事实,用以来论证前面孔子说的话,作为前面的注脚。"邦有道,不废;邦无道,免于刑戮"这句话虽然也可能不是孔子说的,但至少孔子表达了这个意思,可"以其子妻之"和"以其兄之子妻之"只是孔子做出的行为。因此,在这样一个文本里面,编纂者加了两个事实。我们相信,孔子确实将自己的女儿嫁给公冶长,也确实将自己兄长的女儿嫁给南容。可是,这两个事实跟孔子说的话之间是否一定有必然关系呢?这是一个问题。

朱子在《集注》里面曾经为这个事情做出辩护,朱子认为这两者之间根本没有关系。我们看《集注》的原文。或曰："公冶长之贤不及南容，故圣人以其子妻长，而以兄子妻容，盖厚于兄而薄于己也。"当时，与朱子同时代的人都认为这是孔子"厚于兄而薄于己"。但是朱子是反对的，为什么呢？朱子紧接着又说："程子曰：'此以己之私心窥圣人也。凡人避嫌者，皆内不足也，圣人自至公，何避嫌之有？况嫁女必量其才而求配，尤不当有所避也。若孔子之事，则其年之长幼、时之先后皆不可知，唯以为避嫌则大不可。避嫌之事，贤者且不为，况圣人乎？'"我们看一下，今天讲避嫌的时候，一般都是心里有鬼，如果你心中坦荡的话，那就用不着避嫌了。"内不足"是讲你有私心。孔子是一个光明磊落的人，他怎么可能通过"厚于兄而薄于己"这样的行为来避嫌呢？朱子这个批评是有道理的。我们刚才说过，那两个事实确实是事实，但是它们跟孔子是否说了这两句话可能一点关系也没有。这是第一点。第二点，我们设想一下，比如我说：这个同学考试考了 90 分，真好啊！然后，第二天另外一个同学拿 95 分，然后我说：这个同学考试考了 95 分，真好啊！那么，大家会觉得这是我在比较这两个同学吗？肯定不会。可是，如果我在同一个场合说两个同学分别拿了 90 分和 95 分，就有比较的意思。朱子这样注解默认了这两句话是孔子在同一个场景中说的，只是他认为后面孔子的行为并不是出自避嫌。可是在朱子之前的版本中，通通都把这个语录拆成两部分，第一章是孔子评价公冶长的，第二章是评价南容的，它们根本就不是一段话。如果不在同一段中，那就意味着孔子在评价公冶长和南容的时候，并不是在同一个场景之中。如果不在同一个场景中的话，那就没有了对比的意味，如果没有对比的意味，那么就没有朱子说的避嫌不避嫌的问题。我们刚才讲了"以其子妻之"和"以其兄之子妻之"不是孔子说的，是孔子做的事情。后来编纂者回忆起来说有这么一个事实可以来印证它，也就是编纂者把这两句话放在一块的时候就已经在暗示，

叁 编纂的权力——以《论语》为例

或者他的编纂行为就已经在暗示我们说这两个人是有可比性的。所以，在这个意义上，我们说朱子把这两段话放在一起理解是有道理的。只不过朱子认为孔子不可能是为了避嫌，为了表明自己没有私心的一个行为。事实上，孔子未必在同一个场景中说过这两段话，这是编纂者的暗示。

第二段材料：

> 樊迟问仁。子曰：爱人。问知。子曰：知人。樊迟未达。子曰：举直错诸枉，能使枉者直。樊迟退，见子夏曰：乡也，吾见于夫子而问知。子曰：举直错诸枉，能使枉者直。何谓也？子夏曰：富哉言乎！舜有天下，选于众，举皋陶，不仁者远矣；汤有天下，选于众，举伊尹，不仁者远矣。

樊迟是孔子比较不喜欢的弟子，孔子最不喜欢的是宰我。整部《论语》里面记载宰我的地方不多，对宰我都很负面。第一处是：宰予昼寝。子曰："朽木不可雕也，粪土之墙不可杇也！于予与何诛？"这里是讲宰我在白天睡觉，受到了孔子的严厉批评。另外一处是宰我在问三年之丧。宰我问："三年之丧，期已久矣。君子三年不为礼，礼必坏；三年不为乐，乐必崩。旧谷既没，新谷既升，钻燧改火，期可已矣。"子曰："食夫稻，衣夫锦，于女安乎？"曰："安。""女安，则为之。夫君子之居丧，食旨不甘，闻乐不乐，居处不安，故不为也。今女安，则为之。"宰我出。子曰："予之不仁也！子生三年，然后免于父母之怀。夫三年之丧，天下之通丧也。予也有三年之爱于其父母乎？"所以，在孔子看来，宰我确实是一个不仁的人。樊迟其次。为什么？《论语》里面有一则记载。樊迟请学稼。子曰："吾不如老农。"请学为圃。曰："吾不如老圃。"樊迟出。子曰："小人哉，樊须也！上好礼，则民莫敢不敬，

129

上好义，则民莫敢不服；上好信，则民莫敢不用情。夫如是，则四方之民襁负其子而至矣，焉用稼？"这里，孔子认为樊迟并没有抓住君子为学的根本，这里的"小人"虽然不是一个德行的评价，但樊迟不讨孔子喜欢，这一点应该可以肯定。

我们来分析一下这则文本。首先，樊迟问孔子何为仁、何为知，孔子答曰爱人、知人。结果樊迟没有理解，还有疑问，孔子接着说"举直错诸枉，能使枉者直"。这句话的意思就是如果你推举或者选拔一个正直的人，让他在一个不正直的人上面去当官，这个不正直的人就不敢不正直了。结果，樊迟还没明白。樊迟看孔子说完之后，自己还没有理解，有点心虚，就退下了。后来私下见了子夏，樊迟对子夏说："乡也，吾见于夫子而问知。子曰：举直错诸枉，能使枉者直。何谓也？"刚才我问老师什么是知，老师说举直错诸枉，能使枉者直，这是什么意思？子夏说：老师说的太好了，含义太丰富了，舜有天下的时候，选中一个有才华的好人皋陶，结果那些不仁的人就跑掉了；汤当天子的时候，在一大堆人当中选中了伊尹，不仁的人就跑掉了。这样一个文本里面，看起来很简单，但是问题非常多。第一，樊迟未达，他没有明白什么问题？第二，孔子说"举直错诸枉，能使枉者直"的时候，樊迟肯定也未达，虽然文本里面没有说他未达，但是他后面跑去问子夏，那么樊迟第二次未达的是什么？跟第一次是一样吗？第三，樊迟说"乡也，吾见于夫子而问知。子曰：举直错诸枉，能使枉者直。何谓也？"这句话是什么意思？第四，他见了子夏之后，听完子夏说的话，他究竟有没有明白？因为后面子夏说完之后，就没有下文了。第五，子夏说了那么一大堆话，其中哪一部分解决了樊迟的疑惑，前提是如果樊迟最后明白了。

假如，当樊迟一问再问三问之后，还是没有明白，那么，这则文本本身还有意义吗？当编纂者把子夏这段话放在这里的时候，他要向我们传达一个信息，是通过子夏这一番解释之后，樊迟终

叁 编纂的权力——以《论语》为例

于明白了。这样一来，我们就来思考子夏说这句话的时候，他怎么解决了樊迟的问题。这是整个文本的中心问题。我们重头看起。"樊迟问仁"，这句话本身有很多种理解方式。比如，樊迟问什么是仁，或者樊迟问怎样做是仁人。所以，同样一个问法，有无数种翻译方式，不同的翻译方式决定这个对话的指向。所以，我们不能默认樊迟问仁的时候，就一定问什么是仁。大多数的时候，他问的是我怎么样做才能做到仁，因为大多数情况下儒家是要解决实践问题，而不是理论问题。当樊迟去见子夏的时候，说了一句话——"乡也，吾见于夫子而问知"，这句话的存在暗示我们（或者给我们传达一个信息），是樊迟不知道什么是知，他没搞清楚的是怎么样做才是明智。我们先看一下历代的注家是怎么解释这个问题的。我们看朱熹，朱熹引曾氏说："迟之意，盖以爱欲其周，而知有所择，故疑二者之相悖尔。"这句话解释樊迟未达的是什么，但是朱子后面说樊迟他不是不知道知。假设，当我跟你对话的时候，如果你有什么不清楚的话，你肯定会把你不清楚的内容传达给我，同时，我要基于你的不清楚或疑问，做出进一步的解答。因此，我们也要默认孔子说"举直错诸枉，能使枉者直"这句话是应对樊迟未达的问题而说，不然，两个人的对话就变成自言自语了。但是，"举直错诸枉，能使枉者直"显然不只是知的问题。所以，后面子夏说"舜有天下，选于众，举皋陶，不仁者远矣；汤有天下，选于众，举伊尹，不仁者远矣"，这里面当然涉及知人的问题，但是"不仁者远矣"这说的就不是知人了，而是知人之后的一个结果。所以我们说"能使枉者直"就是子夏说的"不仁者远矣"。这样，我们可以确定孔子说的绝不只是知的问题。我们再看朱熹的解释。"爱欲其周"是什么意思？就是要爱所有的人，而不能有所别择，而"知有所择"是指知人要求能够有所选择，这两者看起来是"相悖"的，这是朱子认为樊迟没搞清楚的地方：爱人与知人之间有矛盾。当他去见子夏的时候说："乡也，吾见于夫子而问知。子曰：举直错诸枉，能使枉者直。"当他说这句话的时候子夏接收到什么信息，这是一个很重要的问题。因为后来子夏说"不仁者远矣"，而不是说"不义者远矣"或是其他，好像子夏猜到之前的对话探讨了仁知关系一样。那么，子夏究竟是怎么知道孔子和樊迟最开始谈的是知和仁的关系？文本本身没有告诉我们。如果单独看樊迟问子夏的问题，子夏回答说"不仁者远矣"是很突兀的。所以，这则文本所记录的樊迟跟子夏说的话一定不是樊迟跟子夏说的话的全部，而是个总结：樊迟可能说过这些东西，但绝不是樊迟说的全部，他必须要把当时整个对话场景告知给子夏，最起码要暗示给子夏，子夏才能判断出孔子和樊迟之间探讨过知和仁的问题。

第三则材料：

> 子路、曾皙、冉有、公西华侍坐。子曰："以吾一日长乎尔，毋吾以也。居则曰：'不吾知也！'如或知尔，则何以哉？"子路率尔而对曰："千乘之国，摄乎大国之间，加之以师旅，因之以饥馑；由也为之，比及三年，可使有勇，且知方也。"夫子哂之。"求，尔何如？"对曰："方六七十，如五六十，求也为之，比及三年，可使足民。如其礼乐，以俟君子。""赤，尔何如？"对曰："非曰能之，愿学焉。宗庙之事，如会同，端章甫，愿为小相焉。""点，尔何如？"鼓瑟希，铿尔，舍瑟而作，对曰："异乎三子者之撰。"子曰："何伤乎？亦各言其志也。"曰："莫春者，春服既成，冠者五六人，童子六七人，浴乎沂，风乎舞雩，咏而归。"夫子喟然叹曰："吾与点也。"三子者出，曾皙后。曾皙曰："夫三子者之言何如？"子曰："亦各言其志也已矣！"曰："夫子何哂由也？"曰："为国以礼，其言不让，是故哂之。""唯求则非邦也与？""安见

方六七十如五六十而非邦也者？""唯赤则非邦也与？""宗庙会同，非诸侯而何？赤也为之小，孰能为之大？"

我们分析一下这个文本。第一个问题"子路率尔对曰"中的"率尔"是一个什么样的情态？第二个问题"孔子哂之"，他笑的是什么？在整个过程中，曾点并不知道孔子为什么要笑子路，或许是因为他那个时候正在鼓瑟，当孔子说曾点你也谈谈你的志向的时候，他才停下来。从他的问法来说，他清楚明白地知道孔子曾经嘲笑过子路这个事实。还有，他也知道子路、冉有、公西华这三个人说了什么话，或者怎么回答孔子的话，不然就不会有他后面的追问。为什么嘲笑子路呢？孔子的回答是"为国以礼，其言不让"，这是孔子给出他嘲笑子路的一个理由。为国以礼就是以礼为国，这是治国的根本原则。可是"其言不让"表现在哪里？是子路说的话，还是子路的行为、神态等等。曾点后来说"唯求则非邦也与？"意思是难道冉求所治理的就不是一个国家吗？孔子的回答是："安见方六七十如五六十而非邦也者？"就是你怎么能说六七十里的小国就不是一个国家呢？然后曾点再说："唯赤则非邦也与？"难道公西华说的就不是一个国家吗？前面公西华说自己愿为小相，孔子说如果他为小相的话，那谁能做到大相呢？这是肯定公西华。通过后面孔子和曾点的对话，我们清楚地知道，虽然曾点在那里鼓瑟，但是他走神了——他清楚地知道孔子嘲笑了子路，也知道冉有和公西华跟孔子的对话，可是他不知道孔子为什么嘲笑子路。当孔子说"为国以礼，其言不让"的时候，曾点居然以为是"为国"的问题。所以，才有后面他和孔子之间的对话。从曾点的问法，可以看出来，曾点所理解的孔子嘲笑子路的原因是"为国以礼"，而不是"其言不让"，或者说是因为"为国"所以显得"不让"。但是，我们看一下后人的解释。皇侃说："我笑子路。非笑其志也。政是笑其卒尔不让故耳。"所以，皇侃认为孔子嘲笑子路不是笑他为国千乘，而是笑他对话或者回答的时候不讲礼貌，孔子不是笑他的志向，而是笑他的卒尔不让。后来刘宝楠《正义》的时候，给"卒尔不让"作解释，他说："《曲礼》讲'侍于君子，不顾望而对，非礼也。'"如果你在做老师陪坐的时候，老师提问之后，你不看看旁边人回不回答，自己就站出来回答，这是非礼的。根据《曲礼》这句话，郑玄的注说"礼尚谦也。不顾望，若子路率尔而对"。所以，郑玄也认为子路率尔而对，是一个非礼的。这样一来，"其言不让"这个"不让"指的是子路仓促的或者是第一个跳起来回答这一行为。这是皇侃、郑玄和刘宝楠的理解，这基本上印证了我们现在一般人认识的——我们都认为孔子嘲笑子路是因为子路轻率、仓促、没有礼貌。而不是因为子路说的那个内容（为国千乘），因为《论语》里面讲过子路确实有这个才华。可是问题在于就连在场的曾皙都不知道孔子嘲笑子路居然是因为子路率尔而对，还是以为是为国的问题，一个在场者都不知道的事情，后人是怎么知道的？有人会说，曾皙之所以没注意到子路这个情态，是因为他在鼓瑟。那我们看一下朱熹的解释："冉求公西赤言皆退让，却是见子路被哂后，计较如此说。"我们回头看上面的文本，当子路讲完为千乘之国之后，被孔子嘲笑之后，治国的范围从冉有开始就逐渐降低了，方六七十，五六十就行了，也就是说这个冉有理解的夫子哂子路的原因也不是因为他"率尔而对"，而冉有是专心致志地听了孔子和子路的对话的，后面的公西华也是这样。也就是所有在场者都没有理解孔子嘲笑子路是因为他"率尔而对"，那么编纂者怎么知道？或者，我们局外人是怎么知道的？"率尔"这个在场的情态被编纂者暗示给我们之后，我们对这段话的解读就完全变了，事实上可能完全不是这个样子。

那么，我们通过三则对话，看到编纂者对一个场景的描述的时候，或者他把很多文本或很多故事糅在一块的时候，这本身就

叁 编纂的权力——以《论语》为例

是再创造,赋予新的内涵。没有这个,《论语》里面很多话是不可理解的。由此可见,如果我们要理解《论语》的话,应该分成两个层次:一个是孔子是怎么说的,怎么做的;另一个是编纂者所记录的孔子是怎样的,他通过一个什么样的方式把一个本来跟孔子无关的东西强加或者暗示给我们。

张卫红，郑州大学法学学士，中国人民大学法学双学士，北京大学哲学硕士，中山大学哲学博士，北京大学哲学系博士后。现任中山大学人文高等研究院副教授，从事中国哲学的教学与研究工作。

肆 《论语》中的修养功夫

张卫红

《论语》的核心内容就是学做君子，就是要在日常生活的言行中修身。这就是今天我想和大家讨论的主题——《论语》中的修养功夫。由于时间有限，我选择《论语》中最核心的内容与大家交流。

在讲这个话题之前，我先从日常生活当中的一个现象说起。不少游客在与一尊佛像、一座领袖雕塑合影时都爱摆点造型，这是现在人们到一个旅游景点或文化古迹旅游时比较司空见惯的现象。这种现象说明我们的价值观念里面缺少了很重要的一个思想内容，现代人日常行为举止经常会很放肆，这与我们古代先贤圣人所教导的修养恰恰相反。下面我与大家分享一下《论语》在这方面给我们的教导和启发。

一 修己以敬

我们先来阅读一下《论语》中的原文（这些原文前面的阿拉伯数字是指《论语》的篇章条目。）先读这两条：

（1.5）子曰："道千乘之国，敬事而信，节用而爱人，使民以时。"

（2.7）子游问孝。子曰："今之孝者，是谓能养。至于犬马，皆能有养。不敬，何以别乎？"

第一条是孔子讲述治国的纲领。治理一个千乘之国，一乘是一辆马车，古代用马车的数量来衡量国力，千乘之国意思是比较大的国家，要首先做到爱岗敬业，做好自己的本职工作，讲诚信，还得节约成本，热爱人民，在农忙的时候，不要过度征用老百姓的劳力。第二条是孔子的学生子游问老师什么是孝。现在很多学生的想法是，毕业后找一份好工作，争取创造更好的物质条件改善父母的生活，认为这就是孝顺。如果我们没有那么多钱，或者说现在我们还没工作、还接受着父母抚养的时候，是不是就不用孝顺父母了呢？孔子回答说，今人以为孝顺父母就是在物质条件上供养他们，那对猫狗骡马这些动物都能做到，正如今天我们养只小宠物也要喂养它，这就是孝顺父母了吗？应该有所区别。你养一只小动物，不会去考察它的情绪、照顾它的意愿和思想，但是对父母的孝顺就应该做到照顾他们的情绪、意愿和思想，就得有"敬"。中文词汇里有"孝顺"和"孝敬"的说法，对父母要尊敬，这是孝顺父母首先要做到的。我们回想以往与父母吵架、意见相左时，有多少次是听从父母的意见？还是坚持己见、按自己的想法来？所以不见得给父母一个好的生活条件就是孝。古人说"百善孝为先，原心不原迹,原迹家贫无孝子",意思是孝道不在于你是否能给父母锦衣玉食、好的生活,而在于你心里对父母的尊敬和尊重。倘若以给父母提供好的物质生活为标准来衡量孝的话,那穷人的孩子就没有孝子了,可见孝最重要的是做到对父母乃至长辈的尊重、尊敬。

再看两条语录:

(13.19)樊迟问仁。子曰:"居处恭,执事敬,与人忠。虽之夷狄,不可弃也。"

(14.42)子路问君子。子曰:"修己以敬。"

这是孔子的两个学生问孔子。樊迟的文化程度不是很高,曾给孔子当过车夫,是悟性不太高,但很质朴的一个人。当他问孔子如何做一个谦谦君子的时候,孔子回答的是非常具体的做法,不跟他讲什么大的原则和高深的道理,就告诉他在日常生活当中该如何做。"居"在这里是起居的意思,就是你要在日常生活当中、与别人交往的时候,做到"恭",就是恭恭敬敬,为什么对自己的日常生活也要恭呢?很多现代人的生活很放肆,没有节度,没有规律,这就是对自己的生活也是对自己不恭敬。比如说看到好吃的东西,大吃大喝,一定要吃撑了,聚会要喝得酩酊大醉,这些都是对自己的日常生活不够节制,也是没有恭敬的态度。日常生活起居有度,小心谨慎,有严整的规律,把自己日常饮食起居照顾好了,有好的身体,才有好的学习和工作的基础,因此,敬首先是对自己的要求。下一句中"执事",就是要去做各种各样的事情,再次提到"敬"字,这与前面提到"道千乘之国,敬事而信"的"敬"字意思相近,意思是对国家人民负责,爱岗敬业。"与人忠"是说跟人交往要诚实守信,即使到了蛮夷之地,跟粗野的人相处,你也要保持这样的态度和做法,这是更高的要求了。孔子告诉樊迟,不管身处什么环境，与你交往的人多么粗野，你作为一个君子还是要坚持自己的人格操守，不能随环境的改变而放弃。孔子的另一个学生子路问什么是君子，孔子回答"修己以敬"。怎样做一个有教养的谦谦君子？儒家的教法是不拿外在的表现做衡量标准，而是首先落实到你自己的人格修养上，而这种修养不是用数字来量化的，不是统计你做了多少件好事，取得多大成绩，帮助了多少人，所谓原心不原迹。修己，就是自我修身，用什么方法呢？用"敬"的态度。我们一般理解"敬"的对象是他人，而我们所阅读的这几条《论语》语录，尤其是这最后一条，不难发现儒家讲"敬"首先是指向自己的。当"敬"首先指向自己时，是怎样一个状态？

可先从"敬"字的字形、字源学上来解释。中国文字是表意文字，其字形里蕴含了非常丰富的含义，不像西方文字大多数是表音文字，是代表音节的符号。我们先看"敬"字篆体的写法。中国古代的第一部字典叫《说文解字》，东汉许慎编的，它对"敬"字的解释很简单："敬，肃也。"即严肃、整齐的意思。这个篆体"敬"字由两部分构成，从"攴"、从"苟"，后面这个字不是苟且的"苟"字。我们先从"苟"字的篆体字形分析：从羊省，从包省，从口。"包口"意味着要慎言，意思是把自己的嘴巴管严实了。比如说你与别人有矛盾，就要管好自己的嘴巴，不要恶声恶语，不要把自己的情绪随便发泄出来，克制一下不吵架，可以得到什么效果？从羊，古代祭祀经常用到羊，因此，羊是一种吉祥的动物，以羊作偏旁的字往往都是褒义字，比如"善""美""羲（义）"字。所以说管好自己的嘴巴，既不害人也不伤己，就会获得吉祥。"苟"字，《说文解字》的解释是："自急敕也。"是个会意字，基本意思是自我告诫、自我整饬。我们再看"攴"字，很形象，像手里拿着一把尺子或一根教鞭，类似旧时私塾先生教学生念书时，读不好就用戒尺打学生手板，是告诫整治的意思，《说文解字》解释为"小击也。"徐灏《段注笺》："攴，治也。治事肃恭之意。"意思是做事要非常严谨整饬，如果肆意妄为，旁边就有戒尺或鞭子等着你，你可能要遭受惩罚，但这个惩罚又不是太过严厉，所以说是"小击"，起提醒警戒作用。可见古人鼓励我们做一个君子，不是用非常严厉的惩罚，而是用充满爱心的教导方式，用比较温和的警策去督促你。金文的"敬"字，金文也叫钟鼎文，是殷周时期刻在钟鼎上的铭文，金文的"敬"字更明显地传达了我上边提到的意思。总之，做事要恭敬、认真、谨慎，不要乱说乱动，这是"敬"字的基本意思。

"敬"字到了宋代理学家那里，他们对这个字的字义有了更深的发挥。南宋大儒朱熹注："敬者，主一无适之谓"。古文"适"字在古汉语中有"之""往"的意思，即"向某个方向走""到某个地方"，这里朱熹是说做任何事情都要安住在这个"一"上，不分心，不乱跑，不走。用今天的话来解释，"主一无适"的意思有以下几点。

第一，心在当下，不走作。身心统一。比如说某学生在教室，若集中精神认真听课，就是身心统一，若看闲书，或者想东想西，那他的身在教室里，心早就跑掉了，就不是"敬"。

第二，心无杂念、私欲，浑然忘我，专心致志做好眼前的事情。举个例子，我国著名"跳水皇后"郭晶晶，为什么能在竞赛中常常拿冠军，一般都会认为那是因为她刻苦训练才跳水技术好。刻苦训练当然必不可少，但更深层次的原因是在心灵、精神层面。技能的提升到了一定程度之后会到达一个极限，许多优秀的运动员从技能层面讲水平相差无几，但比赛除了技能之外，还要看临场发挥。很多优秀的选手上场之后，就是因为发挥失常而未能获胜，主要败在心理素质上。郭晶晶是因为心理素质很好、发挥稳定，才能拿很多次冠军。有记者采访她，问她在跳水时是怎样一个状态，她回答说，我的想法很简单，就是专心跳水不想别的。有段时间郭晶晶绯闻很多，如果她的定力不够，那这些绯闻肯定很干扰她的训练和比赛，但郭晶晶跳水时，就是一心一意地想着把每个动作做好，连每一跳的得分她也不关心，对手发挥得好坏她也不看，如果这一跳不理想，那就专心致志地把下一组动作跳好，不受前面成绩的影响。这就是"敬"。许多一流的艺术家在创作时也是身心一体的，如音乐家演奏时与乐曲、乐器完全融为一体，浑然忘我。教师也是一样的，如果教师上课时分心分神，是讲不好课的。中山大学以前有位前辈学者叫陈寅恪，现在中大校园里还保留着他的故居，立着他的铜像。陈寅恪是一位非常有名、学问非常深的大学者，他之所以学问如此渊博跟他的专注沉静有很大关系，专注沉静的心灵状态能高效率地掌握各种知识。有一次，他上课前闭目沉思着讲课的内容，闭着眼睛边沉思边踏进教室开始讲课。当他专注地讲完一段睁开眼睛，才发现自己是面对着黑板背对着学生，而回过头一看，所有的学生都在鸦雀无声地认真听讲，因为学生们也沉浸在他的专注之中，认真听讲。所以"敬"是一种心灵的状态，一种心灵的素养。当你专心致志学习时，效率会非常高，如果能把"敬"的素质用在学习和工作上，会有事半功倍的效果。

第三，在古代儒者那里，这个"主一"的"一"就是良知，一心一意地干坏事当然就不是主敬。主一就是把心安在良知上，这是"敬"用在人格修养上的功夫。事实上，把主敬用在人格修养上和用在学习、工作上，两者是统一的。

第四，主敬相当于诚意。如果大家觉得主敬不易理解的话，可以用诚意来理解。诚意在古代也是儒家的一个修养功夫，儒家经典《大学》里就讲诚意功夫，是修身、齐家、治国、平天下的根本。诚意与主敬是相通的，当你诚心诚意地想把一件事情做好，专注在这个事情上面的时候，就是主敬。如果你平时注意力容易分散，说明你需要这方面的训练，诚意就是一个方法。

第五，主敬功夫的反面：未至而迎，过而滞留。反面就是跟主一相反的做法，除了前面所讲的走作、身心不统一，另一个表现是"未至而迎",是指还没发生就充满期待,这好不好呢?比如一场国际体育比赛还没开始,运动员就想着这次比赛我一定要拿冠军,不然对全国人民怎么交代呢,这个心理压力就会非常大,这就是迎的态度。所以,在事情没有到来之前胡思乱想,人为增加了过多的想法和压力,这就是不能安住当下。还有"过而滞留",是指事情已经过去了,你却不能做到时过境迁,一切放下。比如去年你与某位同学有点小矛盾,到今天你还愤愤不平,到明年还是放不下,每次想起来都情绪愤懑,那这样对谁伤害最大?肯定是你自己。因为你的心一直没有放下过这件事,一直不得安宁。很多失恋的人经常伤感过去,把过去的情绪带进了今天的生活,产生了消极影响,这就不是智慧的处理态度。总之,未至而迎、过而滞留,这两种做法都会干扰我们内心的安宁,都不是主敬的心态。通过具体的分析,我们应该知道,主敬不仅应该用于我们的道德修养,还在我们日常生活的点点滴滴,在工作学习中都应贯彻、保持主敬的态度,那你的生命质量就会提高。

除了用专注的态度面对生活学习之外,主敬还有另一个非常重要的要求——慎言慎行。我们再来看两条《论语》语录:

(1.14)子曰:"君子食无求饱,居无求安,敏于事而慎于言,就有道而正焉,可谓好学也已。"

(4.24)子曰:"君子欲讷于言而敏于行"。

第一条语录是说,好学不是我们一般所理解的学习刻苦,古人解释"学"为"觉",通过学来唤醒内在的生命觉悟,所以"学"首先是指精神修养、人格提升。如果你在这方面主动发力、自觉用功、孜孜不倦,这才是真正的好学。另外,孔子讲好学时把衣食住行的物质需求也都讲到了,要注意"无求"二字,不是说不要好的物质生活，而是要因人而异，根据自己现有的物质条件来决定生活品质。你家境富裕，过好的生活无可非议，如果家境困难，就不要攀比，要求跟别人一样。能根据个人的条件随遇而安地生活，就是无求。好学，就是不要在衣食住行上过分追求，还要做事勤快，多做事少说话，找有道德的老师去学习、印证，这就是好学。第二条，孔子说要少说话多做事。2012年广东省委提出了"新时期广东精神"——"厚于德、诚于信、敏于行"，其中"敏于行"就是从《论语》中来的，意思是做事要积极勤快。相反，讲话就要木讷一点，因为逞一时口舌之快往往容易失言。所以说，言行谨慎也是儒家修行主敬功夫的一个重要方面。

以上讲了儒家人格修养中主敬的功夫应该从哪些方面用功，现在我举一些正反两面的实例，看看人格修养对一个人一生的影响有多大。先举一个反面的例子：很多人都听过她的歌，她就是美国歌坛天后惠特尼·休斯顿，一生共获各种奖项415次，获提名562次，打破了吉尼斯纪录，曾6次获得格莱美奖。一个艺术家一生能拿一次格莱美奖就能奠定艺术地位和荣誉，而惠特尼·休斯顿得了6次。她的声音如天籁一般优美，被誉为"美利坚之声"。2012年2月，48岁的惠特尼·休斯顿猝死在一家酒店里，死因是服用药物过度加酗酒，引发了心脏病，死在浴缸里，非常可怜。她出生在一个天主教家庭，曾经是个好女孩、乖女孩，她唱歌的天赋就是她在教堂唱诗班做领唱时被发现的，随后一步步走上歌坛。许多优秀作品都是她早期演唱的，后来她的生活逐步走向堕落，先是遇到一段失败的婚姻，她的先生是个坏小子，后来两人感情破裂直到离婚。她失意的时候，选择了酗酒宣泄，再到后来吸毒，生活逐渐变得无法克制、无法收拾。记者采访她，她说那段时间自己很不快乐，每天都要吸毒，迷失了自己，曾经非常有钱的她最穷的时候身上连一百美元都不到，之前的巨额财富都被她挥霍掉了。后来她非常努力地戒毒，重新返回歌坛，但因为长期酗酒和吸毒，身体垮了，歌坛属于她的黄金时代也已经过去，人气大受影响，复出的事业走得很艰难。她与亲人的关系也不好，与父亲、兄弟都打过官司，总之，整个生活一片混乱。但是当记者问她，你人生中最大的敌人是谁，她想了一下说："最大的魔鬼是我自己。我要么是自己最好的朋友，要么是自己最大的敌人。"这句话含义很深刻。我们每个人所面临的最大的敌人不是外人，不是那个跟你过不去的人，能跟自己相伴一生的，其实就是自己的心。你能够让自己心灵的力量约束住自己的欲望、管理好自己的生活时，你的身心是统一的，这时候你是自己最好的朋友。相反，你明知自己现在的言行是有害的，但无法停止它，你的心约束管理不了你的身体和行为，这时候你的人格是分裂的、放纵的，身心是不统一的，你就是自己最大的敌人。身心分离，是惠特尼·休斯顿人生悲剧的根源。

　　我再举两个正面的例子。一个是我们老一辈的艺术家秦怡，她现已九十多岁，年轻时很美，现在依然保持着优雅的容貌和气质，是美丽一生的女人，被称为中国最优雅的九旬老太太。很多同学会想，她这辈子想必是养尊处优吧？恰恰相反，秦怡的一生经历过不少坎坷。她经历过两段失败的婚姻，第二任丈夫金焰喜欢酗酒，两人关系不和，而且金焰后来得了很严重的胃病，卧床不起二十年，秦怡一直悉心照顾他，直到他去世。她还有个不幸的遭遇，两人生育的孩子患有精神分裂症，智力有缺陷，发病时暴躁打人，包括打秦怡。尽管如此，秦怡不离不弃，一直悉心照顾着儿子，直到儿子活到 59 岁过世。尽管丈夫和儿子都不如意，让她非常辛苦，但她还是无怨无悔尽到了做妻子和母亲的责任，说没什么好后悔、遗憾的。秦怡本人也得过癌症，但她一直都非常乐观坚强，后来癌症居然消失了。秦怡还非常有大爱，当年汶川大地震发生后，时年 87 岁的她是最早一批捐款的上海艺术家，捐了二十多万元，是她一生大部分的积蓄。她每个月退休金才两千多块钱，平时非常节俭，出门舍不得坐出租车，连袜子破了都自己缝补。这个举动非常感人。由此可见，我们如何对待自己的命运，是我们的心可以掌控的，就看你的心灵能不能战胜生活中的苦难和磨难。孟子曾说："其生色也，睟然见于面，盎于背，施于四体，四体不言而喻。"意思是修养在一个人的脸上、神情里，整体的姿态和身形里，都可以有所体现。你们现在很年轻，尤其女孩子都爱美，有种说法叫四十岁以前的容貌是父母给的，四十岁之后的容貌是自己决定的。靠什么决定？就靠自己的人格修养，因为真正的美是由内散发到外的。

晚清名臣曾国藩，湖南人，他不仅有非常出色的事功，而且，他自身的人格修养也非常好。"日课十二条"就是他32岁的时候给自己立的规矩，规定自己每天必须做的十二件事，以养成良好的习惯，他就是靠这样的坚持收获了人生的成功。这十二条的内容如下。

（1）主敬，整齐严束，无时不惧；无事时心在腔子里，应事时专一不杂，如日之升。（2）主静，每日不拘何时，静坐半小时，体验静极生阳来复之仁心，正位凝命，如鼎之镇。（3）早起，黎明即起，醒后不沾恋。（4）读书不二，一书未点完，断不看他书，东看西阅，徒徇外为人，每日以十页为率。（5）读史，廿三史每日十页，虽有事亦不间断。（6）日知其所亡，每日记茶余偶谈一则，分为德行门、学问门、经济门、艺术门，写日记，须端楷，凡日间过恶（身过、心过、口过）皆需一一记出。（7）月无忘所能，每月作诗文数首。（8）谨言，刻刻留心，是工夫第一。（9）养气，气藏丹田，无不可对人言之事。（10）保身，谨遵大人手谕，节欲、节劳、节食欲。（11）作字，早饭后作字，凡笔墨应酬，皆当作功课，不可待明日，愈积愈难清。（12）夜不出门，旷功疲神，切戒切戒。

由这十二条可以看出，曾国藩首先要求自己态度端正，要主敬、主静，把静坐、晨起、读书、写日记、作诗文、练字等作为每日必做的功课，给自己做了明确的规定。其次，他每天在军政事物中是很忙的，但不论多忙，他都要求自己坚持这些功课。关于身过、心过、口过举个例子，你与同学发生矛盾了，非常愤怒，这时候首先是伤害了自己，这是心过；你实在控制不了，忍不住骂了别人，出口伤人就是口过；有些人情绪更激动、忍不住动手打人，这就是身过。大家说哪一过最严重？最重的是身过、其次是口过、再次是心过。改过就要这样一层一层地检点自己，先改身过，再改口过，最后把心过改掉，这个修养工夫才算到家。一个人能每天这样要求自己，数十年如一日，那他的人格修养一定很高，不仅能提升精神境界，而且能养成好的习惯，对他的事业、生活都有很具体实在的帮助。

二 改过

《论语》教我们如何做君子的修养工夫第一条是修己以敬，在曾国藩的"日课十二条"里，除了主敬，已经提到了改过。我们先来念一下这两条《论语》语录：

（5.27）子曰："已矣乎，吾未见能见其过而内自讼者也。"
（19.8）子夏曰："小人之过也必文。"

"已矣乎"就是孔子在叹息，我没见过哪个人可以看见自己的过错而自己做法官、自己做被告来诉讼、检点自己的。很多情况下，朋友之间、亲人之间、夫妻之间，发生矛盾的时候都是互相指责对方的过错，所以孔子很感叹。其实，矛盾的产生往往是双方都有责任，好的解决方法是什么？先反思检点自己。所以孟子说"行有不得，反求诸己"。子夏是孔子的学生，他说小人，也就是不自觉从事修养工夫的人——注意与今天我们所说小人有区别——并不是恶人，而是随着自己性子来、对自己没有自觉严格要求的人，会掩饰自己的过错。我们每个人在生活中都可能有过这样的经历：找各种各样的理由，替自己辩解，掩盖自己的过错。"文"就是纹饰、不自讼，就是自欺，不仅不承认错误，还要找种种的借口去推卸责任。比如坚持不了早起，就给自己找理由：今天是礼拜天可以睡懒觉，昨晚睡太晚了今早补回来等等，这都是"文"。这两条语录告诉我们——改过之难。这个难既包括大的过错，也包括每个人身上不良的习惯、性格，后者也许不会对别人造成伤害，但对于自己来讲，人格修养中这些小过错、小毛病积累多了，整体人格素质就会下降，因此，有必要改掉。

那如何改过呢？我们来看看改过之法。先来念两条《论语》语录：

（15.15）子曰："躬自厚而薄责于人，则远怨矣。"

（7.22）子曰："三人行，必有我师焉。择其善者而从之，其不善者而改之。"

第一条的意思是，与人相处或者发生事情的时候，先要严格检讨自己而宽容对待别人，自己先道歉、找自己的责任，这样就可以远离抱怨。改过要求"反求诸己"。有人会说，明明是对方做错的，我一定要争个理曲理直。其实，生活中好多事情是争不出是非对错的，真正有智慧的人会大事化小，宁愿自己多吃亏。改过如此，日常生活、工作也如此。香港首富李嘉诚对他的儿子说："你和别人合作，假如你拿七分合理，八分也可以，那我们李家拿六分就可以了。"这就是他的致富之道，这样别人肯定愿意与他合作。俗话说，退一步海阔天空，退一步可有更大的收获。

《论语》当中有一个典型的善于改过的榜样：

（6.3）哀公问："弟子孰为好学？"孔子对曰："有颜回者好学，不迁怒，不贰过。不幸短命死矣！今也则亡，未闻好学者也。"

鲁国的国君问孔子，你这么多学生哪个最好学呀？如果放在今天的环境中，我们可能马上想到的就是那位学习最刻苦、成绩最好的学生。但是中国古人不认为这是好学。真正的学，是"学者，觉也"，这是《说文解字》的解释，"学"是智慧的觉悟，是你对人生的觉悟，是人格和心灵的成长，这个比知识意义上的学习更重要。你们今天在大学里所学的知识和技能并不是最应该掌握的"学"，原因在于：其一，这些知识和技能随着时间的推移会被你忘掉；其二，随着科技的发展，几年后旧有的知识技能可能会被淘汰，知识技能需要更新。这都会导致你所学无用或者所用甚少。那什么才能真正伴随你一生呢？就是你的心。把自己的心学好了、修好了，是人生最重要的功课。因此，孔子认为他最好学的弟子是颜回。用今人的眼光看，颜回的经历是很不幸的，家里很穷，27岁的时候，因为营养不良头发都白了，而且寿命很短，一种说法是他只活了32岁，一种说法是41岁，还死在他的老师孔子之前，但他却是孔子最喜欢的弟子，为什么？因为颜回最好学。颜回如何好学？就是"不迁怒，不贰过"。朱熹解释"迁怒"说："怒于甲者，不移于乙；过于前者，不复于后。"比如你跟一个人闹矛盾生气了，这时另外一个人来找你，你可能随时就会把气撒在他身上，说别理我，我正烦着呢。或者人家找你办事，你说这会我没心情。实际上，另外一个人跟你现在的怒气没关系，这就是迁怒。又比如有一件事发生在一年前，你现在想起来还恨得咬牙切齿，这也是迁怒。前一种迁怒是对人的迁移，后一种迁怒是时间上的迁移。这是对不迁怒的基本解释和要求。古人对不迁怒还有更高的解释，就是当下不迁怒。两个人发生纠纷、不愉快，当下那一刻你就不为怒所迁，那一刻能做到心态平和、不生气，这是不迁怒的更高要求。比如说一个人对你很无理，那无理的人是他，跟我的心有什么关系？我跟他有什么是非曲直可争辩？真正的不迁怒，就是当下不为怒气所迁，这是更高意义的修养功夫，当然这个更难做到。不光怒如此，还有忧伤、哀愁甚至喜悦，都要不迁。比如你去年考了全班第一名，至今你还沾沾自喜，很骄傲，这叫迁喜。严格意义上的修养功夫，是任何时候都把自己当下的事情做好，把当下的心态管好，不管是骄傲的情绪，还是愤怒的情绪，都让它事过境迁而心不迁。

不贰过也很难，这个不光是指同样的事情不犯第二次错误，也包括同样性质的事情不犯同样的过错。一般人为什么会贰过？颜回为什么可以做到不贰过？道理不难理解，我留给大家自己思考发挥，寻找答案。

我们再看一下改过的效果。先看语录：

（19.21）子贡曰："君子之过也，如日月之食焉：过也，人皆见之；更也，人皆仰之。"

（15.30）子曰："过而不改，是谓过矣。"

《弟子规》里也说："过能改，归于无，倘掩饰，增一辜。"改过的效果和掩饰的效果，其实，《论语》里已经讲得很清楚了。子贡也是孔子的弟子，他认为君子的过错跟一般人过错的区别在于，一般人对自己的过错总想掩饰起来，躲躲藏藏，不愿意别人知道，君子不是这样，君子的过错如天上的月食和日食一样，大家都看得到,君子人格光明磊落,君子胸襟坦坦荡荡,有过就改,不掩饰,"更也,人皆仰之"。中国历史上有个很有名的典故叫"负荆请罪",大家都知道,讲的是廉颇和蔺相如的故事,后来还被排成戏曲叫《将相和》,廉颇犯了错误能够负荆请罪,这样的勇气和坦诚反而获得了蔺相如的称赞。那为什么君子之过能够不怕别人知道?除了勇气外,另一个原因是,一个愿意主动改掉自己过错的人,他往往比较自信。你想人会在什么状态下掩饰自己的过错?是当他心虚、不自信的时候。如果我相信自己一定能改正缺点,我有这样的决心、毅力和勇气的话,我就根本不怕别人知道,也不怕被别人议论。一个勇于改过的人一定是一个非常自信的人,人掩饰自己的过错往往是因为内里空虚,对自己不自信,对改正自己的缺点缺乏动力和信心,这样往往形成恶性循环。为什么呢?"倘掩饰,增一辜。"掩饰,就又增加了一个过错,越是这样,别人越看得清楚。

有这样一个例子,一个国家政府首脑代表他的国家改过的故事。这个故事发生在1970年,当时的德国还没统一,西德的总理勃兰特访问波兰时,在首都华沙犹太人死难者纪念碑下献花圈后,他突然下跪并祈祷:"上帝饶恕我们吧,愿苦难的灵魂得到安宁!"以此向二战中被无辜杀害的犹太人表示沉痛哀悼,并为纳粹时代的德国认罪、赎罪。当时媒体都惊呆了,因为这个环节是没有事先安排的。众人在一阵惊讶之后,四周的镁光灯都闪了起来,第二天这个事情成了各大媒体的头条新闻,欧洲媒体有一个非常精彩的评论:"这是欧洲一千年来最强烈的谢罪表现"。因为这个表现,给德国人加分不少。媒体评价说:"那一刻,德国重新回到了世界的舞台。"二战以后,对于战败国德国、日本,国际上采取了很多制裁措施,而因为联邦德国政府首脑的勇于改过,为他的国家赢得了新的形象。也因为这一跪,勃兰特获1971年诺贝尔和平奖,美国《时代》周刊评选他为"1971年新闻人物"。而这一跪,也成为他政治生涯中最光亮、最浓墨重彩的一笔。改过吃亏吗?退一步海阔天空。

那如何避免过错？还是用《论语》中的一段话来讲：

（9.4）子绝四："毋意，毋必，毋固，毋我。"

孔子能做到的"四毋"，分别是什么意思呢？朱熹注："意，私意也。必，期必也。固，执滞也。我，私己也。"比如，学校要搞一个文艺活动，你要代表班级去参加这次活动，活动还没开始，你就想着这次活动一定要拿第一名，志在必得，这就是事情没有到来之前你先起了一个私意，心里就有了期待：我一定要拿到这个名次，这就是期必。这个期待久了之后就形成了一个固执的想法，滞留在自己心中，认为这是你本来就能得到的名次，形成了我执。另一个明显的例子是男孩追求女孩，认为一定会追到手，结果失败，然后男孩子就觉得自己情深一片还没有达到心愿，很受伤、很委屈，这也是私意、固执的想法。而这四毋的关系是如何呢？朱熹注："四者相为终始，起于意，遂于必，留于固，而成于我也。盖意必常在事前，固我常在事后，至于我又生意，则物欲牵引，循环不穷矣。"这个私意不是自信，而是小我的一种负面情绪，"成于我"是小我的一种偏执。有的男女朋友失恋后，会有打击报复的恶性行为发生，就是因为他认为你就是我的，为什么要分手，分手就是你做得不对，因而恼羞成恨。而当你不这样看待问题，用平常心去对待一切事情的时候，就可以避免很多过错。如果每件事情你都这么偏执地去想的话，那时间长了，你的人格漏洞越来越多，把自己封闭在一个极端小我之中，许多过错就难以避免了。

毛国民，广东外语外贸大学教授，政治与公共管理学院副院长。

伍 《论语》加算盘式的管理智慧

毛国民

我今天的讲题是"《论语》加算盘式的管理智慧"。儒家学说最强调的一个东西就是传统文化一定要和现代生活结合起来。如果不能和我们现在的生活融合起来，那么任何文化都不会有魅力的。然而，今天我们中国很多企业、很多管理者，在几千年中国传统文化的哺育下，却忘了传统文化，甚至主动地切断了自己的传统。这是非常可悲的事情。

我们常常讲儒家、儒生，那么究竟什么是"儒"呢？关于"儒"有几种解释：有的人说"儒"是指道德高尚之人，有的人说"儒"是指教书的，到孔子之后就把"儒"的定义进一步扩展，儒者不仅是要教书育人，更要具有"德"，而且"德"成为一个儒者非常重要的标志。我们知道《论语》是儒家的重要经典，宋代宰相赵普曾经有过一个著名的论断，叫"半部《论语》治天下"。可见，《论语》

伍 《论语》加算盘式的管理智慧

里面的内容多么深刻，只要你学透一些，则治国便如烹小鲜那样容易。"算盘"是一些具体的操作流程、具体的技术方法以及一些制度层面的具体设置。有的人说，中国传统文化中最缺乏的就是这些东西；也有人质疑中国的传统文化无法生发出现代科学和民主制度，殊不知，现在计算机的二进制可能就是从我们《易经》的智慧中生发出来的。另外，中国传统文化中确实是有算盘这一块技能性层面的大智慧。当然，这种大智慧是我们一般的凡夫俗子看不到，或者是一些普通的商人看不到的东西。

日本商业之父涩泽荣一写过《论语与算盘》一书，在书中涩泽荣一主张将《论语》作为经商和立身处世的准绳，这是他的商业智慧与处世哲学的集大成之作。涩泽荣一对《论语》这本书的热爱和钟爱洋溢在整本书中。他把《论语》作为治理企业的一个非常重要的管理手段和管理方法。他认为，《论语》与"算盘"并没有冲突。他在书中这样写到："很多人阅读过《论语》一书，但却不知道它与算盘之间有何重要关系。乍一看起来，好像两者毫无瓜葛；其实不是这样的，并且我深信两者的关系非常密切，算盘因为《论语》可打得更精，《论语》也因算盘而得出真正的致富之道，这才是两者息息相通、近在咫尺的关系。"另外，他在书中还特别讲到"士魂商才"这个概念，"士魂"当然就是涩泽荣一所提倡的那种武士道精神，所以"士魂商才"也就是要将日本的传统文化与现代企业管理的商业才能结合起来。在书中，涩泽荣一还透露了他写作这本书的原因，他说："在我七十岁的时候，曾有一位友人作了一本画册送我，内页开头一侧绘有《论语》以及算盘，另一侧绘有一顶大礼帽和日本刀。一天，学者三岛毅先生到访，见了画册就说，很有趣，我是读《论语》的，你是专攻算盘的，手拿算盘的人既然详论《论语》了，我这读《论语》的人，也该好好研究一下算盘了，也好和你一同努力，务必将两者紧密结合起来。后来，三岛毅先生写了一篇关于《论语》与算盘的文章，并且列举了很多事实和证据，

155

来说明道理、事实和利益三者的一致性。"此外，他的朋友还对他说了一番话："孔子为委吏料量平，与粟周急不继富，为政足食，既庶富之，礼与其奢也宁俭，待贾沽之玉，是《论语》中有算盘也。《易》起数，六十四卦不曰利，曰算盘之书；而其利皆出于义之和，与《论语》见利思义说合，是算盘中有《论语》也。算盘与《论语》，一而不二。男尝语余曰，世人分《论语》算盘为二，是经济之所以不振；今画师二之，非深知男者也。"很明显，孔子并没有将德与才对立起来。

赚钱并不是儒家所要反对的，孔子说："富与贵，是人之所欲也；不以其道得之，不处也。贫与贱，是人之所恶也；不以其道得之，不去也。"（《论语·里仁》）所以，富与贵、贫与贱，其所得与所去必须依照天道。我们看"不义而富且贵，于我如浮云"。如果不是遵道而得到的东西，它就是浮云。孔子还说："富而可求也，虽执鞭之士，吾亦为之。如不可求，从吾所好。"这里的意思是说：当富贵是可求的，而且是合义的，是合道的这种行为，那么我也会去追求富贵。孔子有一个学生子贡，他的商业能力非常厉害，很会做生意。当孔子晚年生活拮据的时候，子贡也对他的老师提供了很多经济资助。

涩泽荣一主张"和魂汉才"和"士魂商才"的概念，就是要把商业管理和人的德性结合起来。他认为工商界人士既要为儒，追求"内圣外王"的理想人格，又要为商，追求企业经营的最佳效果而具有工商贸之才。日本有很多的企业，他们的企业宗旨、企业口号、企业理念都跟《论语》有直接的关联。比如丰田喜一郎说"天地人知仁勇"，日立的社训是"和"和"诚"，三菱综合研究所的中岛正树认为"中庸之道"是最高的道德标准，住友生命的会长新井正明的座右铭是"其身正，不令而行"，松下幸之助提出企业要"仁爱惠众，生产出像自来水一样多而便宜的产品以回报社会"。从这里可以看出，日本文化很多都是受我们传统文化影响的。2010 年

伍 《论语》加算盘式的管理智慧

6月发生一起丰田中国职工罢工事件，这件事件引发我思考的是：日本人为什么能够对中国传统文化的精髓保留得这么好，而我们中国现在的企业家却对我们的传统文化熟视无睹？这里当然有一个问题，就是我们的传统文化在近现代有一段时间被强行割断了。无论如何，作为几千年的文明，已经"镶嵌"为我们生命里面的文化基因，我们居然不把它生发出来，这是很不应该的。他们为什么要罢工呢？因为公司的日本员工，他们的技术比我们中国人要低，但是他们的工资要比我们广州丰田公司的工资要高出三倍以上。所以，中国员工觉得不满，最后中国的员工出来罢工，要求涨工资。为什么日本的企业对他们本国的员工是那样的呵护？因为日本的员工真的把企业当成家，而企业也把他们当成自己的家人。所以，日本的员工基本上是终身制。日本好员工的标准是什么？是下班以后不回家。在企业想办法加班。而中国的员工是下班就回家。虽然中国也有很多企业在宣传这种理念，比如"工厂是我家""人人爱厂如家"，但是我们光有空空的口号，很少人真的能把自己的公司当成自己的家，当然，我们的企业家也很少把员工当成自己的家人，问题往往是一体两面的。

我们首先来讲《论语》。《论语》当中有很多的管理智慧，我把它提炼一下：(1) 管理目标：安人；(2) 经营理念：天地之性人为贵；(3) 经营模式：和为贵；(4) 领导模式：为政以德；(5) 经营方针：义利并举；(6) 管理方法：中庸之道。

第一，管理的目标是安人。这是孔子一直在强调的。无论我们的政治制度、经济制度还是社会制度，最终的目标就是要让老人和小孩都能够过得很好，这就是"安"。我们现在这个社会，所有的人都过得不安，在企业担心被辞工了，回到家担心没房子住，好不容易买了一套房子，担心还不了银行贷款等等。现实生活中有太多的东西让我们感到不安。从企业管理的角度看，现在企业的管理目标是赚钱，而不是安人。这个安人，不仅是安我们企业的员工，更重要的是消费者。甚至,除了消费者之外,还有我们的社区、我们的环境。所以,我们讲经营管理不应该把赚钱作为第一目标,而是把安人作为第一目标。这其中包含着企业责任。这个要求并不是太高。因为,只有我们以安人为目标,我们才能赚更大的钱,否则我们最多只能赚到眼前的蝇头小利。那么,如何做到"安人"?(1)仁者的自我修养之道——正人先正己。首先要安己。(2)仁者的用人之道——任人唯贤。你在企业里面用的管理层,用的员工要任人唯贤,这就是孟子讲的"是以惟仁者宜在高位"。但是,我们现在很多企业都是任人唯亲。最后,仁者的控制之道——由道而德。孟子就讲到"夫道若大路然",与孟子类似的,朱子也强调"行路有得于心谓之德"。还有王阳明说的一句话,"破山中贼易,破心中贼难",这讲的是克己复礼的意思。只有先修好自己的身,才能去安人。

第二,看经营理念——天地之性人为贵,是人为贵,不是钱为贵。这是儒家的管理理念。践行这种主张最成功的商人,我们把他们称之为儒商。如何贵?我们指管理者和被管理者最终都是围绕着"人为贵"这个理念去出发的。我们要选择好人,得贤者,使用有德之人,我们要爱他人(爱员工、爱顾客),我们要教人向善,我们要安人。有人说赚钱是企业的本能。我不是不让企业赚钱,而是让企业家去做个好人。我们讲德的背后其实是有一个算盘在运转的,二者是缺一不可的。作为一个企业、作为一个公司,如果我们是真正在为消费者,为民众做善事、做好事,我们去修这个德,那么我们最终会获得消费者、民众认可。我们拿真的产品给他,我们拿好的产品给他,我们拿好用又便宜的产品给他,自然而然,他就会一直买你的产品,而且不仅他买你的,他周围的人都在买你的产品。因此,只要有德,有普度众生的发愿,自然能够赚到大钱。

第三,我们讲经营模式——和为贵。大家可以看到两起事件,一是重工和中联重科同处长沙,隔湘江而望,历经近20年的角逐,彼此伤害，结果两败俱伤。这是不符合我们儒商的经营理念的。我们儒商所讲的理念是和，做生意就要和，和气生财。二是2010年11月很火的QQ大战360，他们本来是一条绳上的，本来是互利共享的，现在居然在双掐，最后也只能闹得两败俱伤。所以，儒家告诉我们企业经营理念是和为贵。和为贵，在我们儒家思想当中有很多的智慧，比如《论语·学而》讲的"礼之用，和为贵"；孟子讲的："天时不如地利，地利不如人和"；孔子讲的"君子和而不同，小人同而不和"；还有《中庸》讲的"君子和而不流"。

第四，企业治理模式——为商以德。我们知道孔子提倡的政治理念是为政以德。借用孔子的话，我们从事商业，治理企业，就要以德为主。以德的途径是什么？一是正己正人，这是在中国文化中特别强调的。我们现在经常骂那些贪污腐败分子"上梁不正下梁歪"，这就是正人必先正己的理念。这是我们企业老总一定要有的。二是无为而治。这是企业治理模式当中的最高境界。现在有些老总做得比较好的，这些老总并不出面去管理企业，他们经常会去爬山，去大海里航行，到外国去旅行。那什么时候可以看见他们，年终发奖金的时候。他们这是在创造一种什么效应？为商以德。孔子有一个讲法叫"三达德"，就是要做到仁、智、勇——仁者不忧、智者不惑、勇者不惧。我们现在却把这些理念，比如仁义礼智，矮化或者贬低它们，说它们是腐朽的东西。其实不是。我们现在市场最缺什么？最缺诚信。我们现在很多子女不孝，有则新闻报道一件事，说一个儿子用脚把父亲踹死。你想想现在的人都成了这个样子了，难道我们还不要仁吗？难道我们还不要孝吗？难道我们还不要信吗？这恰恰是我们需要寻找的智慧。

第五，我们讲一讲义利并举的经营方针。我们千万不要抛弃这个义。这里有很多这方面的思想，如"仁者爱人"，"爱人者恒爱之，利人者恒利之"。中国人有句这样的话，要想别人尊重你，你首先要尊重别人。作为企业也是一样的，你想要消费者继续爱你，继续买你的东西，继续喜欢你的品牌，那么，你要先爱消费者，你要给消费者一个理由去爱你。当然这里面就涉及一个"诚信无欺"的问题，这是与公众交往方面的德性原则。这个原则放在企业里面我们看就是：我们要诚，我们要信，信就是"言必成之谓"。我们应该做到"言必信，行必果"，这是讲诚信。我们与朋友交要言而有信。这些都是在告诫我们要诚信。《论语·宪问》讲我们要"见利思义"。钱是一个好东西，没钱不行，但是一定要想到这个钱背后的义。我们赚钱，首先要想这个钱是不是正当的，我们要想我们这个钱是不是按我们的义、按我们的道、按我们的德去得到的；此外，《论语·尧曰》还讲："因民之所利而利之。"

第六，管理方法，企业的管理方法是中庸之道。我们以前把中庸这个词当成一个贬义词，说某个人很折中，说某个人是和事佬，就是中庸。这是对中庸这个词的歪曲理解。实际上，中庸是不偏不倚，允当适度，不走极端之义。就是用最恰当的方法，最恰当的方式，处在最恰当的位置。如很多女孩子在正式的场合喜欢穿高跟鞋，以显示其美丽端庄。为什么穿高跟鞋会美？因为它使我们人体上下身的比例更加接近黄金分割点，我们寻找出最恰当的点，这就是中庸，不是折中。儒家里面有很多中庸的智慧，比如"过犹不及""不得中行而与之……狂者进取，狷者有所不为也。""君子惠而不费，劳而不怨，欲而不贪，泰而不骄，威而不猛。""中庸之为德也，其至矣乎"。

儒家管理智慧中很多好的地方，优秀的方面，它也有一些局限性，比如，在管理价值上，重德而轻"知"。我们也要重视技术、知这些层面；在管理决策上，重视"形而上"，忽视"形而下"，用我们今天的话讲是过分强调伦理决策，而忽视很多技术层面的东西；在管理思维上，重视"尊经"、"法古"，个性不足，管理呆板。相对来说，这也是我们管理智慧当中的一些缺陷。

接下来，我们讲第二大部分——"算盘"篇。儒家在管理智

伍 《论语》加算盘式的管理智慧

慧中往往重视德性，而忽视技术，那么我们现在就要找一找这些技术、这些管理的模式。我们从哪里可以找得到呢？我们从《易经》当中可以找到我们现代的一些管理理念。可以说，《易经》思想是我们中华文明 DNA 中一个非常重要的要素。我们把《易经》思想分成两大块：一是三大理念；二是三大品性。其中三大理念分别是大道相通、大道至简、阴阳对立；三大品性则是亘古常新、博大精深、平易近人。我们要把这三大理念放在企业管理中，看企业是如何运用的。如果企业家在企业管理中将这三大理念贯彻得好，那么，他的企业自然能够做好，贯彻得不好，这个企业就管理不好。所以，《易经》可以作为我们中国人治理企业的"算盘"来用。

《易经》是不是离我们的生活很远？其实，《易经》之思想，《易经》之智慧就在我们日用之间。第一，我们来看生活中的"易经"。我们常常听到"九五之尊""乾坤交泰""物极必反"这样的词语，它们都是在反映《易经》里面的某些思想。比如明清的故宫，故宫的设计中有很多道城门，大臣要见皇帝，要经过很多道门才能到达，为什么要这样设计呢？最简单的道理，要强调皇帝九五之尊、至高无上的地位。第二，我们看皇帝住的宫殿和妃子住的宫殿，这些宫殿要讲究乾位和坤位的，乾位就是西北面，坤位则是西南方。还有，我们现在大学城把教学区和住宿区分开。为什么要分开呢？有的同学说搞不懂，其实，这中间遵循《易经》的思想，它方便管理。第三，我们再来看自主创新的"易经心得"。比如，宋代的周敦颐，他发明了太极图说，将《易经》思想形象化；另外，著名心理学家荣格的很多思想，也有太极理念的影子。此外，有的学者认为，日本的明治维新，也与中国的《易经》思想有关系。《易经·说卦》中讲："圣人南面而听天下，向明而治。"因此，皇帝的位置是坐北面南。1868 年 9 月 8 日，日本新政府改年号为"明治"，从此开始了明治维新，希望通过改革而天下可治。现在很多人建房子非常讲究位置，西北位是乾位，西南位是坤位。第四，我们看天地日月的韩国国旗，韩国的国旗也是通过我们的太极图获得启示的。这是1883年出使中国和日本的两个高丽官员所临时设计的，而到1948年才正式成为韩国的国旗。最后，我们看一看清华大学的校训"自强不息、厚德载物"，这也是我们的《易经》思想，这也被称之为乾坤之志。什么意思呢？从个人角度讲，这意味着我们要自强不息的奋斗成长；从个人对社会的角度讲，我们要全心辅佐、扎实奉献，这是清华学子要牢牢记住的，将来毕业之后要成才成德，服务于社会。《易经》里面这种对立统一的天地道德是我们中华民族生生不息的伟大力量。事实上，企业也是一样，不仅要考虑自己的赢利，同时也要考虑在自己赢利的同时，要给消费者带来好处，给社区带来好处，给环境带来好处，给国家和民族带来好处，这样我们整个社会才能真正的和谐。这样，我们的企业才能符合大道，才能与天地融为一体，才能经久不衰，才会有百年的企业。我们身边的《易经》思想，它看似高深，其实我们并不陌生，它就在我们身边。

"三易"原则是《易经》思想当中的第一块内容。第一，简易：天地自然规律原本简朴平易；第二，变易：事物变化、发展和自我否定；第三，不易：大自然有其必然倾向和规律。《易经》当中有一个智慧，就是世界当中、我们的宇宙、我们的人类社会都有一些不变的东西。总而言之，《易经》里面告诉我们大的智慧就是"变也不变、不变也变"。但是，不论变抑或不变，其中有一条原则就是简易。

首先看简易。"一阴一阳之谓道"，也就是说世界讲求和谐，而和谐就是最简单的东西。我最反对统一校服。大学统一校服也就算了，中学统一校服也就算了，幼儿园也统一校服。我认为幼儿园小孩，女生就应该天真烂漫，花枝招展的；男孩子就应该和女孩子穿的不一样。不仅如此，每个人穿的都应该不一样，这样才有个性。

而现在的学校认为那样才是好的管理，那样才是和谐，但我觉得这是错的。这是在泯灭人性、泯灭个性。那是最差的管理模式。我们《易经》里面是告诉我们要简易，但这种简易不是"一刀切"，而是简易之中有差异。另外，简易是当代资本主义生产方式的第一法宝。为什么这么说呢？我们举一个例子，就是泰罗的标准化。过去企业的工人、员工特别难管理。我们知道马克思最初批判的就是那些老板，带着鞭子在抽打工人，用这样的方式来管理工人。但是，这种方法非常笨，后来泰罗就发明了科学的管理主义，这个管理方法最重要的就是区分了计件工作者和计时工作者。这样一来就简单了，你不用管，你爱做就做，最后你做得多就得到多的报酬，做得少就得到少。这些都是我们《易经》的精髓，管理的大道至简。还有就是分工。为什么要分工？分工也是为了更加方便地生活，更加方便地为社会服务。做石油的做石油、做纺织的做纺织、做汽车的做汽车。甚至，做汽车的还要分，有的做发动机的、有的做主板的，都不一样。这样分工才能做好，才能做细，这样就便于管理。我们再看一个管理方法，叫做程式化管理。我们现在很多车间都程式化、公式化，一切都标准化了，这样也是"简易"原则的运用，越简单我们就越容易生产。我们以前用人工在做，现在用机器在做，用计算机来监控，这些都是在朝着简易的方向发展。这样就能提高生产效率。不仅如此，这种程式化的管理方法也可以降低交易成本。"乾以易知，坤以简能，易则易知，简则易从。"简单讲，我们制定一个规则、制定一个制度，这个制度复杂到所有人都看不懂，这个规则、制度还有用吗？如果这样，这个规则、制度就失去了它应有的作用。我们的科学实验，我们的秒表天平，都是为了让大家好操作。品牌的营销也是在朝着简易的方向发展，比如汽车，宝马、奔驰、奥迪，我们都能认得出来，看它的logo就行，以前不行，以前很复杂，要专业人士才能辨认，这里面就有一个简易的原则，就有一种简单的力量。我们看"海尔"，它的品牌名称经过几次变化，最开始它叫"青岛利勃海尔",然后是"琴岛利勃海尔""琴岛海尔",最后才是"海尔"。变成"海尔"就好记了,除此之外,还可以减少交易成本,比如你要做广告,印刷(前面的)那么多字,不是浪费吗?目前,我认为含义最好的一个品牌名称是"可口可乐",读起来朗朗上口、简单明了,与产品的特点相一致,因此,我们听一遍就能够记住。这就是简易。体现大道至简的还有,比如我们现在政府提倡一站式服务。为什么要提倡一站式服务?因为流程简单,简化,办事效率提高,这才是真正服务于群众。还有"傻瓜相机",以前"傻瓜"是一个贬义词,现在变成一个褒义词,凡是傻瓜都好用。麦当劳也是这样,麦当劳为什么能够走遍全球?最重要的一个字就是"简",它所有的程序简化,所有的程序快捷。我们广东有一个人很聪明,模仿麦当劳,做了"真功夫"。再看一个"喝水",我们以前喝水要拿水壶去装水,然后烧水,烧了以后还要用水壶装起来,然后再装到茶杯。现在有了纯净水,就方便得多了。这些例子,都是大道至简。还有符号化,我们在公共场合见到符号就知道什么意思,比如"no smoking"的标志,就代表此处不能吸烟,"no photo"是意思就表示此处不能照相,"parking"就表示此处可以停车,等等。

  第二,变易。变易,就是指任何事物都包含着对自我的否定。"没有夕阳产业,只有夕阳企业。"因为我们的市场在时刻发生变化,比如服装行业,20世纪80年代,无论男人、女人,当时都穿大喇叭裤,当时的审美就是裤脚越大越好,到了80年代末,无论男人、女人,全都穿踩脚裤,踩脚裤穿了紧身,这就是变化。因此,一个行业需要不断发展变化。

  最后,不易——不变。什么东西不变呢?道。"形而上者谓之道,形而下者谓之器,化而裁之谓之变。推而行之谓之通,举而措之天下之民,谓之事业。"在变化之中有一些不变的东西。《庄子》里面"庖丁解牛"的寓言故事。庖丁解牛为什么能够游刃有余?

就是因为他把握了道。对企业来讲，不变的是——任何企业赚钱之前首先要想到的是德，想到安人，这是企业的目标，这是不变的东西。变的是什么？变的是技术，要不断地更新。由此可见，《易经》的思想虽然博大精深，但我们只要把握好"三易"就行了，就能了解易经思想中的精髓。

李爱荣，广东财经大学法学院教授，硕士生导师。曾在行政机关和司法部门从事法律实践工作。现主要研究领域为财产权理论，在《法学》、《法制与社会发展》和《政治与法律》等法学核心杂志发表论文数十篇，出版专著两部，主编教材两部。

陆 孝与精神赡养

李爱荣

今天很高兴跟大家分享一个相对来说比较热门的话题，关于孝的话题。父母跟子女之间共处的关系大致有两种：第一，西方是一种单代的传递式，因此，西方人18岁以后，大致就要自己生活；第二，我们中国人不是这样的，我们是互补式的，就是我们抚养子女，子女长大之后要赡养父母，这是一个反向的关系。当你有了自己的工作，成立了自己的家庭，我们和父母之间的关系可能会出现一些张力。

我想问在座的同学一个问题：你们平均多长时间给父母打一个电话？刚才有的同学回答说一个星期一次，女同学可能会频繁一点，男同学可能会少一点。同学们给爸爸妈妈打电话，这也是孝顺的一种表现。孝是中国传统文化中非常重要的内容。从1919年五四运动以后，传统文化一直是处于一个负面的地位，打倒儒家店，废除古文实行白话文，废除繁体字实行简写文字等等，这些做法都是把传统的文化放在一个负面的位置。当然，这两年有所好转，国学有复苏的迹象。从清朝的灭亡一直到民国，再到中华人民共和国的成立，如果要找出一个在不同意识形态和价值观念之下都连续的传统，我觉得"孝"就是这样一个中华民族的优良传统。

我刚刚问大家一个星期给父母打多少次电话，这本来不是一个问题，但现在法律要求你要多打几个电话。现在有一个问题是：不给家里打电话违不违法呢？我们就来探讨一下这个问题。我们中国现在有很多法，我们在日常生活中很多事情都要跟法律打交道。比如，当你每天睁开眼睛打开水龙头的时候，你就在跟法律打交道，因为你使用自来水公司提供的水，你们之间存在供水合同关系，这就是法律。我们现在社会面临一个新的问题，随着社会的发展，中国人口老龄化问题非常严重，同时，由于市场经济的发展，人作为经济要素也参与流通，很多人离开自己的老家外出求学或工作，这样在农村和中西部地区就出现了很多"空巢老人"。2013 年 7 月 1 日，国家修改的《老年人权益保障法》里面有一条规定是子女要定期回家看望父母。当我们看到这个规定的时候，我们要思考的第一个问题是：为什么法律会关注这个事情？给父母打个电话也好，或者要不要回家过年，这些在我们看来都是小事情，但是法律现在为什么要关注这个问题呢？第二个问题是法律做这个规定以后，能不能实现它的目标？这个问题就涉及法律做出这样规定的目标究竟是什么？

我们今天的讲座就围绕着这两个问题展开。首先，《老年人权益保障法》是怎么规定的？其中有一条这样写到："与老人分开居住的家庭成员，应当看望或者问候老人。"还有一条是对用人单位的要求："用人单位应当按照国家有关规定保障赡养人探亲休假的权利。" 2013 年 7 月在江苏无锡发生这样一个案件。一个老太太有

陆 孝与精神赡养

一对儿女，有两套房子，她把一套给儿子，一套给女儿。当初在分房子的时候她要求和女儿一起住，不久以后双方发生矛盾，老人继而离开了女儿家，去了儿子家。自从离开女儿家后，女儿就一直没有看望她，没有理她，老太太很生气，和女儿的关系达到冰点。于是，老太太就到法院去起诉她。法院最后判定女儿承担老人的医疗费，还要求女儿看望她，至少每两个月要去看望问候她一次。这是《老年人权益保障法》出台以后第一个审理案件。其实，法律只是对社会现象一个很迟钝的反应，在社会发展以后，法律才会有一个反应。这种事情不是在今年法律修改以后才出现的，我们能看到更早的案件。2007年有一个案例和刚才讲的这个案例非常类似，我们关心的是2007年还没有出台实行《老年人权益保障法》，那么，当时的法院是怎么处理这种事情的呢？当时，法院进行了庭外调解（调解和判决都具有法律效力），调解结果是要求五个子女轮流到母亲家中照顾老人，每个人照顾一个月，如果不能做到的话，每人每月给予600元，这笔钱可以用来请人代为照顾母亲。这个判决和上面的判决不一样的地方在于：2007年的这个案例的调解结果是允许你用钱请人来代替你照顾母亲。大家想一想这意味着什么？接下来我们看第三个案件同样发生在2007年。和前面两个案件不同，这个案件特殊在：这个老太太每个月收入比她儿子高，她年纪比较大，有八十多岁，是新中国成立前参加工作的退休干部，她每个月有五六千元的退休金。她儿子是下岗工人，两口子的收入不到两千块。案件中的儿子也六十多岁了，因为他没有去看望母亲，所以母亲起诉到法院。法院考虑到母亲的收入比儿子夫妻都高，而且儿子还要养一个小孩，因此，法院要求老人不能向儿子索要生活费。老太太答应了，但是她要求儿子每个周四都要去看她，而且每次要4个小时。法院认为太苛刻了，改为每周两次，每次不少于一个小时。这个案例跟第一个案例的判决一样，完全没有涉及钱，这种判决在法律上我们称之为"精神赡养"。什么叫做精神赡养呢？包括定期看望老人，关心老人的生活。那么，这个东西怎么会上升到一个法律问题呢？在我们的印象中，一般认为赡养父母，就是给父母赡养费就行了，如果父母生活有困难的时候，我们应该要帮助他们。

刚才给大家看的法律条文是2013年颁布的，但是关于子女对父母的赡养是早有规定的。比如《婚姻法》就规定：子女要付给父母赡养费。刚才我在第二个案例中说了，如果我自己没有条件来照顾老人的时候，我可以给钱请人帮助照顾。另外，2013年以前也有《老年人权益保障法》，它里面关于"子女赡养父母"这一方面的规定是：子女要对老人有经济上的供养，生活上的照料以及精神上的慰藉。这样看来，以前的法律也有对精神上慰藉的规定，但为什么在2013年的时候还要对这个法律进一步修改呢？增加了"要定期看望老人"这样的内容。事情是有一个发展过程的。有一个更早期的案例。这个案例发生在广州芳村，时间是2002年。这个案件是父亲起诉儿子，要求儿子支付赡养费。这位父亲要求得更多，要求儿子给他打扫卫生、煮饭、洗衣服，同时要求儿子每个月打电话与自己谈心。老人当时跟妻子离婚了，跟儿子的关系很差，儿子根本不理他，于是，老人就起诉儿子。这个案例跟前面几个案例有类似性，但在2002年的时候，法院却把老人的起诉驳回了，不同意老人提出的打电话、谈心的要求。我们观察一下，就可以看到上面这四个案例法院处理的结果是有一个变化发展过程的。那么，我们要问为什么法律会做出这样的修改？为什么在面对类似案件的时候，法院会有那么不同的裁决？其中一个很重要的原因，就是我们国家人口老龄化的问题越来越严重。与此同时，我们面临的另外一个问题就是，现在老年人在经济上都没有很大的问题，他们不太需要子女在经济的照顾，而是需要精神上的关心。另外一个原因涉及国家层面，当社会上出现那么多老人的时候，这对国家来说也是一个很大的负担，国家必须要找人帮忙解决，那找谁帮忙解决呢？正好我们国家有儿女要孝敬父母的传统，于是，国家便把看望问候老

陆 孝与精神赡养

人这件事情从法律上进行规定。

对父母的孝包括"养"和"敬"两部分,"养"就是生活上的照料,"敬"是一种心理上对父母的态度。因此,你自己关心父母(直接给父母打电话)跟法律强制你关心父母(强制你给父母打电话)是完全不一样的。孝,有的人认为动物也会有,比如鸦有反哺之义、羊有跪乳之恩。有的人认为这是自然界的一种普遍的现象。其实世界这么大,并不是每一个地方都像我们中国这么强调孝这种德性的,有些地方甚至在人年老的时候,就会抛弃他们。比如,现在的人类学研究表明,过去爱斯基摩人就是这样的。爱斯基摩人在自己年纪大的时候,自己会主动或者会被别人带到偏远的地方去任其死亡。古代的日本也是这样的,一个人年纪大的时候会被送到山上去任其死亡。为什么这些地方不像中国一样那么强调孝?一个重要的原因是,传统的中国社会是一个农耕社会,古代并不像我们今天有天气预报这些科技可以预测天象,基本上是靠天吃饭的。因此,老年人的经验对于农耕社会来讲就特别重要。但是,像过去的爱斯基摩人古代日本人这样靠游牧、捕鱼为生,他们那种生产方式必须是流动的,老年人的地位就没那么重要,甚至成为部落生存的包袱。

在中国传统的农耕社会中,老年人的经验使他们拥有比较重要的地位,那么,孝这种德性为什么在传统社会中越来越重?我想这跟我们传统的统治又有关系。中国传统强调修身、齐家、治国、平天下,这个过程是连续的——从我自身为起点开始,先修身、然后齐家、然后治国、然后平天下。如果最开始对老人的重视,对孝的重视是和我们农业社会的生产方式有关系的话,那么,后来这种重视就跟政治挂起钩来了。有一句话叫:"夫孝,始于事亲,中于事君,终于立身。"显然,孝是有一个过程的。《孝经》里面更明显,它说:"资于事父以事母,而爱同;资于事父以事君,而敬同。"这里强调事父与事君是相同的,在我看来,"孝"是一个政治问题。

当然，早期它不一定是一个政治问题，我们孔子那里，孝是一种情感，是一种道德要求，所以《论语》说："孝弟也者，其为仁之本欤"。只是这个问题，不仅仅有一个道德的面向，它也有政治的一面，因为前面有"其为人也孝弟，而好犯上者，鲜矣；不好犯上，而好作乱者，未之有也。"只不过它可能更加侧重于个人的情感。在传统社会中，孝不仅要表现为养我们的父母，它一定还要有一个态度上的要求。《孝经》讲："孝子之事亲也，居则致其敬，养则致其乐，病则致其忧，丧则致其哀，祭则致其严，五者备矣，然后能事亲。"事亲，有一个态度上的要求——敬、乐、忧、哀、严。

接下来，我要讲的另一个问题是我们的传统社会是怎样来维持这个孝的？有一个很有名的故事，这个故事会有很多人引用。宰我是孔子的学生，这个学生孔子并不是特别喜欢，他向孔子问了一个三年之丧的问题。宰我问："三年之丧，期已久矣！君子三年不为礼，礼必坏，三年不为乐，乐必崩，旧谷既没，新谷既升，钻燧改火，期可已矣。"子曰："食夫稻，衣夫锦，于女安乎？"曰："安。女安！则为之！夫君子之居丧，食旨不甘，闻乐不乐，居处不安，故不为也。今女安，则为之！"宰我出。子曰："予之不仁也！子生三年，然后免于父母之怀。夫三年之丧，天下之通丧也。予也，有三年之爱于父母乎？"在中国传统社会中，长辈去世以后，晚辈要守孝三年，这个礼制就出于《论语》这个典故，因为孔子讲我们三年才能免于父母之怀，所以，父母去世了，你要为父母守孝三年。我们知道守丧的时候是有一系列要求的，比如说不能结婚、不能奏乐，当官的要丁忧，回家守孝。于是，宰我就质疑孔子说，如果三年不习礼的话，这个礼就会变得陌生了，这样子也不好。孔子只说了一句话"你心安吗？"宰我居然毫不客气地说：我心安。孔子听了之后很生气，于是说："如果你心安，那你就去做吧。"当宰我出去的时候，孔子就跟身边的弟子说宰我真的是一个不仁的人。如果说孝在传统社会中的重要位置是因为它的

陆　孝与精神赡养

政治地位和社会地位，同时它既包括养，也包括敬。那么，它是靠什么来执行的？在孔子那个时代，这是靠心安、靠自律来执行的。这就不能保证它是有效的，因为像宰我那样的人，这种自律就不能起作用。

孝在传统社会中主要是靠礼来维持的。法律是一种规则，这种规则是我们需要去遵守的，它告诉我们该做什么，不该做什么。传统社会有另外一种规则——礼。从外延上看，礼所涵括的内容要比法律宽泛得多。我现在把礼讲成一种规则，这其实是一种简化，我认为礼至少有三个方面的内容。第一，它是一种规则，它告诉我们怎么做，比如父母在我们小时候，就教我们见了长辈要打招呼，吃饭的时候不能说话，吃饭不能有声音等等。第二，礼是一种制度，北京有天坛、地坛，这就是一种祭祀的制度。第三，它还是一种价值观念。礼作为一种规则，也是一种行为。法律也是只管行为，不管思想。礼作为一种规则，它对人的行为进行约束，那么，它是怎么帮助孝的实现？这就要通过习礼。我们中国人跟外国人有一个区别，外国人基本上都是用名字来称呼人的，小孩长大以后可以直呼父母、岳父岳母、公公婆婆、叔叔阿姨的名字，中国就不行。中国人认为，我们是生活在一种人伦关系之中，我们每个人并不是一个孤零零的个体，我们处于一种人伦社会关系网中。用费孝通的语言说，就是我们传统的社会像一颗石头扔到水里去，以个人为中心，一个石头扔到水里去的时候会形成一些同心圆，越中心的同心圆越深，然后慢慢地往外散去，越来越淡。我们传统社会的组织是以个人为中心而形成一种亲密的关系，圈子里面的人关系很密切，圈子之外的人关系很松散，是有亲疏关系的。过去在家族里面对长辈的称呼，是一个小孩必经的训练。当我称呼爷爷叔叔的时候，他们是长辈，地位比我高很多，当我称呼哥哥弟弟的时候，我们是平辈，那么，我们处理问题就会简单很多。不同的称呼会有不同的处理方式和态度。中国传统社会是一个礼制社会，它历来很重视这一点。我们日常生活还有很多礼，这就需要我们从小不断习礼，最后使礼成为我们身体的一部分，这就像孔子所说的"从心所欲不逾矩"的情况。这时，礼虽然是一种外在的规范，但是它已经跟我的内心融为一体，成为我生命的一部分，那么，我们在待人处事上面也会像《庄子》里面所讲的庖丁那样游刃有余，这是习礼的最高境界。古代是通过习礼来促进孝的实现的，来实现一种道德上的提高。礼虽然作为一种规范，它相对于我们的德性来讲，虽然也是外在的，但是它和法律相比较，毕竟不是那么强制的规范，如果有人不遵循礼仪的时候，该怎么办呢？

这个时候就需要法了。当礼实现不了的时候，法是怎么来保证实现呢？它规定了子孙对家长，对长辈要尽的一些绝对的义务。所谓绝对义务就是不能够改变，必须要这样做的，才是义务。另外，它又规定了一些制度化的安排。面对整个复杂的社会，法律把所有复杂的社会现象归结成两类：人身和财产。人身主要是限制你的自由，我们大家最熟悉的刑法方面的规定，服刑、关监狱，或者是死刑，死刑就是把你的生命剥夺了；另外还有一个方面就是财产。传统的法律大致是通过这两个方面来进行制度化的安排。中国古代的法律有一个最大的特点，就是同样的行为，比如长辈打伤了晚辈，跟晚辈打伤长辈，判刑是不一样的。因为过去审判刑狱的时候必须先定下尊卑，然后再判断曲直，所以在这种时候，长辈相对于晚辈就有一种优势的地位。例如，以前的法律禁止寡妇再嫁。如果寡妇再嫁的话，那么，她所有的财产，包括她丈夫的财产，都要留给她的夫家。这个法律本来是为了限制寡妇再嫁的，但是在实际生活中，却又促进了寡妇再嫁。因为很多寡妇丈夫的叔伯兄弟为了得到这笔财产，他们会逼这个寡妇出嫁。为了把这个寡妇赶出去，这些叔伯兄弟甚至会找个理由杀死寡妇的孩子。难道他们不需要承担责任吗？他们需要承担责任，但是这种

陆 孝与精神赡养

责任会很轻,他们会有一些借口,比如会说这个寡妇的小孩(晚辈)对他(长辈)不敬,或者这个小孩先动手打了他,这样对他的判罚可能会很轻。中国古代的法律专门有几条来规定晚辈对长辈不敬的行为。第一个是子孙违反教令的情况,就是长辈说的话晚辈没有听。如果长辈生气的话,那是可以直接告到官府的,官府可以不进行任何审判,就以长辈所说的内容为准,所以,长辈(父母)的权威是绝对不可以动摇的。第二个是供养有缺,那就是不养父母了。另外,还有跟丧礼有关的,比如居丧生子、居丧嫁娶、居丧作乐这些都是不被允许的。律法通过这些规定给父母树立一个绝对的权威——你不能不敬,不敢不敬。这就比我们现在法律所规定的精神上的慰藉,比如经常看望,要严格很多。

除了人身以外,还有财产。对于财产方面的内容,主要表现就是在分家之前,所有的财物都是属于整个家族所共有的。老舍的《四世同堂》,里面四代人住在一起,因为他们没有分家,所以,每个人心里面都在打着小算盘。过去的法律是不允许子孙私下用财的,也就是说,如果你的父母、爷爷奶奶、长辈在的时候,你要花钱的时候必须向他们请示,你不能随便花的。你会看到很多人类学家所写的书,比如林耀华所写的《金翼》,它就描述福建这样一个家族的发展过程,基本上财产是以家庭为单位进行划分的。此外,除了不能私下用财之外,子孙还不能别财异居。所谓别财异居就是分家。只要父母不同意的话就不能分家。甚至有法律严格要求,父母还健在的时候,就不能分家。那么,古代的律法通过对人身、财产这两个方面的规定,就把长辈放在一个主动和权威的位置。因此,在传统社会中,这个孝的问题,也不仅仅是一个道德问题,它既需要礼来支撑,同时也需要法来支撑。

那么,传统社会的法对于孝的规定,跟我们现在的法律规定的精神赡养,子女要给父母生活上的照料,精神上的慰藉,我们要看看它们的区别是什么?现在法律规定不跟父母居住在一起的子女要定期去看望父母，子女要给父母精神上的慰藉和生活上的照料。它的规定都是一种主动的"我要去做……"。广州芳村的那个案件中，它跟其他案件的不同在于法院没有支持原告的要求。当时，《南方都市报》就做过专门的讨论，也采访了这个法院的法官，这个法官就提出一点，他说这个老人要求他的孩子定期给他打电话、谈心、洗衣服、打扫卫生、做饭，法官说这个东西我很难执行。为什么执行不了？他说，假设他儿子不给他打电话，难道我能找法警押着他打电话吗？即使法警押着他打电话，电话拨通了，他不说话，难道我要逼迫他说话吗？有的人说你可以罚钱。假设他的儿子拿出钱来，拿这笔钱去请保姆来照顾他，如果是这样做的话，它就不叫敬了，也就违背了法律的本意——经常看望老人，或者生活上的照料，精神上的慰藉。那么，现在的法律规定你主动去做一些行为，这和不允许你做一件行为是不同的。我们看传统社会，虽然孝有很高的社会地位和政治地位，但是，法律并没有规定说子女必须如何去敬父母，比如要定期去帮父母打扫卫生，它是从反面来进行规定——你不得干什么，这是用一个禁止的行为来强迫你去孝顺父母。我们知道强迫一个人不做什么往往比要求一个人去做什么要相对容易一点。从这个角度来看，我个人感觉，传统法律的规定比我们现在法律的规定更加高明一点，因为它这样规定是可以做到的，是很容易执行到的——我不是逼迫你去看望父母，我是通过人身和财产这两个方面来约束你，让你必须这样做。为什么我们现在法律不能按照传统法律那样去做？其中有一个很重要的原因，就是我们的条件变化了。过去子孙违反教令，长辈去告他，官府不需要审理就可以认定子孙的罪行。但是，这种做法不符合我们现在法院的开庭程序，任何一个案件在没有经过法院判决之前，这个人都是无罪的，因此，我们现在的法律是不可能这样规定的。另外，过去规定不能擅用私财，不能别财异居。但是，对现在的社会来讲，每个人到了18岁以后

陆　孝与精神赡养

就是一个独立的主体，比如，如果在座的同学，你的父母现在不给你交学费，不给你生活费的话，那么，你是不能够到法院去起诉你父母的，你是必须要自己解决的。现在的法律强调的是一个独立的人格，当你年满18周岁，就是一个成年人，你就要对你自己的行为负责。另外，过去的法律所强调的是义务，义务是一种必须，是一种消极的东西，我们强调父慈子孝，父应该慈、子应该孝，这是说他应该要有这种义务的，你不做这件事情的时候，你就要受到处罚；现在法律的规定侧重的不是一种义务，而是一种权利，我们现在人的权利观念很强。最后，就是社会变化了，我们现在已经不是农耕时代，每个人从出生到去世并不像过去一样基本固定在一个地方，今天社会流动性非常大，这也导致我们的社会关系发生变化。因此，尽管从效果上来看，传统的法律从反面来规定，会比现在的法律更高明一些，可是现在条件不具备了，我们就不能再做出像过去法律那样的规定。

冯达文，中山大学哲学系教授，博士生导师。曾任中山大学学术委员会委员，中山大学中国哲学研究所、中山大学比较宗教研究所首任所长，现任中国哲学史学会会长，广东禅文化研究会会长，中宣部和教育部"马克思主义理论研究和建设工程·中国哲学史教材编写组"首席专家，国际儒学联合会理事，中国宗教学会理事。

柒 禅宗六祖慧能的思想与信仰

冯达文

对中国思想文化影响非常深的有三大学派：一个是儒家，以孔子为代表；一个是道家，以老子为代表；还有一个是中国化的佛教——禅宗，以慧能为代表。中国人常常把他们称为中国的三大圣人。在这三大圣人中，孔子的思想一贯都受到重视，历代王朝的统治者都要对孔子的思想加以弘扬。如果我们有时间去山东曲阜，就会看到"三孔"——就是孔府、孔庙和孔林。儒家思想虽然在20世纪受到一定的冲击，但是"三孔"并没有被破坏。到20世纪80年代以后，儒家又重新回归到古典思想文化的核心。老子的思想在20世纪90年代以后也受到重视，比如以中国台湾著名学者陈鼓应先生为代表，当时他和道教界的学者联合起来，办了一个《道家文化研究》辑刊，这在国际上也非常有影响。但是，老子是谁？老子的家乡在哪里？这些问题在历史上一直是有争论的。关于老子的出生地现在有两种说法：一种是说老子出生在河南鹿邑，另一种说在安徽亳州。其实，这两个地方在古代同属一个州，只是我们现在才分成两个省。慧能是我们广东新兴人，新兴以前叫新州。其实，慧能的思想在世界上的影响可能比孔子和老子还要大，这是因为慧能是佛教的背景。以孔子为代表的儒家思想在20世纪末经过一批台湾学者的推动，在国际上才获得重视。老子的影响是因为跟道教相联系，道教作为中国一个土生土长的宗教，国外研究中国古代的思想和宗教的时候都不能够忽视道教，所以道教倒是比较早成为国际的显学。然而，慧能所开创的禅宗很早就传到国外去，在海外已经有比较大的影响，比如对韩国、日本的影响就非常大。现在，台湾很多佛教大的宗教派别基本上都是在禅宗的基础上形成的。我2005年去台湾法鼓山参加开山大典，大典的主持人是圣严法师，他是从日本留学回来的。当时，我看到漫山遍野都是信徒，心中非常感慨。虽然禅宗在海外有很大的影响，但是在国内的影响却没有那么大，我们目前并没有很好地将其思想加以研讨和发挥。我们广东虽然开了好几次禅宗思想的研讨会，新兴的县政府还把慧能出生的那个镇改名为六祖镇，但是总体上来讲，还是没有能够很好地凝聚起一股研究和提升禅宗思想的力量。实际上，缔造中国思想文化，塑造中国国民性都离不开对儒家、道家和禅宗思想的研究。

那么，儒家思想的影响在哪里呢？或者，它的核心价值在哪里呢？它的核心价值是从人的情感出发，从人的良知出发，它认为人都是有情感的（比如亲亲之情），都是有同情心、有恻隐之心的，这是人的良知。如果把我们每个人的良知开掘出来，推广出去，那么，我们就会成为一个好人，社会就会成为一个好的社会。这是儒家的理想。道家则跟儒家有所区别。它从对社会与文化的反省入手。道家认为，我们尽管可以相信人的本性是善的，但是人很可能经受不住外界的各种诱惑而堕落，甚至这不仅是少部分人的堕落，而且是社会大多数人的堕落，这种堕落引发了社会的争夺和动荡。

柒 禅宗六祖慧能的思想与信仰

道家就是从这里出发，就是从这个地方反省而切入。面对这种社会的激烈争夺，面对人与人之间的残害，还有各种阴谋的计算，道家强调，我们要尽量减少欲望，通过减少欲望，我们会回归到一个平静的、恬淡的生活状况。通过这种方式，我们能够建构一个秩序比较良好的社会形态。这是道家所追求的理想。在某种意义上，佛教（禅宗）和道家思想是非常接近的。佛教的创始人释迦牟尼在菩提树下悟道，他觉悟到什么呢？他觉悟到人世间充满争夺，人生因而是苦的，这是对社会与文化的反省。这个"苦"如何解决呢？释迦牟尼也强调人不要有那么多的欲望，在这一点上，它跟道教是非常靠近的。道家强调人欲望的减少，心灵的净化，是通过人的自觉来实现的，而佛教的背后则有一个信仰的维度，如果你的欲望过度张扬，那么你一定会和人家发生很多争夺，一定会犯下很多罪过，如果你的罪过不能获得救赎，那么你下一生会有报应，这就是佛教讲的"善有善报恶有恶报"。只有你减少欲望，提升道德，你下一生才能有好的报应，甚至最后还能够修证成佛。也就是说，道家和佛教它们对人生的反省是相同的，但是道家会强调人应该自觉地减少欲望，而佛教则是通过信仰来支撑它的解脱追求。这是儒家、道家和佛教各自的核心思想大体如此。

　　慧能六祖所开创的禅宗，就是沿着释迦牟尼所奠定的思想信仰来开展的。慧能是唐代初年的人物，他父亲原来在范阳做官，后来由于犯了过错，也可能是大族之间的争斗，就被贬到新州这个地方。慧能是在新州出生的。但是出生不久，他的父亲就去世了，家里的生活很艰难。年轻的时候，慧能是靠打柴来维持家中的生计。有一次卖柴的时候，他在一个店铺里面听到有人在诵读《金刚经》，很可能是听到"应无所住而生其心"一句的时候，恍然有悟。"应无所住而生其心"是《金刚经》中的核心思想。所谓"应无所住"就是你会碰到很多现象，好的、坏的、美的、丑的现象，当你碰到各种现象的时候，你的意念不要停留在某一个现象上，比如看到好的东西就一定要得到它，看到不好的东西一定要排斥它。你不要把你的意念停留在某点上。停住在某点上，意味着你是有执着的，你是有追求的，这时，你就会引发出某种喜欢的或者讨厌的心理，你的烦恼也会随之增加，各种争夺就会产生，人也就会因此而堕落。只有当你的意念不停住在任一现象上，你才会回归清净之境，生起清净本心。慧能对《金刚经》所感悟之后，决定继续学习佛法。于是，他安排好自己母亲的生活，先去韶关拜访当时佛教的一些大德，然后，去湖北的黄梅修炼自己的佛道。他刚到黄梅，就去拜见禅宗的五祖弘忍法师。弘忍法师说："汝是岭南人，又是獦獠，若为堪作佛？"法师的意思是说，你这个岭南粗野的人也能够修成佛道吗？慧能反应极快，他说："人即有南北，佛性即无南北。獦獠身与和尚身不同，佛性有何差别？"弘忍法师听到他这个回答，非常赞赏。但是，弘忍法师还是没有帮他剃度，让他出家，而只是让他做行者，在寺里做一些杂活，舂米挑水打柴什么的。八个月后，弘忍自己觉得年纪大了，想要把自己的衣钵往下传，于是就叫他的弟子们每人做一首偈，看看他们的悟性如何，以便就把衣钵传给悟性最高的人。当时众弟子都看好大师兄神秀，但是神秀并不是非常自信，他想了很久才做出一首偈，而且他不敢公开说是他自己的，只是把它偷偷写在墙上，这首偈的内文是："身是菩提树，心如明镜台。时时勤拂拭，勿使惹尘埃。"据说慧能是不识字的，但许多学者认为他其实是识字的，不过禅宗的传统是不立文字，以心传心，就是通过心心相印的方式来传授佛法，不一定要写在纸上。当时慧能听到有人在朗读与赞赏神秀的这首偈，他觉得神秀并未入门，于是，他自己作了一首并请别人帮他把自己的偈语写在墙上，这首偈语的内容是："菩提本无树，明镜亦非台。佛性常清净（或作"本来无一物"），何处惹尘埃。"从慧能的这首诗我们可以看到他的悟性非常高。因为神秀的偈语处处都落在"有"上，而慧能的偈语是处处落在"无"上，所以他的悟性比神秀要高一层。而且，神秀讲

柒 禅宗六祖慧能的思想与信仰

"时时勤拂拭",这是一种渐修功夫,就是说要通过每时每刻的刻苦修习才能达到内心的清净,才能成佛。而慧能则讲"佛性本清净",哪里还有尘埃呢?所以五祖弘忍一看到慧能这首偈语就知道慧能已经悟道了。但是,佛教徒内部其实也有很多功利的争夺,弘忍法师很怕慧能会受到神秀一派的迫害,于是用自己的鞋子把慧能写在墙上的偈语擦掉,然后叫慧能半夜三更时分到自己房间,他给慧能讲了一遍金刚经,向他传法,并将衣钵悄悄传给慧能,并叫他连夜返回南方。慧能回到广东后不敢露面,他在四会一带跟猎人一起生活了16年(也有说只有3年),16年后,有一次他到光孝寺(当时叫法性寺)听佛法,当时有些听佛法的弟子看到风吹而旗动,他们就争论到底是风动还是旗动,在人群之中的慧能说是"仁者的心动"。印宗法师一听,就认为这个人可能就是接受了弘忍法师衣钵的传人。印宗法师后来为慧能剃度,慧能才正式成为出家人开始传播佛法。他一生传播佛法主要是在韶关的南华寺。

　　慧能传播的佛法主要创新点是什么呢?主要是两点,第一点是明确认定我们的心性本来就是佛性,所以只要我们明心见性,自然就能自成佛道,不需要向外求取。这个观点我们称之为佛性论。另一点是如何进行修持,慧能认为修持的方法就是做到"无念"。所谓"无念",也就是念念不住。那么,这两点为什么会成为慧能传播佛法的创新点?这两个创新点在佛教的发展史上有什么意义呢?这个问题还是要回到释迦牟尼所创立的佛教的基本思想中来。

　　释迦牟尼在创立佛法的时候,最初悟到的初转法轮,就是"四谛"说。"四谛"就是四种真谛:第一是苦谛,它讲人生是苦的;第二是集谛,它讲苦的来源;第三是灭谛,就是讲解脱的归宿在哪里;第四是道谛,是讲如何才能获得解脱。后来,释迦牟尼在传播他的思想信仰时候,把四谛思想展开而发展为十二因缘说。所谓十二因缘就是人生过程的十二个环节,这十二个环节是什么呢?一、无明,二、行,三、识,四、名色,五、六入,六、触,七、受,八、爱,九、取,十、有,十一、生,十二、老死。

第一个环节是"无明",无明就是指各种贪嗔痴。贪就是贪婪,嗔就是对达不到目的产生的怨恨,痴就是对事物错误的认识或颠倒的认识。一个人有贪嗔痴,就会影响他的行为,这就是第二个环节"行"。行又具体表现为身口意三业:"身"就是身体的各种欲望,"口"就是指的说话时的各种污言秽语,"意"就是指各种贪婪的意念。身口意这三业积淀下来,会留下痕迹,这就叫做"业力",这种"业"会有一种潜在力,就好像种子一样潜藏在第三环节"识"之中。无明和行都是前生的事情,前生有无明就会带来各种行为,这各种行为就会留下业力,这个业力就像种子那样储存在"识"那里。"识"相当于灵魂。这个灵魂会进入今生。从"识"到"名色"到"六入"到"触"到"受"这五个环节就是今生的五果,无明和行则是前生的二因。名色是今生的坏胎(进入母亲的怀抱),色是讲肉体的构成,名是讲精神的构成。名色这精神和肉体结构就在母胎里面形成,在母胎里面的名色就一步发育成六入,六入就是眼、耳、鼻、舌、身、意六种感觉器官和认识机能,它们是在胚胎里面一步步发育而成的。眼、耳、鼻、舌、身是接受外在信息的各种器官,意是把这些信息整理起来的思维的器官。婴儿出生以后开始接触外界,这是"触"。接触外界以后就会有各种各样的感受,这就是"受",这种感受大体上可以分为苦的感受、乐的感受、不苦不乐的感受,这些都是前生决定的。也就是说,从识到受这五支作为今生有什么样的状况,都是由前生决定的。接下来是爱和取这两支,我们前生带来的各种状况,应该以什么样的态度去对待它们,这就是爱和取两支的问题。在爱和取两支里面讲的是今生这个"我"的主观意念。今生这个我如果对前生带来的各种状况,比如说对好的状况,你拼命地执着;对不好的状况,你拼命地拒绝或者对它们产生各种愤恨,这些就是爱、取这两支在生发出来的各种主观意念。当然,如果你生起了好的意念,那么你下一生就会有好的报应;但是如果你生起恶的意念，那么你下一生就会有更恶的报应。"有"则是预示着下一生会有什么样的果报，所以"有"也分了三层：如果你在爱、取两支中做得好，那么你就有可能到达一个更高的境界；如果你做得很不好，你就会跌落到最低的境界，比如说堕落到欲界（那很可能是"地狱"了）；如果你落到"色界"，那就是人；如果落到"无色界"，那就是天神了。这就带来了来生的问题。爱取有三支是今生的三个原因，这其实就相当于前生的无明和行。由爱取有三支作为原因，就带来下一生的生和老死的问题。因此，这十二因缘说实际上讲的是三世轮回报应说，这是佛教的基本思想。也有把十二因缘说称为二重因果报应说：因为无明和行是前生的二因，识到受是今生的五果，爱到有是今生的三因，生和老死是来生的二果。这是释迦牟尼所创立的佛教的基本信仰。

后来的佛教也都是沿着这个十二因缘说来展开的。大乘佛教有一个派别叫空宗，这个空宗一派主要讨论的是：什么是无明？它的一个核心观念就是缘起性空。凡是由因缘和合而发生的东西，都是自己不能决定的，所以它的本性是空的，这个空不是什么都没有，而是说它不能自主，不能决定自己。实际上缘起性空讲的就是无我的问题。但是，按照大乘空宗所讲的，凡是源起的都是性空的，那么十二因缘说也是讲缘起的，它是不是也是空的？所以，如果按照这个说法，十二因缘说也是不成立的。过分强调缘起性空会令有些人对于佛教信仰本身产生怀疑，所以到公元4世纪的时候，就形成大乘佛教另外一个派别——有宗。有宗集中讨论：识是什么？唯识宗的主题是万法唯识。它认为我们面对的是有的世界，面对的还是各种各样的人生，所以我们不能够说什么都空，问题在于我们怎么解释我们面对的世界，怎么解释各种各样不同的人生，这就是万法唯识所要处理的问题。有宗把出现的所有现象都归结到识那里去，认为这所有的现象其实都是由识、由我们的灵魂带出来的。因此，大乘有宗我们也称为唯识宗。唯识学在我们中国传播的主要是玄奘法师，也就是《西游记》里面的唐三藏。他去印度求法，主要就是要搞清楚唯识学是怎么回事。实际上，唯识学是讨论我们的心理问题：我们都有各种各样的心理，我们的心理都出现各种各样的难题，我们在面对各种各样的难题的时候应该如何对治。唯识学是讨论这个问题的。所以，这个唯识学跟心理治疗的关系非常密切。很多做心理治疗的心灵治疗师都会将唯识学作为一个辅助的手段。但是，识是什么？如果识是由无明和行引发的，无明是贪嗔痴，这是恶的，由无明所引发的行，身口意也一定是恶的，然后这个恶的业力或者种子进入识，进入我们的灵魂，这就意味着我们的灵魂在根性上就是恶的。如果我们的前生，或者我们的再前生，它的根性是恶的，那么，我们如何能够修证成佛呢？依这样的看法，我们就没有自信心，就没有自救的力量了，这是一个难题。面对这个难题，就产生了大乘有宗的另外一个派别——佛性论。

佛性论的含义就是说我们的根性，我们的本性其实不是恶的，而是善的。这是通过确认我们的本性是善的，也就是说我们的前生，我们的再前生都是善的，那么进入识的种子，我们的灵魂也是善的，我们今生成佛才有便具有可能性。如何证明我们的根性是善的呢？也还是要从无明这个地方说起。你为什么能够认定这样做就是无明，这样做就是贪嗔痴呢？这是因为当你在作出这种判断的时候，你内在的根性中已经有一个明觉，这样你才能够判定这样做是错误的，因此，无明的背后其实有明觉。佛教就从无明转到明觉上来了，这样的转换使佛性论和孔子创立的儒学思想非常接近。明代有一个非常出名的例子，说一个官员抓到一个强盗，在审判他的时候，这个官员问强盗说，你怎么可以把别人辛辛苦苦赚的钱都抢走了，你的良心过得去吗？这个强盗辩称，日子都过不下去了，这个年代谁还讲良心啊？当时天气很热，这个强盗问能不能脱衣服，这个官员说可以。这个强盗开始脱衣服，但最后剩下一条裤衩他没有脱，那个官员就问：你为什么不把裤衩也脱了呢？这个强盗冲口而

柒 禅宗六祖慧能的思想与信仰

出：这样不太好吧。官员当下指点说：你能够说不太好，就表明你这个人还有做人的良知，你还有羞耻感。从这个例子也可以看出，无明（强盗就是无明）背后其实还有一个明觉，只是他没有觉察。佛性论这样一转，就是确认我们的根底其实是可以成佛的，因此，我们应该有自信心，我们应该发起善心来做好事。因为我们的根底是一个明觉，所以我们前生带给我们的其实是一个好的东西，佛性论把识到受这五支，都看成是正因佛性。如果你的根底是佛性，在爱、取这两支里面，你很贪婪或者很自我，那么，你还是会遮蔽你原本就有的佛性的。

接下来的问题是，爱取两支是什么呢？今生那个"我"的主观面是什么呢？这就是慧能所回答的问题。在六祖慧能看来，今生带着肉身的这个"我"其实也具足本觉性：就是说，不只是前生留给我们的根性是一个佛性，其实我们今生也是能够自觉去做好事做好人，自觉地去修成佛道的。把本心本性认作佛性；而佛性，一方面是指的"本来无一物"的那种"空性"，另一方面又是指的可以完全靠个人去"悟空"的那种本觉性。"空性"和"悟空"性是每个人本心本性本来具足的。因此，每个人可以靠自心自性修自度证成佛道。这是慧能对佛教思想的一个大的推进，因为有这一推进，慧能让佛教为更多、更广泛的中国人所接受。因为中国人思想的根底是儒家的性善论，慧能实际上也把佛教的性恶论改成性善论。当然慧能与儒家也有不同，儒家的性善论是讲现实人性，而慧能的性善论则是有一个信仰的维度——三世轮回报应说在背后支撑的。无论如何，他这样的改变就使得我们成佛有一个内在的根据，我们可以有充分的自尊、自信，而使得自己通过自身的努力去修证成佛。这是慧能对佛教思想发展的最重要的一点，也可以说是慧能对佛教的革命。

但是，何以能够证明我们的根底是佛性的呢？慧能所说的佛性指的是本心的"空性"，因为本心是空的，因而是清净的。所以又可以清净性指心说性。我们看人一生的过程，小孩的时候是很单纯的，没有过多的欲望，没有过多的追求。我们很多欲望，很多追求实际上是后天才有的。比如，一个人小的时候看到别的小孩吃的比自己好，穿的比自己好，自己的欲望就生起来了，自己的烦恼就开始多了，自己的清净就变少了；再长大一点，看到别人的女朋友比自己的漂亮，自己也烦恼了，自己内心的清净就又少了；结了婚以后，看到别人的房子，别人的车辆比自己更好，自己的烦恼又增加了，甚至还生起了争夺的心理，这样自己的清净就越来越少。由此可见，我们原先的本性是清净的，烦恼是后来加进来的。有一个朋友从印度回来，说在印度新德里的高速公路上，竟然有大车、小车、牛车、马车一起开上去，半个小时的路程结果走了六个小时都没有走完。问题还不在这里，问题在于每个开车的、赶车的都是闲悠悠的，一点也不紧张，因为今生做不完的事，来生还可以做，所以急什么呢？他有来生的希望，就不会被今生的烦恼所折磨。我们看到现在城市里很多人，虽然钱多了，住的也不错了，但是烦恼却很多。还有一条网络笑话冒充农民的口吻，问城里人到底想干什么：我们刚刚住上楼房，你们说要去住草棚了；我们刚刚吃上肉了，你们要去吃野菜了；我们刚刚娶上老婆，你们说要单身了。为什么城里人会这样想？因为烦恼太多了。所以，想回归清净、追求安宁，甚至要回到简单生活，这是我们人的内在本性使然啊！慧能就是从这个角度揭示人的本性就是佛性。

虽然人有这样一个清净本性和回归清净的追求，但是，人很多时候又不得不面对现实的。人在面对现实的时候，必然会遇到各种善的、恶的、好的、坏的状况，那我们怎么办？这就是慧能所讲的，在工夫上我们要做到无念，念念不住。一个人不可能没有念头，没有意念，因为外界的信息反射进来，你一定会有印象，就像有东西从镜子前面掠过一样，肯定会被镜子照到的。一个人如果没有念头，这个人就等于死了，所以不能要求没有念头，而在于有了念头以后怎么办？这就是慧能所讲的工夫上要念念不住——你不要停留在某个念头上面，看到好的东西一定要得到它，看到不好的一定要拒绝它，这已经起念了。一个人如果动心起念就有问题了。回到十二因缘去看念念不住，那就是说，如果我们今生有一个好的处境，出生在富贵人家，可以过很好的生活，其实是前生带给你的，不要以为就是你自己的，然后尽情地挥霍、享受。如果执实是自己的，这就是起念，这种恶的念头会带到下一生，下一生就会有不好的报应。反过来讲，今生有不好的处境，不好的遭遇，你也不要有一种憎恨的心理，甚至还要用各种各样不同的手段去报复这个社会和他人，这也是起念了，这样做带到下一生，就会有更加糟糕的处境。这就是慧能为什么要强调无念——念念不住的修习功夫背后的信仰依据。既然修习的方法是念念不住，慧能认为修习不一定要到寺庙里去，在家里也可以，通过这样的修习，排除外在世界对内在心性的骚扰，就可以回归清净的精神境界，可以修成佛道。

如果我们暂时没有感悟到三世轮回说的那种灵性，还没有体验到前生、今生和来世的问题，那么禅宗慧能这种学说，还有没有意义？我认为有意义。我们不妨再回到它的缘起性空说。其实，缘起性空说不一定要强调三世轮回的问题。所谓缘起是什么呢？缘起就是条件，我们所以成为这个样子，我们所以有这样的境遇，其实都是因缘和合的结果，是由各种条件造成的。这就包括父母、亲戚对你的关爱，也包括社会为你创造的条件，还有包括大自然提供的生存处境。一个人之所以有这样那样的处境，都跟周围的环境有非常密切的关系。我想年轻化的幸福感可能比我们那个年代要强一点。我们读书的时候，艰苦到不得了。我们生活在那个时代，是没有办法选择的。生活在这个时代，这就是你们的幸运。这就是条件，就是因缘。所有的东西都是因缘和合发生的。性空说就可以提醒人们你不要过分的自我。因为你的境况是外界条件给你提供的，所以你不要以为所有东西都是你的，生起过分自我的执着。恰恰相反，我们应该对给予我们各种生存条件，给我们创造这些条件的人、社会、环境有一种敬畏和感恩。这一点其实是佛教和儒家都强调的。比如，我们如果有这么好的生存环境，依佛教我们就需要对前辈的付出给予努力的敬畏和感恩；即使我们有一个不好的处境，我们对来生负责，也要去努力，去改变，使来生有更好的境遇。因此，我们不要因为条件好，就过分地享受；不要因为条件不好，就过分地憎恨。至于儒家所讲的敬畏和感恩，那就更清楚。父母对我们每个人的关爱，这是我们能够生存和成长的基本条件，我们对父母的敬畏和感恩是我们每个人应该做的。我们每个人吃的用的住的行的每一样东西，都离不开社会和他人的付出，因之对社会和他人也应该持有敬畏和感恩。至于对大自然的敬畏和感恩，现代人似乎十分缺失。近代西方思想的传入，让很多人认为大自然的结构是我们人可以创造的，是我们人可以随意改变的，我们对大自然的敬畏和感恩就缺少了。事实上，我们人这个族群，之所以能够成为这个样子，用儒家的话来讲，大自然把我们创造成为最聪明、最有智慧的一个族群，那是大自然对我们的恩惠。大自然不仅把我们创造出来，而且年复一年生长出各种东西来供养我们，这也是大自然对我们的恩惠。我们怎么能够不敬畏和感恩大自然呢？我去年在北京跟一个科学家对话的时候，我代表人文的立场，他代表科学的立场。当时，我就讲到中国古人对大自然的敬畏和感恩是因为我们这个族群是离不开大自然的，我们虽然可以改变大自然的某些东西，但是我们的整个机体、我们的样子是大自然创造的，我们永远都摆脱不了大自然，因此，我们要敬畏和感恩。这个科学家不仅没有反对我的观点，而且还举了个例子来支撑我的观点。他说，他们请了美国一个研究癌症的科学家来做学术报告，这个科学家说癌症其实不是什么病，要知道我们人类这个机体是旧石器时代形成的，没有太大变化，而我们今天所面对的自然界和旧石器时代已经非常不一样。我们的机

柒 禅宗六祖慧能的思想与信仰

体没有办法和大自然相协调,因此,就有各种各样的绝症。我们把外在的自然世界改变得越厉害,我们的生存条件就越恶劣。所以,佛教讲因缘和合,我们这个机体就是因缘和合而成的,我们这个族群就是因缘和合而成的,而现在因缘都不"和合"了,那么我们还能生存吗?因此,人要维持自己的生存,不仅要对亲人,还要对社会、他人、对大自然都要有一种敬畏和感恩。我不是要让大家成为佛教徒,而是希望能够提升我们的心灵境界,让我们的孩子们将来走出社会,不要过分地为权力和欲望所困扰,能够以"空"以"无"的精神把权力与欲望的过分追求化去,使自己保持心灵的一份纯真,并对父母、社会、他人、自然世界承担更多的责任,做出更多贡献。这样,无论是认信佛教,还是推崇儒家,提倡道家,都是有价值的。在这个意义上说,我无疑鼓励大家学一点中国古典的思想和学问。

冯焕珍，哲学博士，中山大学哲学系教授，广东禅文化研究会副会长、广东古琴研究会副会长。研究领域主要为中国佛教，尤重隋唐时代的地论、华严和禅学，兼及琴学研究，主要著作有《回归本觉——净影寺慧远的真识心缘起思想研究》，点校《楞伽经心印》、《楞严经直指》（后者与普明法师合作），译著有《中国净土思想的黎明》（与宋婕合译）、《顿与渐》（与龚隽等合译），主编有《岭南琴学丛书》三种（与宋婕联合主编）等。

捌 佛教的因果观及其对净化世道人心的意义

冯焕珍

最近中国大陆有两件非常热门的新闻，同学们知道是哪两件事吗？对了，一是3月8日马来西亚航班失联事件，二是大陆演员文章婚外情事件。我们先不谈马航事件，就聊聊最近更热门的文章事件。我想先请同学们回答以下几个小问题。

问：如果你是马伊琍，你会如何对待文章？你怎么继续书写这篇"文章"？这个问题先请一位女同学来回答。

答：如果文章悔改的话，就原谅他。

问：谢谢。那我再请一位男同学来回答：如果你是文章，现在你会怎么做？

答：我会很内疚，觉得对不起自己的妻子和家人，会尽力去弥补过错，多关心妻子，关心家庭，痛改前非，降低这件事给她们带来的伤害。

问：谢谢。还有一个问题，如果你是文章的老师，你又会如何去帮他渡过这个难关？

答：会跟文章说一下婚外情的坏处。

这几位同学回答得相当不错，至少都站在了正理上，我作为老师感到很欣慰，这说明你们学校开办了数年的"国学讲坛"很有成效，说不定在其他学校提问，大学生们的回答未必有这种效果。这并不是我在贬低其他大学的学子，而是我们的大学教育中，这种人文教育还普遍缺失，至少不够深入。

当然，这里还有个问题，尽管我们在理上的认识对了，但在现实中往往未必能够按正理来走，或多或少地会背道而驰。这是什么原因呢？我们人的行为，根本上源自意志的动力，这种动力如果没有得到很好的调顺，是很难在健康道路上前进的。就像一匹没驯服的野马，就算让它在康庄大道上跑都不容易，如果想让这匹野马为我们服务，比如说载人运货，那就更难了。这种动力或力量是什么？我们一般称之为意志力或生命力。当它泛滥起来的时候，比洪水猛兽还厉害，这跟一个人的社会地位有多高、名气有多大、学历有多高，都没有太大的关系。由此可知，文章犯那样的过错是很正常的，而社会媒体大肆炒作、渲染这件事情，我认为是现代人的悲哀。

下面我们就看看佛教的因果包含了哪些解决这类问题的智慧吧。

首先，佛教认为因果是事实而不是理论。就是有因必有果，有果必有因。我认为这句话是对这个世界真相的如实反映，为了强调它如实地反映了宇宙、人生的真相，我说它不是一种理论，而是一个事实。反映事实的因果理论很多，有日常经验表达的因果理论，

捌 佛教的因果观及其对净化世道人心的意义

有科学表达的因果理论，还有哲学表达的因果理论等。在诸多的因果理论中，佛教的因果理论是非常有特色的。它的特色在于哪里呢？

佛教经典《杂阿含经》说："此有故彼有，此起故彼起；此无故彼无，此灭故彼灭。"这个偈颂很好地表达了佛教的因果观，这里的"此"指因，"彼"就是果，"此有故彼有"，就是说有了相应的因就有相应的果，相应的因起来了，相应的果就起来了。反之，如果相应的因灭失了，相应的果也就没有了。我们先看看它与日常经验和科学因果理论的异同。佛教与日常经验、科学的因果观都有一个共同性，即它们都是基于直觉、经验观察得到的因果理论。但它们又有巨大的不同，佛教的因果观是通过修习禅定获得智慧时，刹那间对宇宙人产生整体领悟的结果，具体说是释迦牟尼佛经过长期的定慧（禅定与智慧）修行，对宇宙人生真相豁然开朗后，才说出了这句偈语，如同黑暗忽得一盏明灯照破，眼前一片光明；而日常经验的因果观没有精神世界这种豁然开朗的体验和表征，科学因果观一般情况下也没有，它本质上是在日常经验基础上借助仪器去观察和检验各种现象、事物的关联所得出的因果结论。佛教的因果观与哲学的因果观也有巨大差异，哲学的因果观最根本的建立方式是逻辑的运作方式，是通过逻辑思维去观察和总结宇宙人生有什么因果关系，然后按照人们能够接受的方式表达出来（所谓符合逻辑）。具体说，这种因果观是在主体和客体二元对立的关系上建立起来的。当然，佛教认为日常经验与科学的因果观也是在主客体二元对立的世界观上建立起来的。所谓主客二元对立，即以我为认识主体，与我相对者为客体，主体认识客体，客体被主体认识，这就是相对而立的主客二元。凡是借助这种基础与模式观察宇宙人生所得的因果观，都是二元对立的因果观。通过逻辑、理论的方式表达出来，就是哲学的因果观；通过科学实验、科学论证的方式表达出来，就是科学的因果观；

通过日常经验、日常语言的方式表达出来就是日常经验的因果观。在这一点上，佛教与这三种因果观有着本质的不同。

佛教的因果观是佛陀对宇宙人生真相有豁然开朗的直觉观照后才说出的，因为佛陀认为人的心灵只有产生了这种质的变化，才能够从日常经验、科学和哲学的因果观里面翻转出来。翻转到哪里去呢？由主客体二元对立的基础翻转到非主客体二元对立的基础，也就是打破了我认识世界、世界被我认识这种观念，体知到世界上根本没有主体和客体的区分，只存在自己见自己的本性，见世界的本性也就是见自己的本性。而且，不管是说见世界的本性，还是见自己的本性，都没有一个能见的主体和被见的对象，这就是佛教所说的不二世界观，与二元对立的世界观有着本质的不同。这就是佛教因果观的基础。

基于这个本质的区别，佛教在讲因果问题的时候，不是截取大千世界中两个有亲密关系的甲和乙来研究它们之间的因果关系，或者再增加一些其他的因果要素来研究这种关系。佛教把任何两个事物的因果关系都放到大千世界这个无限世界中去观察。同时，也把两个事物的因果放到无始无终的时间河流里去观察，所以其基本内容是：大千世界在空间上是一个环环相扣又同时相依的无限因果网络，在时间上是一个刹那生灭又不断相续的无限时间河流。这种因果关系，其空间维度可用互联网做比喻：在同一时刻的互联网上，只要一个环节出了问题，其他环节上的互联网也变了样子，更不用说你的主机出了问题。至于其时间维度，则可用河流来做比喻：河水刹那之间就流走了，如同因果刹那生灭。古希腊的一个哲学家说，人不能两次踏进同一条河流，如果依佛教的因果观说，人甚至一次也无法踏入同一条河流，因为你踏进的河流永远不是你脑袋里想踏进的那条河流，或者说你总是踏进脑袋中想象的那条河流，而现实中的河流则是永远抓不住的。同时，这样一条河流又是不断相续的：我们虽然不能踏入这条河流，但它明明就在我们眼前川流不息，没

捌 佛教的因果观及其对净化世道人心的意义

有断过。

佛教之所以有这样的因果思想，还因为它与其他因果观要达到的目的不一样。科学研究因果，是为了从科学的角度看清世界的真相，借助这些因果关系来改变世界、改变生活。比如我们通过科学因果观发现了核裂变所产生的能量，既可用于造原子弹，也可用于建核电站，它带给世界和人类生活的改变未必是好的。哲学的因果观是从哲学的角度，用逻辑思维建立起来的一种关于宇宙人生的因果理论，这种理论包括本体论、知识论、伦理学等，它有助于却不一定能指导人们的生活，因为理论对生活发挥指导作用的前提是有操作性，而哲学理论都没有什么操作性。那佛教建立起这个基本的因果思想是要干什么呢？它是要告诉我们，人类、动物的世界，乃至山川、草木、瓦石的世界，它们在空间上是环环相扣、同时相依的。比如一个黑板擦不在我们所在的这个教室里了，这个世界也就不是我们现在这个世界了，因为没有了这个黑板擦的因果。同时要很清楚，从时间上看，我们即使跟无量劫以前的事物也不是完全没有关系，因为我们正是从无量劫以来刹那生灭、不断相续的因果流中变来的。

佛教为什么将其因果观的要害落到这一点上呢？因为它要使每一个人将这种因果观落实到修行中去：既然我们每个人在空间、时间上谁也离不开谁，我们都有密切关系，那就要慎重对待这种关系。这就是佛教所谓缘分。依佛教的说法，缘分有善缘、恶缘、非善非恶缘，我们要结什么缘呢？一个人未开悟时，要多结善缘，但觉悟之后，要去所有的世界度众生，这就不能光结善缘，非善非恶乃至恶缘都要结。由此可知，佛教讲因果观，既不是像科学一样研究世界、改变生活，也不是像哲学一样从某个哲学家的眼光出发去说明他如何看待这个世界，并将其看法表达成一套系统的理论，佛教因果观是切实地为安顿人的精神服务的思想。由于没有经过修行的人很难明了佛教的因果观，因此，佛教往往会告诫人们：对于自己不知道的东西千万不要随便说它不存在，因为存在而不被我们知道的东西很多，这不是世界有多微妙，而是我们没有开发出智慧；要想开发出智慧，就要按照佛陀所教导的方法去修行。

其次，佛教认为在因果过程中，事物的能量是守恒的。能量守恒是物理学的一条基本原理，但我们不要以为只有物理学家才知道这个真理，其实佛陀早就说出了这个真理。《大宝积经》里有句话就这么说："假使经百劫，所作业不亡，因缘会遇时，果报还自受。"业就是活动的意思，人只要一活动就有一种力量，从活动带来的力量叫业力。这个业力是因，他要通过因果循环的方式转化出相应的果，才算完成了自己的任务。言下之意是，只要这个活动所产生的力还没显现为相应的果，它就会永远地继续下去，而且它转化为果之后并未消亡，只是以另外一种方式继续延续下去，故说"假使经百劫，所作业不亡"。如何理解后半偈呢？这是说当业力遇到了适合的条件，也就是遇到了适合的因缘，就会产生相应的结果。所谓"果报还自受"，是指因是果的因，果是因的果。举例说，我多呼出几口气，你多呼出几口气，好像对这个世界没什么影响，因为我们肉眼看不见自己呼出的二氧化碳，但我们实际上已经加入令全球气候变暖的行列。按佛教的因果观，并不是说只有工业革命、工厂，才是臭氧洞越来越大、人类生活环境恶化的罪魁祸首，实际上我们每个人都在造业，我们每个人都有责任。这样，我们写文章骂别人时就要很小心，就要反问一句：我有没有造这个业？能想到这点，我们就不会那么轻狂、那么肆无忌惮地指责别人的过错，不会批评时眼里只有别人，表扬时眼里只有自己。有人可能会说：我不制造条件让这因生成果不就可以了？事实上没有这种情况，任何业一定会遇上它的因缘并结果。比如我们对银行或别人的钱起了贪念，当这个贪念在心里逐渐累积，其力量强大到不贪都不行的程度，这时就算机缘不成熟也会制造条件去满足这个贪念。这就是贪念所产生的业力，这个业力最终会演化为偷窃银行柜员机或骗取他人钱财这

捌 佛教的因果观及其对净化世道人心的意义

个果。

由于有些业的报应比较慢，有些业的报应不是在同一事物身上，有些人就觉得佛教所讲的因果观有问题。比如有些人说：我们看到有的贪官，不但没有遭到报应，甚至活得很好，自己很高寿，家庭很和睦。这个问题如何认识呢？佛教说，因果是很微细的，如果我们只是在很粗显的层面上观察，就看不到微细、全面的因果。还是以贪官为例。一般人认为，只有贪官进了牢房或丢了性命才叫得到报应。诚然，这法律层面的制裁也是报应，但却是最浅显的报应，佛教说的报应还有两个更深层的层面：一是道德层面，二是内心层面。佛教认为，法律是道德在维持公共秩序方面的体现，是维护整个社会发展的刚性规范，它只是道德的一部分，一个人的生活世界不仅有法律层面，还有道德与内心层面。从这个意义上说，有些人虽然逃脱了法律制裁，但是他却会被知情人所鄙视，因为他的行为不符合人类的公共道德规范。更深的层面是当事人内心因造业带来的种种煎熬。比如，一个贪官贪污受贿后，他的内心整日忧心忡忡、担惊受怕，已经不能恢复到以前的安宁状态，这种内心的挣扎是最难受的煎熬。

同时，佛教也不在善恶二元对立的二分法中机械地看待因果报应问题。这是很重要的。为什么这样讲呢？佛教说，一个人的心念在没有觉悟前转变是很快的，有时是善念，有时是恶念，贪嗔痴的念头刹那间就已千回百转。因此，一个人到底是善是恶，在没有悟道之前是很难定性的，他善念多就多行善，或者说当他能够保持善念时就行善了；相反，如果他起了一个恶念，将此一念维持下去也就行恶了。未悟道的人的一生——用佛教的话来说还不止一生，所谓三世因果——不管身体、语言还是心理，都是善恶浑然一体的综合体。既然如此，因果报应其实也是一个善恶综合体。譬如有些人不理解贪官怎么还那么高寿，佛教说这是由于他过去曾较好地持守了不杀生的戒律，这是他今生得长寿的因；他现在贪污钱财则是他以后得到相应恶报的因，只是这些恶报现在还没有显现出来而已。一般人等不及，觉得非在此时此世报出来才叫报应，才有这样的误解。

佛教说因果报应有很多的方式和差异，时间上的差异有现报、生报、后报之别。例如，如果一个人杀了人，他很快被公安机关逮住，这就是现报。生报是指在人的下一世当中显现的果报。比如一个大家庭有五六个孩子，有的喜欢音乐，有的喜欢哲学，有的喜欢安静，有的喜欢热闹，西方说这是天赋差异，佛教说这是他前世积攒的因不一样所带来的不同果报。后报则是指来生之后才现前的报应。这种果报，共业的报应比较容易体会，比如家庭的兴衰、环境的污染等。而别业的报应就不容易体会，比如佛陀经常说他过去生中做过老虎、仙人、婆罗门等，佛教徒认为真实不虚，一般人则以为谬悠荒诞。

在因果报应问题上，佛教认为总的原理是"善有善报，恶有恶报，不是不报，时候未到"。同时，善恶报应都是在人的生命这个善恶综合体上体现出来，善也在其身上报，恶也在其身上报，是综合的报应。很多人不明白这点，就会怀疑佛教讲的因果平等、因果报应思想，乃至认为整个因果观都有问题。

再次，佛教认为在因果过程中，能量是在变易中存在的。佛教有个偈语说："欲知前世因，今生受者是；欲知来世果，今生作者是。"这个偈语的前半偈讲过去的因果，它告诉我们要坦然接受现在的自己，坦然接受自己过去的因所带来的果。比如，有的人不满自己出生在贫困而不是富贵的地区和家庭，佛教说这是由我们自己前世所造的因决定的，对此觉得自卑是没有看到事实，因为这不是自己这辈子造业的结果；同时，因为这是我们自己的业力带来的果报，我们不能怨天尤人，需要勇敢承担；我们还不能责怪自己，因为后悔没用，只能坦然接受。

"欲知来世果，今生作者是"则讲未来的因果。佛教说我们要想得到某个果，就得种下相应的因，而且这个因必须是我们所处时地的法律和道德所允许的，如果法律不允许，会受法律制裁，不能积累这个因；如果道德不允许，周围的人都不合作，甚至给我们拆台，我们内心备受煎熬，也不能积累这个因，因此，要合情合理合法。在这个前提下，佛教不反对我们追求任何生活。譬如，有人说我想下辈子投生到富贵人家，过饭来张口衣来伸手的日子；有人说我其他都不要，只想这一生拥有更多财富；有人说我不在乎一生占有，只希望一朝拥有。这些追求佛教都不反对，但会认为层次太浅，也没有多少智慧，因为任何荣华富贵都会像云烟一样转眼即逝。我们看过电视剧《三国演义》，都知道该剧主题曲有一句"是非成败转头空"，这是一般人所认识的变化。如果从佛教来看，是非成败不是转头空，是当下即空，如珠江水一样，想抓都抓不住。所以佛教认为，不能把自己的幸福生活建立在这些会变灭的东西基础上，而应该去寻求让自己永远幸福快乐的基础——缘起性空的智慧。

第四，佛教认为因果的实质是缘起性空。什么叫缘起性空？前面已讲，大千世界在空间上是一个环环相扣、同时相依的无限空间网络，在时间上是一个刹那生灭、不断相续的无限时间河流。这缘起缘灭的过程告诉我们什么呢？告诉我们世界上的万事万物，都是不可能被人拥有或占有的，甚至你起了个去抓住它的念头都已经错了。在这样一个因果网络和时间河流中，我们不要对任何一个东西起贪念，也不要对任何一个东西起嗔心。如果我们起了贪念，我们的心当下就沉重了，起嗔心也一样。只有没有这两种负面情绪的心才是宁静的，只有内心的宁静才是真正的快乐。

由此可知，佛教讲万法在缘起缘灭的事实，根本用意是要告诉我们，面对这个川流不息、相依共存的世界，我们要平等对待任何一个人和事物，既不能贪，也不能嗔。如果贪，我们就不能平等对待贪爱对象之外的人和事；如果嗔，我们也不能用平等心对待我们嗔恨的对象。如果这样，我们就没法见到世界的真相，因为人在情绪化的状态下所看到的东西是一种幻觉。因此,佛教经典《中论》中说:"以有空义故,一切法得成;若无空义者,一切法不成。"

最后,佛教认为世道人心系于当下一念。这是重点。不起贪念、不起嗔念,应该怎样去做呢?佛教认为,世道人心系于众生当下一念。当下一念是怎样的状况?有如下四种情况:

(一)不信因果,莽荡遭殃。意思是说,如果一个人不信因果报应,言行莽撞,不受节制,容易遭受祸害。比如有关知识告诉我们,照明用电的电压是 220 伏,人的手直接摸上去会被电死,如果我不信,偏要去摸,结果当然不会因为我勇敢而有所改变。

(二)不空因果,苦乐交参。相信因果,是不是就快乐了呢?不见得。我们回到文章出轨事件上来看,他现在向公众公布忏悔信、承认错误、接受现实,他相信因果、接受因果,但他快乐了吗?如果不知因果本空,会觉得因是实实在在的,果也是实实在在的,那他心里的压力真如千钧般沉重。比如说他现在觉得自己犯错对不起妻子,也承认错误了,但面对着家人、社会以及将来的日子,他当下的身心一点都不轻松。有的人甚至会被这种重担压垮。我在报纸上看到,有个三口之家的女儿某天在学校里跳楼自杀了,母亲受不了,也跟着跳了下去。这就是不能观察到因果空性的结果。他们的女儿在学校品学兼优,作为家长非常欣慰和快乐,一直以女儿为自豪,现在学校突然来通知说女儿坠楼了,怎么受得了?马上乐极生悲。他们这种由喜到悲的转变是非常迅速的,落差也是非常巨大的,因为他们从来没有意识到女儿不是他们的私有物品,更加意识不到女儿是根本抓不住的,甚至还想通过女儿实现自己未曾实现的希望,所以,他们根本无法承受现在这个结局。

(三)不落因果,个人安乐。什么叫不落因果?这不是说我们的身体不在因果之中,而是说我们的心不受因果链条的压迫,这才叫不落因果。大千世界都在因果链条中,差别只在于以一颗什么样的心在这链条上生活,如果将自己的心实实在在绑在因果链上，对方的心也如此，则对方的苦乐带着你的苦乐，你的苦乐也带着对方的苦乐，最后是一苦俱苦、一乐俱乐。不落因果的人，虽然他的身体仍然在因果链条中，由于他已经观察到因果本空、本不可得，他的心再也不会被伤害了。譬如前面那个例子，若果母亲知道她抓住女儿、拥有女儿的念头只是一种妄想，肯定不会因为自己的女儿跳楼而自杀。不仅如此，她的内心还会始终处于解脱和自在状态。有人会指责，这还有做母亲的样子吗？这不是草木瓦石吗？如果我们这样评价佛教的解脱与自在，那就太不了解佛教，还没进佛教的门。这可从两个层面分析，从事实上讲，一个生命失去了，又搭上另一个生命，那家里剩下来的那个人怎么办？岂不是更加痛苦，更加孤独无依？我记得有次到寺院里拜访云门宗第十三代禅师佛源老和尚，听他开示说："高兴也这么过，伤心也这么过，为什么一定要伤心呢？"佛教说这是愚蠢的，故反对人们这么做。从佛教提倡的真理看，佛教所谓解脱与自在，不是六亲不认，不是不知痛痒，而是通过观察因果的事实与性质（空性），从种种虚妄不实的幻觉和不健康的情感中超越出来，达到再也不会为人间的任何喜怒哀乐所束缚的境界，就是佛教所谓的悟道。

（四）不昧因果，社会和谐。不昧因果就是对因果清清楚楚，社会和谐则是借助因果来帮助别人。这个境界比前一个境界更高，它不但自己明白了因果的真相，而且满怀慈悲心，持续在大千世界中将饱受煎熬的凡夫救度出来。由此，造业的人越来越少了，烦恼的人越来越少了，世间的冲突越来越少了，我们的社会就越来越和谐了。

雷静，哲学博士，华南农业大学人文与法学学院哲学系副主任，学术专长为中国哲学。

玖 《般若波罗蜜多心经》与人生智慧

雷 静

今天非常高兴能跟大家一起来分享中国历史上最著名的经典之一《心经》。《心经》在中国是一个是妇孺皆知、耳熟能详的佛教的经典。虽然《心经》的字数很少，篇幅很短，但是它的义理非常难懂，它是大乘佛法里面的心法，是佛教的上乘经典。按照信仰者的说法，《心经》是一部有消灾解难效力的经典。传说当年唐三藏西天取经的时候，一路上历经千难万苦，就是靠《心经》的力量来支撑他的，所以《心经》在佛教徒看来是一部至高无上的经典。

我们一起来读一下《心经》的原文："观自在菩萨，行深般若波罗蜜多时，照见五蕴皆空，度一切苦厄。舍利子，色不异空，空不异色，色即是空，空即是色，受想行识，亦复如是。舍利子，是诸法空相，不生不灭，不垢不净，不增不减。是故空中无色，无受想行识，无眼耳鼻舌身意，无色声香味触法，无眼界，乃至无意识界，无无明，亦无无明尽，乃至无老死，亦无老死尽。无苦集灭道，无智亦无得。以无所得故。菩提萨埵，依般若波罗蜜多故，心无挂碍。无挂碍故，无有恐怖，远离颠倒梦想，究竟涅槃。三世诸佛，依般若波罗蜜多故，得阿耨多罗三藐三菩提。故知般若波罗蜜多，是大神咒，是大明咒，是无上咒，是无等等咒，能除一切苦，真实不虚。故说般若波罗蜜多咒，即说咒曰：揭谛揭谛，波罗揭谛，波罗僧揭谛，菩提萨婆诃。"念《心经》，这是有真实不虚的福报，因为它可以让我们的心灵清净。

《心经》的全称是《摩诃般若波罗蜜多心经》，俗称《心经》，它是从600卷《大般若经》中摘选出来的，是影响最大的佛经之一，跟它关联在一起的观自在菩萨，也是我们平时所说的观世音菩萨。按照《悲华经·受记品》的讲法：菩萨是在远古因地修行时期，因发大悲誓愿而蒙宝藏如来授记："善男子，汝观天人及三恶道一切众生，生大悲心，欲断众生诸烦恼故，欲令众生住安乐故，善男子，今当字汝，为观世音。"这段话非常感人。"远古"并不是我们人类的始古时期，因为按照佛教当中的讲法，在我们人类出现以前已经有其他世界出现过，但总之是很古远的年代。如来就是佛陀。佛教认为，佛陀其实不止一个，宝藏如来只是其中的一位，我们所说的释迦牟尼佛只是我们这个娑婆世界的佛，也就是我们这个人类世界的佛。"善男子"就是善良的男子的意思。"三恶道"就是畜生道、饿鬼道和地狱道。宝藏如来说观自在菩萨观察上天下地所有众生的苦，而生出大悲心。悲是什么意思呢？悲就是悲悯的意思。众生的苦其实是有根源，我们一切的苦皆来自烦恼。因为，要断灭众生的苦就是要断灭众生的烦恼，而令众生住安乐，获得解脱，所以给他起了一个名字"观世音"，这就是他法号的由来。我们娑婆世界的佛陀释迦牟尼佛多次演说观世音菩萨与娑婆世界的因缘。其实，最直接的是佛在《地藏经》当中说：你与娑婆世界有一大因缘，所有天龙、鬼神乃至六道中的苦难众生。若能闻你名号，或见你形象，或

玖 《般若波罗蜜多心经》与人生智慧

敬仰赞叹你,这些众生必生于无上道,且必获不转退心,常生人道或天界,享受安乐,等到因缘成熟时,会遇佛授记,他日必将成佛的。当然,崇拜、敬仰和赞叹观自在菩萨只是悟道解脱的一个缘分、一个起因而已。多么伟大的道路都是从一个微末的源头开始的,此生不行则来世可以,这是在世事轮转过程中所能完成的。

下面,我们先看看观世音菩萨的法像(见图1),它叫做"十一面观自在菩萨"。

图1 十一面观自在菩萨摩诃萨

这幅法像并不是画家想象出来的,这幅法像就是菩萨的真实样子,是菩萨的标准像。

有什么证据呢?实际上,这个形象是得道高僧在禅定功夫当中所见的,而且每个人见到的都是一样的,确实是如临其境,见到了菩萨的真身,所以这幅法像就是观世音菩萨真实的样子。大家仔细观察一下,他是有胡须的,这就可以说明他是男子,前面宝藏如来授记的时候也说到他是"善男子"。下面这个法像(见图2),这是千手千眼观自在菩萨,这我们民间所见的菩萨女身的样子,这是一个慈眉善目、端庄的女像。

菩萨既可以是男身又可以是女身,他为什么可以有这么多形象呢?菩萨有三十二应身,三十二应就是有三十二种变化,也就是观世音菩萨是根据不同人的苦难、需求而化作不同的身来解救众生。他有的时候是佛,有的时候是神仙(也就是我们讲的天人),

有的时候是罗汉，有的时候是男人，有的时候是女人，有的时候是官员，有的时候是在家的居士等等。为什么要变这么多样子呢？这是有一个原理，这个原理就是"众生应以何身得度者，菩萨即现何身而为说法。"这就是随缘救度，根据不同的情况而变身为不同的样子。它没有一个关于现象的执着，它并不执着于男身还是女身，因此，它可以随意在这个身中变化。当然，现在我们看寺庙里面所供奉的观世音菩萨的法像都是女身，这是南宋以后逐渐形成的。

图 2　千手千眼观自在菩萨

我们说《心经》这部经典之所以能够流传这么广，影响这么大，被我们中国人口口传颂至今，有一个人是功不可没的，这个人就是玄奘。这是玄奘法师的塑像（见图3），

这也是他的标准像，他涅槃后的头盖骨被分成很多份当成舍利供奉，现在流传下来的只有天灵盖部分，他的天灵盖又被分了很多份，现在大陆保存最完整的是在南京的一个寺庙里面，但是平时都不拿出来的。现在放在玄奘纪念堂里面给我们看的只是一个仿造的影骨，它不是真骨，真正的收藏起来了。这只是其中一部分，那么还有一部分在日本。因为日本人是信佛的，当年日本侵华，占领南京的时候，掘地三尺，最后找到了玄奘的遗骨，他们把其中的一部分带到日本去了。后来，日本人又把他们的那一部分分了一些给台

湾，因此，现在有三个地方保存有玄奘法师的遗骨，分别是大陆、日本和中国台湾。

玄奘法师不仅仅翻译了《心经》，现存的大部分佛教经典都是他翻译的。他去印度取经的经历被改编成了神话小说"西天取经"，但是玄奘并不是第一个去印度取经的人，在他之前的南北朝时期就已经有了。佛教是东汉的时候传入中国的，刚开始是由印度的佛教僧侣传进来的，后来中国的高僧认为

图3 唐三藏法师玄奘

传过来的佛经数量太少，因此，就陆续有人直接去印度取经，学习佛法。那么，为什么那些在玄奘之前的高僧没有在历史上留名呢？一个是因为取回来的佛经数量比较少，另外一个是跟个人的功夫和境界相关，在所有去印度取经的人当中，玄奘法师的佛学成就是最高的。玄奘法师不是简单地用白马把佛经驮回来，他是一个研究者和实践者。他把经典学会了以后，再把它们翻译成汉语。这样那些不懂梵语的中国人才能读懂佛经。翻译是一个很艰难的工作。翻译佛经最重要的是要懂得这个佛经讲的是什么，不然是翻译不出来的。玄奘当时翻译的文字是最难的古梵文。梵文分现代的和古代的，能够懂得一点点古梵文都是很了不起的。现在看来，玄奘翻译的本子是最准确的。他的翻译有一个特点就是直译。直译就是逐字逐句的译，不是意译。在他之前也有人翻译佛经，比如鸠摩罗什。鸠摩罗什是西域印度的高僧，他翻译的策略是意译，就是把佛经的大意翻译出来。玄奘的语言功底很深，他用的是直译，这是非常严谨的。今天汉传佛教的成就之所以能够这么高，很大程度上是因为在他的

基础上前进的。另外，我们知道玄奘是唯识宗的宗师，我们刚才讲《心经》是心法，而唯识是跟心法相关的，它研究我们人的心脑之间的关系，探讨思维的规律，也就是智慧的工作原理。我们可以看到，玄奘法师对于佛教在中国的发展起到一个非常重要的作用。

玄奘法师的智慧非常高。当年他在印度学习佛法的时候，因为印度不是一个统一的国家，大概是由十几个大大小小的国家组成，其中有五个最大的国家，当时这五个最大的国家包括国王以及3000多位高僧和外道（外道就是佛教以外的宗派，比如印度教、婆罗门教）一起来跟玄奘辩论佛法，但是大家都说不过他。当时，有一个外道很猖狂，他在玄奘当时留学的那烂陀寺外面贴了一个纸条，那个纸条上面写了五十多问题，他放出话说：如果玄奘能够把这五十多条都一一辩倒，我就把头送给你。玄奘本来不想和他辩论，但是那个外道一直在外面吵吵闹闹，最后实在没办法他就到门口，一下子就把上面的五十多条问题解决了。那个人当场就要自杀，玄奘就对他说，你不要自杀。他说，不行，我一定要自杀。玄奘说，你不要死，如果你实在想把头送给我，那还不如把人送给我，你做我的仆人吧。后来有一天，玄奘又跟一个外道辩论，他对里面有些义理搞不太清楚，因为他毕竟不是专门研究这个外道理论的，他是研究佛教的，所以，他就来向他的仆人请教，他说，你对义理了解得很清楚，请你教我。那个仆人很恐慌地说，以前你都把我辩倒了，现在你怎么还来向我请教，我实在是不敢当。玄奘说，这没有什么，这个是我不懂的，但是你懂，我就要向你请教。后来，那个仆人就告诉了玄奘，玄奘懂了以后，为了表示感谢，就恢复了他的自由身。当时大家都称赞玄奘法师是一个品德高尚、心胸磊落、智慧高明的人。玄奘是唐太宗和唐高宗两个时代的国师，他取经回到长安以后，唐太宗一度想要他还俗，因为唐太宗觉得他智慧很高，什么事情都能看得透彻，想让他入朝为官，玄奘法师坚辞得免，他说，他一生的志愿就是翻译佛经，弘扬佛法，他"愿得毕身行道,以报国恩"。玄奘最开始译经的时候是在长安的弘福寺,后来是在慈恩寺,再后来他又把他请来的经书和佛像藏在了大雁塔,大雁塔是慈恩寺里面专门为他建造的一个藏书楼。这大致上是玄奘法师的生平。

玄奘法师为什么又被叫做三藏法师?藏是什么意思?藏就是指非常多的经典。什么是"三藏"?三藏是经藏、律藏和论藏。如果你通晓其中某一藏就很了不得了。经藏就是很精通经典本身,属于经部。律藏这个"律"是我们常说律仪、律法,就是佛教这个团体生活的行为准则,属于律部。我们民国时期有一个传奇式的人物李叔同,也就是弘一法师,他写过一首脍炙人口的歌《送别》,他就是律宗的宗师。论藏是对于佛典的经义进行一个议论,把它理论化、组织化、系统化。如果能够在这三藏当中的哪一藏成为大宗师,那都是非常了不起的,比如弘一法师他就是通晓律藏这一块的,但是很少有人三藏都精通的。玄奘法师之前的鸠摩罗什大师,智者大师,杜顺和尚,印顺大师等都是通晓三藏的,但是玄奘法师的成就最大,影响最深。每部他带回来翻译的经书都标有"大唐三藏法师玄奘奉诏译",这好像我们今天的防伪标签,打上这个标签的经书都是他翻译的。

我们要学习《心经》就要了解一些佛教的道理,这里给大家介绍两本书。其中,一部是《佛法要论》,它是讲解佛法当中最核心的法理,这是民国到新中国成立后我们佛教界公认的一位通宗通教而且是有实证实修的大阿阇黎——冯达庵大阿阇黎所撰写的。为什么要找这样的书来看呢?因为只有已经有实证实修并且已经是亲证阿耨多罗三藐三菩提这样的大德写的书才是可信的,人家已经证到了那个境界。既想跟我们的实践生活相结合,又想通过一两句话或者一两个纲领来了解佛学和大乘佛法的话,那么可以看冯达庵大阿阇黎的嫡传弟子杨佛兴大阿阇黎的《一乘法要》,这个是通俗易懂的。而且杨佛兴大阿阇黎也是实证实修,亲证境界的。不仅如此,他在国际上享有盛誉，英国的剑桥大学开心理学研讨会的时候，就专门从大陆请他过去。研究心理学为什么要请一个佛教的大德过去呢？因为研究心理现象是佛教的本行，佛教研究人的思维活动的原理比心理学研究的现象要宽泛得多、深入得多。

我们现在进入《心经》本身。我们先来看一下什么是般若波罗蜜多？般若是智慧的意思，波罗蜜多是到彼岸的意思，所以合起来说，般若波罗蜜多就是到彼岸的智慧。到彼岸的智慧，其实是所谓的超脱凡情系缚的智慧。我们先来看看此岸和彼岸。此岸就是我们的现实人生。人的生活受思想意识的支配，这个此岸的本质就是我们凡夫俗子不能脱离的思想意识。那么彼岸是什么呢？彼岸就是脱离意识。要脱离此岸这个苦海，就是要脱离这个根源，这就是要脱离意识，脱离意识以后显示出来的是"妙观察智"。但是从此岸到彼岸是不容易的，它必须要下苦功才能达到，就像是必须借助渡海的功夫，才能达到彼岸。我们知道此岸的本质是意识，那意识又是什么？意识就是一个牵扯，一个系缚，就好像用绳子把你跟你想要的东西牵起来一样，牵扯多了以后就会有麻烦。有些人想要一座金山银山，把他跟金山银山牵在一块的时候，他就走不了了，这就是系缚、牵扯，这是一个比喻的说法。那它为什么是苦恼的根源呢？我们来看看意识的一般规律。我们说世上的普通人有聪明的、有不聪明的。但是聪明人也有聪明人的烦恼，聪明人犯的错误有时候更加糟糕。比如《红楼梦》里面的王熙凤，她是特别聪明的一个人，不过《红楼梦》里面说她聪明反被聪明误。她怎么会被聪明误呢？就是因为她被"绳子"牵得太紧，放不下了。当人遇到可贪可嗔之事，就被缠缚而不能舍，智慧遂为所掩，而失其灵敏活用。这是什么意思？大家知道，佛教说人生有八苦，其中一个就是怨憎会爱别离。怨憎会就是你讨厌的人经常要跟你在一起，而爱别离则是说两个真心相爱的人却偏偏要被分开，比如西方的罗密欧与朱丽叶，中国的梁山伯与祝英台。我们平常遇到我们讨厌的对象的时候，就会去嗔恨他、讨厌他，比如日本人要霸占我们的钓鱼岛，我们就很讨厌他。这种情感不是一下子能割舍掉的。还有，平常我们都说，恋爱中的人是最傻的，因为恋爱中的人思维完全不能够灵活运用，容易钻牛角尖。例如，晚上女同学给男同学打了个电话，结果电话响了十五分钟男同学都没接，后来女同学就生气了。第二天男同学解释说：我当时在洗澡没听见，洗完澡以后就打游戏去了，打游戏的时候戴着耳机也听不到其他声音，打完游戏就直接睡觉了。这个解释在男同学看来是光明正大的解释，但是女同学听了之后就更生气了：十五分钟不接电话我已经很生气了，你居然还一个晚上都不想念女朋友，只想着打游戏，那就更加罪不可赦了。这就需要那个男同学有智慧才能够化解这样的危机，因为他的女朋友完全处在这个系缚、纠缠里面，这就是纠结。

　　如果我不学智慧的佛法，那么在平常的人生中仅凭我们自己的思想意识能不能解脱呢？这是可能的，我们常常会通过一些方法来逃离，让自己放下、放弃我们心中的那种贪爱和怨恨。比如，当我们很悲哀的时候，我们的朋友就会说："不要伤心了，没有什么关系，人生还很长，走，我们去喝一杯吧！"饮酒可以麻醉我们的神经的，让我们暂时忘记痛苦。要不就是说："人生要及时行乐，小赌怡情。"然后就被拉着去赌博了。饮酒和赌博的当下是很快乐的，因为脑神经被麻痹了，可是等到清醒以后，就如李白说的那句话"抽刀断水水更流，举杯消愁愁更愁"。这也叫做"前门拒虎，后门进狼"。这是什么意思呢？前面的那个门把老虎挡在门外，我不再去想这个烦恼了，但是后面却招来了一条大灰狼，引来了新的烦恼。总而言之，此时，人的智慧总是不能开显的。这就是我们的意识活动规律，我们脑子里面的念头不停地来去，不停地生灭。我们的念头不停地生灭，是围绕着我们的喜欢和讨厌而进行的，围绕着我们的爱和憎而进行的，就是这样烦恼不断。因此，要超脱一定要有一个根本的办法。刚才说用饮酒和赌博的方法是不能根本解决问题的，只有用根本的智慧才能解决问题。这个根本的智慧就是我们说的般若波罗蜜多。六祖慧能有一个偈子就很能说明这个问题，这个偈子说到："著境生灭起，如水有波浪，故名为此岸；离境生灭息，如水常通流，故名为彼岸"。它的意思是：我们人对着我们面对的现象、情境要么就是喜欢它，要么就是讨厌它，这些念头是不停地产生的，消灭了一些念头又会有新的念头产生，这就好像水有波浪一样，它一波一波产生的，因此，这就叫做此岸。我们在河边的时候，如果我们不只是看一个一个的小波浪，而是着眼整条河流，就像孔子说的"逝者如斯夫，不舍昼夜"，它就是川流不息的，就是一条永恒的河流。这就告诉我们，我们应该离开那些小是小非，小的欢喜，小的贪爱、嗔恨，不要只看到这些小波小浪，我们要看到整条生命的长河。整条生命的河流的水是流动不息的，生命的智慧是没有生灭的，这就是六祖慧能讲的彼岸。

《心经》的字数虽然很少，但我只能把心法口诀教给大家，心法是不能教的。我们今天用十六个字来概括《心经》的纲领，这十六个字是"息脑运心、返尘归根、泯识显智、明体达用"。这个十六字的纲领，每四个字都对应着《心经》的经文。比如息脑运心，它是告诉我们破五蕴，这是从"观自在菩萨，行深般若波罗蜜多时"一直到"无受想行识"。返尘归根和泯识显智就是要破诸相，这是从"无眼耳鼻舌身意"到"以无所得故"。最后是明体达用，这是智慧的妙用，智慧的妙用有两个典范：一个就是菩萨，从"菩提萨埵"到"究竟涅槃"，这是菩萨可以达到的境界；还有一个是诸佛的境界，从"三世诸法"到"得阿耨多罗三藐三菩提"。还有，咒就是《心经》的般若种识，种识就是把《心经》里边所有的原理用真言的方式念诵出来。什么是真言呢？我们现在看到的是梵文的形式，菩萨他不管是用印度的古梵文在说法，还是用汉语在说法，当他说到真言的时候发音都是一样的。真言其实是一个纯粹圆满的声音，这个纯粹圆满的声音里面包含了佛法的原理，因此，真言是很有法效的。在真言里面，其中有一个我们很熟悉的是六字真言。我们要学会念，因为它每个念法都是对应着我们身口意的一个状态，它是有工作原理的，是很严谨的，所以，佛教不是一种神秘主义的东西。

功利一点讲，息脑运心对我们平常复习考试，或者以后工作都是很有帮助的。息脑运心就是要破五蕴，这是一条最基本的原理。脑主管的是意识，我们今天的脑神经科学和心理学都证实了我们的大脑有好多个区间，大脑分为左右两个半球，左右两个脑分别负责不同的功能，这些功能就是意识。心就不仅仅是意识，它是负责智慧。息脑运心的意思就是让意识不起，使智慧本身去发挥作用，这叫破五蕴。五蕴是色受想行识。色是色法，是物质的活动；受是感受；想就是我们俗称的思想、意识；行是行为、动机，我们有好的行为动机，有坏的行为动机；识是我们多种思想意识聚合在一起。因此，五蕴就是我们看到外部世界之后形成的认识，我们要破掉这五蕴，是因为我们人经常执着。比如，我们都说绿树红花，蓝天白云，那树到底是不是绿的？在不是红绿色盲的情况下，在正常眼睛看来，树确实是绿的，天确实是蓝的，这是由我们人眼的构造所决定的。在色法当中，眼耳鼻舌中的眼是色根，是身体的一个根。眼睛的构造决定我们只能够读到哪个波段的东西，当我们看到绿树的时候，我们读的是光线，这个光线射到我们眼睛里，我们吸收了绿色那一段光线的时候，我们才知道它是绿的。但它是不是绿的呢？这很难说。假如教室里有一条眼镜蛇，女同学即使长得再漂亮对它来说都是没有意义的，因为眼镜蛇是感受红外线的。如果眼镜蛇它也会用语言文字来写东西的话，那么，它显然不会说树是绿的，它也不会讲人里面有西施有厉鬼。如此看来，我们人所看到的世界，我们所看到的颜色、光线，我们所闻到的味道、听到的声音，全部都取决于我们身体的构造。

但是人会执着。人的思想意识会觉得一旦形成经验，以后我想到树叶这个概念的时候，我的意识马上就有一条线连接到绿色那里去，这其实是幻觉。这是不能够用我们有限的感观、有限的思想意识去猜测去执着的，我们要把这些猜测和执着都破掉，这就叫破五蕴。息脑，就是让我们思想意识世界的惯性思维休息一下，然后用我们的智慧去真实地感受这个世界。息脑就是让我们的大脑里面不要有杂念，要放空我们的大脑，让我们的心态放松，比如我们记英语单词，既不要想着我今天一定要记住一千个单词，也不要想着我一会儿要去玩，这两个念头都不要起。看单词就是看单词，就这么简单。其实在大脑处于一片空白的情况下，东西是很容易被记住的。清代名臣曾国藩是怎么从一个平凡的人变成一个杰出的人，这其实是一个心路历程。他年轻的时候很勤奋，但是天资是处于中等，那么，他什么时候智慧开始开显呢？这是别人启发他的，他没有学佛，但是他学了道家和儒家理学中的一些静坐功夫，这些功夫大致上跟佛教的禅定有一定的关系。每当他遇到不能解决的烦恼事，进退两难的时候，他就屏退左右，在静室里面闭目、养神、静坐，脑子里面杂念不起，往往这个时候就能想出办法来，伟大的军事决策就是这样产生的。生活当中我们也可以实践一下，有问题想不开的时候，就放下你的执着，暂时不要去想，你一放松的时候，办法往往就来了，这就是破五蕴、破执着。佛教有一话叫"想蕴若在，必障真如"，真如就是智慧的意思，当杂七杂八的想法在那里的时候，真如妙用是不能够起来的。

　　《心经》所讲的这个智慧落实到生活当中就是要去养心，而且一定要自己去养。如何养心？就是要实证实修，就是要实践，这里有句话要提醒大家："喜演文字相，翻成般若障！"什么意思呢？有些人经常嘴上功夫了得，实践起来却不行。在实践中我们应该要有四心。对于我们普通人来讲要做到四心，就是清净心、至诚心、精勤心和报恩心。什么是清净心？我们前面说要息脑运心，要把意识中那些杂七杂八的念头放到一边，心就是清清静静的，有条有理的，这会帮助我们开显智慧。什么是至诚心？就比如说我们在念《心经》的时候，大家的心是诚的，所以，念出来就非常整齐。我们做什么事情都要诚，用诚心去待人，你会收获一个诚的因缘。凡是伪君子、虚伪的人，自然收获不到诚意。精勤心又是什么？就是精益求精，知道做事情要精益求精的人比粗枝大叶的人成就要高一些，这是不言而喻的。什么是报恩心呢？首先要报父母恩，然后还要报师长恩，因为老师教育我们，最后就是要有报国土恩。带着四心去生活的，就会发现人生明亮很多。

干春松，现为北京大学哲学系、儒学研究院教授，主要著作有《制度化儒家及其解体》、《制度儒学》等。

拾 近代大变局中的人与事

干春松

我今天演讲的题目是《近代大变局中的人与事》，主要谈五件事情：第一，鸦片战争与甲午海战；第二，清末宪政；第三，科举废除；第四，辛亥革命；第五，五四运动。

第一个问题：鸦片战争与甲午海战。在现在我们的教材中，对于中国历史发展阶段的划分是相当清晰的，即分为古代史、近代史、现代史和当代史，其中，在1840年以前属于古代史范畴，1840～1919年是近代史，从1919～1949年是现代史，1949年以后则成为当代史。现在大家基本都普遍接受了这一分类模式，但是这一阶段的划分也存在一些问题：比如，为什么将1840年作为近代史和古代史的分界点？判断某一历史阶段发生转变，其中一个最重要的因素应当是生产方式的转变或社会制度的转变。在这一前提下，将1949年作为现代史和当代史的分界点，我就比较赞同，理由在于1949年前中国处于国民党统治下，而1949年以后是由共产党建立的社会主义中国，新中国无论是在生产方式、生产关系方面都产生了巨大的变化。但是，在1840年这一界碑前后，中国社会究竟产生了什么样的变化？1840年这一界碑跟今天我们所处的广州具有特别的联系。当时，清朝与英国开战，以败仗告终，签订了《南京条约》，这一条约里规定，中国必须开放五个通商口岸。但是，在《南京条约》签订以后，当时可能95%以上的中国人都不知道开放了五个口岸，更不知道开放口岸后，对大家的生活产生了什么样的改变。换句话说，这场战争虽然是开启了中国的近代进程，（我们姑且用近代这一词吧）开启了中国与世界新的关系，但是对于整个国家来讲，皇帝还是那个皇帝，朝廷还是那个朝廷，所有秩序、制度格局都没变，只是多了五个开放的通商口岸而已。举个不恰当的比喻，这就类似小平同志在南海画一个圈，建设了深圳、汕头、厦门、珠海等经济特区，虽然开设了特区，却不能说我们制度发生了改变，整个国家的制度没变，这只是一个改革的措施，绝不是一种根本性的变化。因此，很多外国学者都不认为鸦片战争对中国产生了巨大的冲击，而他们认为对中国真正造成冲击的是1894年甲午海战。为什么说1894年甲午战争是一个真正冲击呢？胡绳先生写了一本书叫《从鸦片战争到五四运动》，这确实是确定我们近代史框架的一本最经典的著作，这本书围绕洪秀全起义、义和团运动这样几次很大的农民起义来写，核心就是反帝与反封建，内容基本是以农民运动为主轴，以阶级斗争为线索来展开，我当然不是说这样一个角度是完全错误的，只是觉得这样的角度还不够，而且他的研究可能存在一个"前目标"。这本书虽然是一本经典著作，但是也存在一些问题，比如，这样的叙述方式其实没有触及更大的根本性问题。如果你去看哈佛大学已故教授费正清先生的著作，就没有采用这样的叙事模式。

费正清的研究路数与此不同。费正清认为，近代的中国社会处于一个非常昏沉的状态，如果借用拿破仑的说法，近代的中国是头沉睡的狮子，中国需要一种外来的冲击，如果没有外来冲击的话，中国人还会继续处于沉睡之中。他说，近代中国的发展并不是中国人自觉的结果，而是因为外国的侵略，中国被迫产生了一种反应，所以中国从古代史转向近代史是一个被动的转向，他将这一模式称为"冲击反应"，这与巴浦洛夫所言类似。但是，胡绳会认为中国人并不是被动的，在他的书中，他塑造出农民是自己要变化，并且自觉地提出"反帝反封建"的目标。费正清则举了个例子，他说中国人为什么要"师夷长技以制夷"？就是因为在广东打了败仗，败了以后中国人说不是我打不过你，我只是轮船火炮没有你好，那我就去买船买炮。所以李鸿章去德国参观克鲁伯的各种兵工厂和大炮工厂，就是专门要来学习造中国的轮船和中国的大炮。这类反应并不涉及生产关系的变化，也就是说皇帝还是那个皇帝，朝廷还是朝廷，大臣还是大臣，只不过我原来用的是冷兵器，现在我用了火器。这里有一个讲法叫"对内文明、对外野蛮"，这个讲法对后来中国人想问题的方式有特别大的影响。什么意思呢？费正清说你靠我们揍你才有反应，等于是我逼着你往前走，也就是社会进步。这句话的背后当然有一种傲慢的情绪，这种傲慢就是说你中国人自己没有觉悟，欠揍，这个逻辑后来毛主席也讲过，叫"落后就要挨打"。其实，这句话背后是一个很沉重的问题。比方说，国家当然是会有强的有弱的，那么为什么落后就要挨打？这背后其实还是有这种"对内文明、对外野蛮"的逻辑在作祟。这个逻辑其实不是我们中国人的逻辑，中国人历史上不是特别喜欢侵略其他国家，不爱打仗。

但是现在这个问题变了，因为欧洲在进入工业社会以后，它突然建立了一种新的体系，这个体系被称之为"民族—国家"体系，这个民族国家的体系跟原来不一样。原来的世界上存在罗马帝国、奥匈帝国等等。这些帝国跟国家不一样，帝国一个最大的问题是所谓的对内文明和对外野蛮、中心与边缘的问题。中心与边缘类似于费孝通所言的差序格局，他举了一个例子，如果你扔一个石头在水里，你会看见那个波纹，越接近于中央统治的区域，你的统治越牢固，你外围不是通过像现在这样一种强力的边防军。强力的边防军这个概念在中国原来是通过藩国来实现的，比如朝鲜、越南这些原来都是中国的藩国，中国是有责任去保护藩国的，所以镇南关大捷是在越南打的。有时候我们批评美帝国主义这是很有道理的，因为美国现在就有帝国传统的做法，他保护很多的地方，比如日本。我们都知道袁世凯出名就是在朝鲜打仗，治理朝鲜。这是传统帝国的概念。但是，欧洲正在变成一个新的状态。欧洲签订了一个《威斯特法里亚条约》，这可以视为现代欧洲的起点，欧洲出现了一系列的国家，这些国家有英国、法国、德国、西班牙等。作为统治者，一个民族国家体系的第一要素就是主权和领土，因此，在建立一个这样体系以后，最突出的问题就是领土问题，就是边界边防的问题。这些问题背后的一个核心就是这个民族国家的格局，民族国家的格局有两个要素最重要：一个是领土，一个是主权。另外，之所以叫民族国家，就是这个国家应该由一个民族构成。这对中国来讲就是一个大麻烦，因为我们知道中国现在有五十六个民族，当然那个时候不这样叫，那时候是"五族共和"，这是孙中山提出来的一个概念，无论如何当时起码有西藏人、满族人、回族人、苗族人等。这个问题现在依然是世界范围内的一个大问题，比方说世界各地为什么那么多地方会有分裂或者战争？这是跟民族有关的。第三个概念就是对内和对外的关系，这就是说每一个民族国家最主要的目的是要治理好自己的国家，别的国家好不好我们不管，这不是像费孝通所说的"各美其美，美美与共"，费孝通讲的是一个理想。现在的问题是，为什么叫对内问题？这也是中国人学来的。中国人现在被美国人打，或者被欧洲人、英国人打了以后，觉得它们的国家很好，我们应该学它们的国家，因此，当时一个非常急迫的事情就是要建立一套国际法。在国际法的框架下各个国家有平等的权利，后来就觉得不对劲了。其实，那些国家不是要平等的权利，美国、英国那些国家跟你签订条约就是想掠夺你的矿产，掠夺你的资源，并不是想让你中国真正地发展起来。最近，我们依然会面临这样的问题，比如美国说要打叙利亚，俄罗斯说不能打。但是你仔细地想一想，难道俄罗斯和美国真是在替叙利亚人民想吗？美国人当然是想美国人自己的事，俄罗斯人当然是想俄罗斯人自己的事。这背后就是一个利益，而现在的借口就是你的化学武器的事情。美国和俄罗斯都是文明国家。那么，当时也有很多的中国人逐渐想明白，那些帝国主义一开始说我要通商，开辟通商口岸是为了中国的发展，但是他搞通商口岸居然是为了卖鸦片。最初是这样，当然后来不卖鸦片了。所以，这个问题有两个逻辑：对内一个逻辑，对外一个逻辑。现在的国际法就是强权在把持，比如伊朗要发展核武器，美国就要打它。但是，我们试问伊朗凭什么就没有资格发展核武器，为什么你俄罗斯就可以发展，美国就可以发展，伊朗、朝鲜为什么就不能发展核武器？当然，美国会说这两个是流氓国家。理论上这些国家有主权，他有权力决定他自己要做什么。因此，现在还是少数大国在控制、制定规则。以往都是西方人在制定规则，这个规则有两个逻辑：一个是对内的，一个是对外的。当然，这些东西其实是1840年的中国人完全没有意识到的。

很长时间内，我们很难理解世界的秩序。1907年，湖南人杨度从国外留学回来。当时我们一直说要学习西方，杨度回来就说这个没法学，因为你如果是在竞争末端的话，就只有挨揍的份，所以你要避免挨揍的话，不只要学习西方，更要奋起抗争。我要说的是，大多数人不知道这个世界已经处于一个几千年的大变局之中，这个大变局就是在一个帝国的体系里面。那怎么办呢？按照梁启超的说法就是要变器，就是要造船造炮。我们的船和炮都买了，但是我们跟日本一打，还没有出威海，所有的船就被打沉了。被日本打败以后，光绪皇帝他们就开始反省，认为不只要变器，而且要改制。这个才是近代的一个开始，就是改变制度。这个改制的领导人就是我们广东人康有为，他最早寻找这个制度的改变。有一个香港科技大学的老师做了研究，认为康有为这么有影响，是因为新媒体的传播。他的观点可以通过大量体制外的方式来传播。这些方式我们现在的说法是新媒体。这个新媒体的出现就是近代中国一个非常重要的问题。新媒体原来不是中国人自己办的，而是外国人办的，比如传教士。当时，传教士在中国办的报纸主要是宣传科学，这是一个非常奇怪的事情，本来传教士应该传教，宣传"科学不是万能的"，或者达尔文进化论是错误的。然而，从明朝开始到中国传教的传教士都喜欢宣传科学，利玛窦就是这样，《几何原本》就是他和徐光启联合翻译的。那么当时，传教士除了到处宣传西方的科学知识，还宣传西方的民主制度，然后办大学、办中学、办小学、办幼儿园，他们这样做反倒不是以传教为目的。我们看《万国公报》，它就是专门介绍欧洲变化的，最早是传教士办的。后来康有为办的第一份报纸也叫《万国公报》，办了报纸以后，他当然也卖，但是主要是送给在北京的达官贵人，免费给他们家门口放报纸。在今天看来，这是何等有战略眼光的一件事情。我在这里只是要说明一个问题，就是一种新式的传播体系的出现，会影响到整个政治的格局。所以，现在很多学者认为从1895年开始，才是中国近代的开始，1895才是近代中国真正开始的时间。

第二个问题：我们会问清末的新政到底是不是一个失去的机会？我们经常会将明治维新和戊戌变法做一个对比。比如为什么明治维新成功了，戊戌变法失败了？其实这个事情很复杂，很难用一两句话说清楚的。我们知道戊戌变法很快就失败了，所谓百日维新，大概就是一百天的事。失败以后发生的事情很多，最明显的事就如义和团运动的出现，义和团当时是反对宗教的，后来八国联军还借此攻进了北京。这件事情结束以后，还出现了一些特别大的事情。原来在戊戌变法的时候，大家是希望依靠朝廷来推行改革。但是到了《辛丑条约》之后，孙中山等人要起来搞革命。当这样一个群体在国外，尤其在日本出现，朝廷很快就知道了，张之洞、袁世凯等朝臣就开始上书，希望朝廷继续戊戌时期的改革，尽管此时康有为、梁启超还是通缉犯。接下来就是发生在1905年的日俄战争，日俄战争在中国的东北打响，这是一个特别具有象征意义的事情，后来章太炎等人就拿这个事情做文章。东北是满族人的老巢，现在日本和俄国在中国的东北开辟了一个战区，这件事情的一部分象征意义是说皇帝你连自己的祖坟，连自己的龙兴之地都保不住，那你更加没有能力保关内了。日俄战争还是日本赢了。这件事情当时在新媒体上讨论得非常激烈，你日本打败了中国可以说是因为中国腐朽、没落，但是俄国当时已经有了彼得大帝的改革，中国的舆论在解释的时候认为这是一种宪政的胜利——而俄罗斯的失败是一种专制的失败。这是当时舆论一致的结论。原来我们不是说要买枪买炮吗？原来康有为不是要改制度吗？但是，对于这种宪政的制度，1898年前后是没有想清楚的既然日本的胜利是一种宪政的胜利，于是，大家认为中国要救国也只能是走宪政救国的道路。

出现了这个潮流以后，就出现了"仿行宪政"的事件，这是清末新政的另一个名字，就是要学西方（包括日本）的宪政制度。于是，清政府就先派了五个大臣去欧洲考察宪政制度，开始写各种各样的报告，在国内成立了一个宪政编查馆，就是来专门制定各种各样的法律。当然，当时仿行宪政还是在皇帝的主导之下进行的，是在政府主导之下开始搞的。但是现在的问题是，本来大家心都已经死了，因为康有为和梁启超都跑到日本去了，那些民间要求改革的人走的走、跑的跑、杀的杀，现在政府突然说要改革，因此，就有一种很强的全民的参与感，大家就会期待一个非常好的宪政制度的出台。但是，到1908年，出来的东西大家一看，还不如不改。其中有一条说中国的老百姓因为知识水平低，参政的能力弱，是不适宜实行宪政制度的，说要等这些老百姓素质提高以后才能搞。我们知道，仿行宪政的另外一个问题就是要地方自治。我个人是理解清政府不愿意搞地方自治，因为晚清的时候，地方势力已经很强大，朝廷已经有点指挥不动地方了。希望越大，失望也越大。这样就形成了全社会的反弹。这样一来仿行宪政对于清政府来讲就等于没有机会了。对清政府来讲，它事实上不是一个失去的机会，而是已经没有机会了。

第三个问题：科举的废除。清末新政的改革措施中，就有教育改革。教育的目的是培养人才。这背后就蕴含着一个问题，我们的教育到底要培养什么样的人？我们现代教育的核心就是培养出一个合格的公民，培养一个守法的、有职业技能的公民，这是我们现在教育的核心理念。但是，传统的儒家教育要干嘛呢？儒家的教育是要期待每个人都成为君子。"君子"这个词在《论语》里面就有，比如"汝为君子儒，勿为小人儒"。那么君子是一个什么样的人呢？君子就是高级的公民。他既有社会责任感，又有更高德行的榜样型的人，可以用八个字来概括：社会栋梁、国民表率。所以说原来的教育制度是以科举为核心，要选择一批君子来作为这个国家各级地方政府的领导。科举其实是一种技术性的考试，是很难考量出一个人的道德品行的。一个公民合不合格可以有一个衡量的标准，就是看它是不是违背了那些法律条文，你只要不越过那些，你就是一个合法的公民。道德就很难判断，你很难有一些细化的条文来判定什么样的人是道德的，什么样的人是不道德的。任何细化的条文往往就会成为笑话。培养什么样人的方式会决定教育内容的巨大差别，而教育内容的巨大差别就是"新教育"与"旧教育"的一个差别。这个差别特别集中在早期的北京大学，就是所谓的京师大学堂的教学方案。张之洞1903年和1905年颁布两次教育纲要的时候，他就特别忧虑，新教育里面的这个道德教育，或者说价值教育怎么占一席之地，这是一个难题。旧教育的核心是道德教育。我前几天去了白鹿洞书院，白鹿洞书院最有名的事情就是朱熹在那里负责的时候，把陆九渊请来讲君子和小人的问题——君子喻于义，小人喻于利。陆九渊要批评的事情恰好就是说很多人在应对科举考试读经典的时候，忘记了经典本身让你做的事情是要成为君子，可是很多人考试的目的就是为了当官赚钱，因此，陆九渊说君子要喻于义，小人才会喻于利。朱熹听了以后很感动。新教育的核心当然是技能，我们这个学校能不能吸引这批学生来读，不一定是说我们的学校的道德水平比别的学校高，他更有吸引力的地方可能是它能够提供技能上的培养。另外，一个不得不发生的后果是绅士群体的消失和新式知识群体的产生，它是必然会发生的。所以，科举的消失可能也会出现这样的问题。从社会结构来讲，传统社会里面有一批绅士在乡村社会出现。如果大家看过电影《白鹿原》，那个在祠堂里面维持宗族立法的族长，他实际上是整个乡土社会的表率，它是维护整个乡土社会秩序和道德标准的标杆，他是绝对不会让那个风情万种的女子进入祠堂的，他一定要打那个有非分之想的儿子。我们且不要以封建礼教这样来下定义，就是说这个社会里面需要有一群人是维护这个社会的道德，维护这个社会的价值标准。现在的问题是不需要这样的人，因为我们每个人都信自己，或者每个人都认为这是我们个人的自由，我只要不损害别人就可以了，所以科举消失以后，很大一个问题是这些绅士群体不再存在了，代之而起的是新的知识群体。新的知识群体我们说由两部分构成：一部分就是海归，留学生，我们知道最多是从日本留学回来的；另一部分是国内各种各样的人。新的教育出来以后，这些新的知识群体的培养越来越集中化，集中在几个中心的大城市，而这几个大城市信息又非常发达，因此，它们极容易成为社会运动的策源地。

第四个问题：辛亥革命，首先是谁推翻了清政府？这在中学课本里面当然是不言自明的事实，是革命派推翻了清政府。不是孙中山领导推翻的，当时孙中山还在美国，看到电报才急匆匆地赶回，当了一个临时大总统。当然，在辛亥革命前，孙中山已经在国内进行了大量的革命活动，在革命派中有崇高的威望，他回来是可以当临时大总统的。但是，这个革命派很难建立起一个武装。首先就是没钱。最初孙中山和康有为，一个反清，一个保皇，他们两个要依赖的人都是皇帝，后来皇帝不行了，依赖的是会党。会党就是帮派，在清朝的时候，会党是有传统的，从白莲教开始，就往往和某一个宗教的信仰相关，会党到后来还继续存在，比如蒋介石还要依赖青红帮，孙中山加入洪门，这也是一个典型的黑社会。其实，革命派和保皇派都需要武装。保皇派为什么也需要武装，因为康有为自从百日维新以后，他最早的一个策略是围园救主，失败以后，心中始终有一个勤王的结，就是想把光绪周围的那些势力除掉，这当然需要武装。革命派就更不用说了。谁推翻清政府这个问题，与其问是谁推翻了，不如说是它自己倒的。我就认为是它自己倒的。

　　接下来的问题是一个法理上的讨论，就是政权的合法性危机。我们知道，"中华民国"有《临时约法》。所谓"临时约法"，第一是临时，所以它不是一个正式的文本；第二是约法，就是一个简略的、简单的约定。当然，新政府成立以后，马上要修宪。当时有一个麻烦事就是南京政府成立以后，就开始了美国式的政治改革，就是搞议会，议会背后就是政党，也就是宋教仁他们那一拨人。一开始袁世凯要去南京，但是后来袁世凯没有去。他认为既然溥仪的退位诏书在我这里，那应该你来我这里，这是现在一个很大的争论。这个争论的背后有一个很复杂的问题，就是当时的革命党有一个口号就是"驱除鞑虏，恢复中华"。什么是"驱除鞑虏"？就是满族人退回东北，中原的地我们自己来管。如果说袁世凯接受了清帝的退位诏书以后意味着袁世凯是接受了清朝政府留下来的所有东西，那么未来的政府是要让各省独立，成立一个18个省的联邦？还是以清帝国为基础，把它由帝国转变为民族国家？也就是说你既然继承了清政府的所有的领土和主权，就是要把帝国改变成为一个新的民族国家。这个问题革命党和袁世凯最开始是有争议的。当然,革命党很快就改变了策略,变成五族共和,这个时候最值得讨论的是康有为。康有为有一个很复杂的想法就是虚君共和。他的一个理由是,既然我们的国土是清朝打下来的,那我就应该给他这个虚的位置。他最反对的是各省独立,而独立这个东西恰好是革命党比较主张的。康有为想了一个办法,他说"省"是元朝的产物,我们知道元朝以前是没有省的,只有郡县制,康有为说元朝为什么要设省,因为元朝的地方实在是太大了,它控制不过来,就开始设立一系列的省,这个省的行政区域就是一个太大的行政区域,他说各个省的独立,发展下去就是整个中国的分裂,这个是他最担心的一个事情。他在1913年专门写了一篇文章叫《废省论》,主张把中国所有省都废除掉。晚晴时候"各省独立"与"五族共和"的问题是一个相当复杂的问题。

第五个问题:新民国与旧军阀。辛亥革命毕其功于一役,要把这个旧帝制推翻掉。孙中山自己的一个评价是民国就其秩序来讲,人的道德水平还比不上晚清。旧军阀是晚清的遗产。晚清的时候,清政府没有能力,它要让各个地方自己操练军队。这样一来地方不但有军权了,而且有财权了。晚清政府后来处理不了这个问题,这样做一个后遗症就是先是湘军,后是淮军,然后是各种各样的军阀,袁世凯小站练兵等。这其实是晚清遗留下来的一个问题。但是,新民国建立以后,袁世凯本身就是一个军阀,孙中山更没有把这些军阀统一起来的能力,因此,军阀割据是必然。另外一个问题,就是所谓的复辟的闹剧。两次复辟,一次袁世凯,一次张勋。当然,我不想为那个复辟做辩护。其实,复辟的问题也比较复杂。复辟最开始的原因是跟国民党有关。当时国民党是议会的大多数,袁世凯最初是想进行议会制的治理,但袁世凯是议会中的少数,所以,袁世凯制定的所有法案都让国民党给否决了,袁世凯是军阀,一气之下就把议会给解散了,后来甚至把国民党也给解散掉。当然,宋教仁是不是他杀的还有疑问，我们的历史课本一般都认为是他杀的。当时，袁世凯的助手鼓动他做皇帝，他也认为做皇帝才是掌控局面的最好办法，这跟晚清民初的时候政治没有办法完全统一有关系。说到康有为和袁世凯的关系，康有为是完全反对袁世凯复辟的。但是，康有为比较支持张勋复辟。康有为的设想里面，我刚才说虚君，就像现在英国的女王一样，女王对英国来讲就是一个象征性的符号，作为英联邦的象征。康有为始终认为需要有这么一个象征符号。当然，对于康有为思想的评价不是今天要做的事情。下面就是五四运动，五四运动确实很厉害，它是一个爱国运动，我们课本上也是这么说的。五四运动有一个口号是要民主和科学，这个当然没有问题，但是五四运动提倡民主和科学的时候，采取的手段是彻底否定传统文化，它会造成很多极端性的做法，这种极端性的做法，对我们今天的影响依旧很大。

马永康，中国哲学博士，现为中山大学哲学系讲师。主要从事经典与解释、中国近现代思想史研究。

拾壹 康有为的大同世界

马永康

今天,我想向大家讲"康有为的大同世界"。

首先,先和大家介绍一下康有为。

康有为1858年出生于南海,是广东的历史名人。他是一个非常有趣的人物,性格非常张扬。在他的自编年谱《我史》中,可以看到他这一性格特点。比如,书中第一段话就说:他是母亲十一月怀胎所生("太宜人胎十一月而生")。这句话值得斟酌。大家如果看过年谱,就会知道自己写的年谱一般都不会写怀胎多少个月出生。我们常说"十月怀胎",要注意康有为强调自己是十一月怀胎而生,这似乎有意表明自己有异禀,和常人不一样。按照通常的说法,有异禀者必有异能。这句话,是《我史》的基调。在后面的行文中,康有为基本上将自己塑造成一个圣人。从中,可以看出他的张扬。还有,他的不少想法其实受了别人启发,但

拾壹 康有为的大同世界

他喜欢把他写书的日期往前标。大家想一想为什么会这样？我们知道，第一个吃螃蟹的人非常勇敢，具有很高价值，第二个就次一点，第三个就没多大价值了。如果他的想法不是首创，那么意义和价值自然会降低，所以他把时间往前标，表明这是他的创见。由于康有为有这个特点，对他自署的成书时间不可太当真。

康有为从小就有"圣人意识"。在古代，大部分读书人都想成为圣人，都是以圣贤作为目标，但大部分人都不会以圣人自居，而康有为是以圣人自居。他小的时候开口闭口就说他自己要做圣人，当时乡人戏称他为"圣人为"。《我史》到处流露出这种圣人意识。不过，话又说回来，像康有为这种自命为圣人，而且最后真的成为大名人的，在历史上并不多见。

我们再看一下他的教育和思想经历。

康有为的教育经历不算太复杂。他幼年开始接受的是儒家传统教育。他也天生比较聪明，看了很多书，但没能通过科举的资质考试。在19岁时，因为他没能够通过乡试，他的祖父就让他师从自己的好朋友朱次琦。朱次琦是当时岭南非常有名的大儒。朱次琦强调经世济民，主张要把学到的东西运用到现实社会中。康有为从朱次琦学到这一点。而且在朱次琦那里，康有为为后来的整个学术打下了基础。但是，他在师从朱次琦学习的时候，曾经有过神秘体验。这个神秘体验也和我们刚才讲的圣人意识有关，来自一次静坐。他静坐的时候，发现自己跟万物合为一体，然后，他就认为自己就是圣人。在这次神秘体验中，他发现：一个人即使学问做得很好，但对整个社会起到的作用可能也不大。如此一来，学问和救济世人之间就有很大的距离。他当时没有办法解决这个问题。所以，在那次神秘体验以后，康有为就结束了师从朱次琦的近三年学习，回到了西樵山。后来，康有为从西樵山又回到家乡。他一直拼命读书，号称每天读"一锥子"的书。也就是将书垒起来，用锥子戳下去，戳穿多少，每天要读完。可以看出，他读书非常用功，所看的书范围非常广，有道家、儒家、佛教的书，还有其他杂书。但是，他还是没能解决自己的困惑。

后来，康有为游历香港和上海，受到了冲击。他发现西方的学问和传闻大不相同。在当时，中国的儒者对西学有很大的偏见，他们认为西方最厉害的就是船坚炮利，但是伦理道德、社会制度都远远比不上中国。但是，康有为在游历后发现，西人治理下的香港和上海非常好，社会非常有秩序，于是，他相信西方人并非在伦理道德、社会制度不行。(《我史》光绪五年"乃始知西人治国有法度，不得以古旧之夷狄视之"，光绪八年"益知西人治术之有本")所以游历后，他就拼命地去读西学书籍。(《我史》光绪八年"自是大讲西学，始尽释故见")有人统计过，在此后的几年中，康有为一共买了三千余册江南制造局译出的西书。三千余册是什么概念呢？这相当于江南制造局三十年内出版西书的四分之一。但是，需要说明的是，当时江南制造局翻译的西书基本上以科学技术为主，所以康有为对整个西方的政治和社会情况其实了解不深。但是，就当时来看，他的西学造诣比起同时代人已经算非常深了。通过阅读这些西学书籍，他更加认定要向西方学习。而当时中国面临的一个问题是受到列强的欺辱，他认为要解决这个问题就必须变法。

1888年，康有为上书光绪皇帝，要求变法。他的上书行为遭到很多非议。为什么会这样？清朝虽然继承明朝的制度，但是它与其他朝代不同，特别强调祖宗之法不可变，也就是所有祖宗确立下来的法制不能变。康有为上书时还只是一个没有功名的读书人，按照当时的规定，不允许议论国家大事，他的上书是冒着生命危险的。康有为也非常具有策略意识，因为1888年这一年刚好是慈禧太后准备让光绪皇帝亲政，所以，朝廷没有找康有为麻烦。这次上书虽然没有呈送给皇帝，但是为康有为带来了好名声。在这次上书中，康有为就发现了一些问题：如果要让朝廷变法，首先要制造舆论；倡导变法需要一个理论基础，否则很难说服别人

拾壹 康有为的大同世界

同意。但要怎样做才好？这是个问题。

1889年底，刚好出现了一个人。这个人就是廖平。廖平给康有为看了自己写的《辟刘篇》和《知圣篇》，这给康有为带来了很大启发。这两篇文章提到传统的经书有造假的迹象，也就是有些经书是假的；另外，他还提到孔子受天命而为万世制法，也就是说孔子这个人受了天命，为万世进行了制度设计。廖平的想法启发了康有为：清朝的整套祖宗之法承接明朝而来，而明朝的制度基本上是按照儒家的主张建立起来的，因此，祖宗之法的关键人物就是孔子。如果孔子已经提倡变法，那么，我们自然也就要学孔子提倡变法了。所以，康有为后来写了《新学伪经考》和《孔子改制考》这两本书，倡导变法。《新学伪经考》主要是讲传统经书有假，《孔子改制考》是讲孔子本人就是一个托古改制的高手。孔子为什么要托古改制，不直接发表自己的看法？按照康有为的说法，因为在传统中国只有帝王能制定制度或规则，孔子虽然禀受天命，但是他并不是帝王，没有权力去变法，只能借古代来表达自己的主张。所以，孔子所讲的尧舜禹时代的那些社会制度都是不存在的，是孔子的制度设计。这两本书，从时间上讲，《新学伪经考》在前，《孔子改制考》在后，但从康有为的构思来看，应该是《孔子改制考》在前，《新学伪经考》在后，也就是确立了孔子改制的想法后，再为这一想法寻找理论依据。

接下来再来看一下康有为的政治行为。我们所学的历史书上，会提到1895年中日甲午战争以后由康有为领导的"公车上书"事件。其实，这个讲法有一点问题。当时那些举人为什么知道条约的内容以及联名上书反对和日本签订条约？据现代学者的研究，这主要是当时朝廷内部的一些高官放风，让大家反对。康有为在这里面起到的作用主要是鼓动各省举人联名上书，让不同省份的举人联合在一起上书反对签约，他起到的作用没有想象中大。"公车上书"后，最有名的是1898年康有为领导"百日维新"，帮助光绪皇帝实行新政、变法自强，但是很快就失败了。失败以后，康有为就流亡到海外去了。但是，光绪帝却被慈禧太后囚禁了。当时慈禧太后还准备废掉光绪帝，但是康有为去游说很多国家的使节，让他们一起反对慈禧这样做，而且他自己也组织了一个勤王运动。但是，勤王运动没有成功。

1912 年，康有为鼓动他的弟子陈焕章推动孔教运动。为什么要推动孔教运动？1905 年清廷废除科举，但经还在读。但到了 1912 年，蔡元培他们就废止了读经，先是在大学里面禁止开经学的课程，然后再普及到中小学。康有为认为这砍掉了中国的命脉，因此，他要推动孔教运动。孔教运动要把孔子确立为教主，带有宗教性质。1917 年，康有为参与了张勋复辟。为什么康有为会参与张勋复辟？主要是康有为看到当时共和制度虽然已经建立起来，但是军阀与军阀之间在拼命打仗，他觉得共和制度有问题。虽然他参与张勋复辟，但是他和张勋不同：张勋支持君主专制，而康有为支持立宪，让宣统成为一个<u>虚君</u>，就好像现在日本的天皇一样。复辟活动很快就失败，失败以后他就躲到美国使馆。康有为的名声以及孔教运动也因康有为参与复辟而一落千丈。

1927 年，他在上海过完七十大寿后迅速搬到青岛，不久就去世了。他的死因目前还有一些争论。康有为为什么要搬到青岛？因为当时国民党发动的北伐战争已经快打到上海。康有为和孙中山为首的国民党不和，他怕国民党会对他不利。

对康有为有了基本的了解后，我们来看康有为的大同世界。

前面讲到康有为的政治行为，基本上都是在拯救中国，给人一种强烈的民族主义倾向。但是，如果局限于民族主义去看康有为，可能会有偏差，因为他自认是拯救世人的大圣人。世人包括全世界的人，不限于某一个国家、某一个民族。拯救中国，只是拯救世人的下手的地方。康有为的最极目标，按他自己的讲法是"务致诸生于极乐世界"，要让所有人都能获得极乐。这是他思想深处的终极

拾壹 康有为的大同世界

所在，大同世界是他的最深关怀。

和康有为大同世界相关的著作有三部：《实理公法全书》、《礼运注》和《大同书》。我们简单来讲一讲前两部。《实理公法全书》是康有为按照几何形式写成的，里面有公理、有推论。这本书的体例在中国著述史上别具一格。在这本书中，总的原则是平等和自主，然后依据这两个原则推导出理想的社会状态。但是，他只讲了总体原则，具体制度设计讲得少。《礼运注》是康有为对《礼记》书中《礼运》的注解。其中，有一段关于大同的论述。康有为在注解时表达了他对大同世界的一些看法。里面有几个观点比较重要：比如男女平等，天下所有的东西都归公，大家公共使用，等等。但是《礼运注》也只是给出了一些原则，没有具体的制度设计。

《大同书》和前两部书不同，他不仅仅给出了一些基本原理，而且有非常周密的制度设计，所以《大同书》是研究他的大同思想的主要文献。

康有为在1913年刊发了《大同书》甲、乙两部。康有为去世后的1935年，由他的弟子钱安定对全书作了整理，总共分十部。因此，我们现在看到的《大同书》全书，并不是康有为自己主动出版的。后来找到了康有为的《大同书》手稿，和正式出版的书在次序和内容上有些不同。手稿本只有八卷，没有标题。这是需要注意的一个地方。另外，是《大同书》创作的时间。康有为自己说是1884年写的，当时他才二十七八岁（《(大同书)成题词"吾年二十七，当光绪甲申年……著《大同书》"）。他的学生梁启超说，《大同书》是1901—1902年之间写成的。其实，我们只要看一下《大同书》就可以看到，书中记载了不少1902年以后发生的历史事件，还有他在欧洲的游历见闻，就知道这两个说法可能都有点问题。对于《大同书》的写作，我的看法是：康有为在1884年开始就已经对大同世界有了一个基本的构想，只是他不断地修改，其中在1901－1902年作了一次集中修改，在1913年《不忍》杂志发表时，又作了一次重新的修改和调整，而且到去世的时候，还没有最终定稿。所以，我们现在看到的手稿本和已发表的版本在结构上不同。

下面就以钱安定整理的《大同书》为基础简单介绍书中的基本内容。

康有为为什么要写《大同书》？康有为自言是出于"不忍之心"。"不忍之心"出自于《孟子》。按照儒家的讲法，我们每个人都有恻隐之心，看到别人受苦受难的时候，自己的心里也会觉得痛苦。这就是"不忍之心"。康有为讲他的"不忍之心"和别人有点不同。别人的不忍之心可能弱一些，但康有为不一样，他觉得全世界只要有一个人在受苦，自己都会很痛苦。所以，他要去寻找一种"去苦求乐"的药方，把人世间所有的痛苦完全化解掉，让大家完全得到快乐。他的思想除了有儒家的因素之外，还有非儒家的，比如"去苦求乐"可能主要来自西方的自然人性论，掺杂了中西的观念。

康有为认为，只有大同之道才能使所有人"去苦求乐"。佛教也讲去苦，但是为什么不倡导佛教呢？康有为认为，佛教让人通过控制欲望来去除所有的烦恼，最后的结果是大家都出家了，出家了就没有人类了。他在《大同书》有一段话讲："遍观世法，舍大同之道而欲救生人之苦，求其大乐，殆无由也。"就是说，舍弃大同之道，根本不可能使人去苦求乐。"大同之道"就是达到大同社会的方法和原则，而大同社会是个"至平、至公、至仁、治之至"的社会，是最平等、最公正、最有仁爱、治理最好的社会，所以康有为讲"虽有善道，无以加此矣"。我们可以追问，为什么只有大同之道才是最好的办法呢？原因在于康有为的目的是要去苦求乐，他考虑到我们生活里面会有什么样的苦。他总结出人类有六大苦：第一是人生之苦，他列举了人生容易见到的七大痛苦，包括投胎、夭折、废疾、蛮野、边地（边远山区）、奴婢、妇女的苦；第二是天灾之苦，包括水旱饥荒、蝗虫、火焚、水灾、火山、屋坏、船沉带来的苦；第三是人道之苦，包括鳏寡、孤独、疾病无医、贫穷、卑贱造成的苦；第四是人治之苦，包括刑狱、苛税、兵役、有国、有家带来的苦；第五是人情之苦，包括愚蠢、仇怨、爱恋、牵累、劳苦愿欲、压制、阶级带来的苦；第六是人所尊尚之苦，包括富人、贵者、老寿、帝王、神圣仙佛的苦。前面五类都好理解，最后一类"人所尊尚之苦"是什么意思呢？富人、贵人等，这些人让人羡慕极了，但康有为认为他们都有苦：富人会担心有一天他穷了该怎么办，所以他也痛苦；有权力的贵人，害怕别人争夺他的权力，所以他也痛苦；老寿就是寿命比较长的人，但年老生病之后如果没有人服侍，也会处于痛苦之中；帝王也痛苦，因为战争一来，国家可能会灭亡而变成阶下囚，他们也痛苦。最有趣的就是神圣仙佛，他们为什么会痛苦？在康有为看来，神圣仙佛有救助世人之心，要实现救助世人，他们就要进入人间，一入人间，他们就要受人间的苦，所以他们也是痛苦的。康有为所讲到的痛苦，基本上把人生中能够见到的痛苦都包罗进去。他从苦讲起，和佛教有一点类似。

总结了各种苦之后，康有为认为痛苦的产生原因在于有"界"。而对治的方法就在于破除"界"。"界"有九个，要一一破除。这"九界"分别是国界、级界、种界、形界、家界、业界、乱界、类界、苦界。对治的方法分别是：第一，去国界，合大地。因为有了国家的界限以后就会有争夺，所以要把大地上的国家都合成一个；第二，去级界，平民族。级界主要是人的社会地位的贵贱的问题，特别是在印度，这种等级很森严，因此，要把社会的级界去掉；第三，去种界，同人类。种界就是人种的差别。康有为认为人种之间有优劣之分，世界中有白种人、黄种人、棕色人和黑人，最好的是白种人，最差的是黑人。在康有为眼中，人种的形成与地理环境有关系，所以去种界就要把所有的人都安排到白种人生活的地方。同时，康有为鼓励混种，即人种间的通婚，比如鼓励白人和黑人通婚，这样黑人的肤色就能得到改变；第四，去形界，保独立。形界主要指男女性别带来的差别，也就是倡导男女平等；第五，去家界，为天民。

这是要把家庭去掉；第六，去产界，公生业。这是要去掉私有产业，将私有产业变成公有；第七，去乱界，治太平。也就是取消各种行政区划的差别，重新考虑公平的社会规则；第八，去类界，爱众生。类界主要指人类与动物的差别，去类界主要是戒杀生；第九，去苦界，至极乐。苦界主要是前面八界因循下来的东西都去除后，就会得到极乐。

康有为"九界"的划分标准并不一致，有点乱，不太周延，而且带有很浓重的时代偏见。比如人种问题，就有种族偏见和地理决定论色彩。人无法完全脱离时代，这没必要苛责。由于里面的内容非常多，稍微详细地讲讲其中的去国界、去形界、去家界。

第一，去国界。在康有为的设想中，去国界分步骤进行，不是马上就消除国界。开始时，各个国家还需要存在，每个国家治理自己的内政，在此基础上再组建一个公议会。每个国家都派人参加公议会。公议会负责协调各个国家之间的关系，维护世界秩序，这有点类似于我们现在的联合国。这是第一步。第二步就是建立一个公政府，各个国家都受公政府管理，但是每个国家都有自治的权限，但自治权力不大，所以大的事情必须通过公政府来议决。这种体制有点类似于美国的联邦制度。第三步，去掉所有的国界，由公政府统一管理整个世界。这就把世界上的不同国家合成一个国家，这样就不再有国界的争端，从而平息因国家间的利益产生的问题。从康有为的构想可以看到，康有为与无政府主义不一样，因为无政府主义根本不要国家、不要政府，但是康有为认为需要国家，但只需要一个。否则，不同国家会为了自己的利益而产生国际争端，这也是现代国际政治的问题所在。

第二，去形界。很多人认为男女之间的不平等是因为男女之间的生理结构不一样，但是康有为否认这个说法。康有为认定一个原则：人的社会地位要看才智，而不是看生理差别。而男女的才智是平等的，因此，男女在社会地位上也应该平等。为实现男女间的平等，他制定了很多具体的条例。我们来看其中的两条。第一条，大同世界里男女服饰要相同。因为男女外在服饰上有差别，会在外观上产生不平等，所以他首先要把这种外观的不平等去掉。不过，可能很多女性会不同意，人有爱美之心，特别是女性。第二条，废除终身婚姻制度。如果男女情投意合，可以订立和好之约，最长不要超过一年，最短不能少于一个月。如果男女双方情投意合，可以续约；如果双方无法磨合，在合约期满之后可以不再续约。这条单从理性的角度来看，不算太离奇。但是，如果男女之间只以期限不同的契约来约束，而不是终身之约，那么逻辑上会导致家庭的不存在。康有为作为一个有名的思想家，也考虑到这个问题。这就涉及去家界后的社会制度设计。

第三，去家界。从社会角度来看，之所以要有家庭，在于家庭承担了抚养幼儿、护养老人等社会责任。康有为持男女平等的立场，将家庭去掉，将家庭的功能交给社会来承担。怎样交给社会来承担？他提出了三个制度设计：第一个是公养制度。公养制度里面设立几个院，第一个是人本院，妇女怀孕以后入住。人本院选择好的环境设立，有专门人员担任护理工作，而且在那个时候就要开始进行胎教，要给胎儿听一些圣贤书，放一些音乐。这是在孕期的时候。小孩子断奶以后到三岁，小孩就住进环境很好的育婴院，里面也有专门的人员来照顾这些小孩，而且规定这些护理人员一定要是女的，因为女性比较细心，而且要求这个人德行一定要好。这样，从胎儿开始到婴幼期，隔绝掉社会上的坏事物，要形成良好的成长环境。三到五岁，小孩就进入慈幼院，这相当于我们现在的幼儿园。这就解决了小孩子从出生一直到五岁的问题。第二个是公教制度。六到十岁的小孩子送到蒙学院，十到十四岁的小孩子送到小学院，十五到十七岁的小孩送到中学院，十八到二十岁就送到大学院。第三个是公恤制度。这套制度里有医疾院（也就是公立医院）、养老院（用于六十岁以上的老人养老）、恤贫院（对贫穷的人进行救助）

以及考终院。考终院的作用是在人死后负责丧礼，还有就是对一个人的一生进行评断。这样一套制度，囊括了人从胎儿到坟墓，比起现在西欧的社会保障制度还全面。

从上面可以看到，康有为的制度设计理念非常清晰。他主要依据的是平等、自由等理念，综合了中西文化在政制和价值理念方面的成果。康有为的思想非常敏锐，他清楚地意识到：国家在国际争端扮演的角色；人的差别不应该基于生理结构，而应该基于才智；家庭是私有财产、私有制度的温床。康有为开出的药方是通过理想的制度设计去除这些根源以便达到平等。康有为的这些想法过于从功能上考虑，多从物质等角度来考虑制度，但可能过于忽视了人的情感等因素。所以，所设计的制度是否可行，不同人的看法不同，特别是在这种大同世界中自由能否得到实现。这些，不同人可能有不同的意见。

康有为生前只公开发表了《大同书》的甲、乙两部。这主要是康有为深知他的《大同书》不合时宜。梁启超在早期就深受康有为的大同世界影响，曾向康有为提议要刊发出来，康有为说："今方为'据乱'之世，只能言小康，不能言大同；言则陷天下于洪水猛兽。"康有为的回答涉及他非常自得的"公羊三世"历史观。什么是"公羊三世"历史观？这是康有为依据"春秋公羊学"悟出来的一套历史观念。他认为，人类开始的时候处在乱世之中，这个乱世经过发展，就可以达到一个升平世，也就是比较好的社会状态，最后发展到太平世，也就是大同世界。由乱世发展到升平世，要用小康之法；从升平世发展到太平世，要用大同之道。每一个发展阶段都有自己的特点，需要次序经过。在戊戌变法后康有为更加坚定地认为，每一个阶段都不能够跳过，而且将这些阶段分得更细。所以，他认为如果过早地讲大同的话，只能有害而无利。

但是，除此之外，其实还有别的原因。我们只要细看一下康有为的文献，就可以知道：

拾壹 康有为的大同世界

第一，康有为还没有将《大同书》完善。康有为一直把设计"大同"世界看得非常重，甚至重于生命。1885年，他患了重病，他认为写完《公理书》后就无所挂念了。他说："吾既闻道，既定'大同'，可以死矣！"这个既定"大同"，指的是《公理书》。从中可以看到，康有为认为"大同"就是最为重要的道。康有为逃亡到日本以后，曾经把《大同书》的一部分手稿给日本朋友犬养毅看。犬养毅看完后，写了一个跋，说康有为的整副心血都在《大同书》中。由此可见，大同世界对康有为的意义非同一般，用大同世界可以解释他的整个思想。因为"大同"世界涉及面太广，要包括人类社会的全部，要将整个制度设计得尽善尽美，不是一件易事。所以，他一直反复修改，到死之前都还没有定稿。为什么这样说呢？这从他的手稿本和公开发表的甲、乙两部的差别可以看到。发表的部分所展示的全书逻辑结构与手稿本完全不一样。两本相同的地方是从人类之苦讲起，但发表的部分紧接着讲去国界，而手稿本讲人的平等。手稿本的逻辑是从个体到社会到国家，这符合康有为一直强调人道是"造端乎男女饮食"的认知。这种逻辑，也符合儒家的想法；而发表的部分则显示出从国家到个体再到社会，这样一种逻辑远离了康有为人道的想法。发表本很可能是临时作的更改，后来也没接续发表下去。另外，《大同书》的各部分内容并不匀称，有一些部分内容非常单薄。康有为善于为文，替不少官员写过奏折，很难想象这是他已经完成了的作品。

第二，我们还要考虑康有为的政治考虑。康有为在戊戌之前倡导孔子改制，在民国之后他也在推动孔教运动。前后都讲独尊孔子。但是在《大同书》中，基本上没有特别提到孔子。而且，以孔子为代表的儒学，家庭是最重要的基础。《大同书》要取消家庭，这就把传统儒学的基础连根拔起。因此，他肯定不敢把这个想法公开讲出来。这也引出一个问题，说康有为是儒家，在哪种意义上成立？

当这样说时，我们会遇到另外一个问题：为什么他要发表甲、乙两个部分？这个问题比较重要。我们知道，甲部讲不忍之心和人生之苦，这和时局没有太大关系。乙部是讲合国家的问题。清楚甲、乙两部的内容后，需要结合当时的时局来分析康有为的动机。当时，康有为在攻击中华民国的共和制度。当时的局势，军阀之间打得很厉害。特别是袁世凯去世以后，没有一个最大的权威。这也导致张勋的复辟。康有为攻击共和制度，支持君主立宪制度。而康有为对光绪帝的恩德一直铭感于心，导致不少人认为康有为攻击共和制度是要帮光绪帝的后代，心里想着荣华富贵。他发表甲部，是要表明他是出于很早就有的"不忍之心"，并不是出于私心。至于发表乙部，是因为当时整个中国出现了讲无政府主义和社会主义的论调，那么，他讲去国界与当时的思潮一致。而且，当时有平息战争的"弭兵会"和平会议，康有为由此认定世界时局的发展趋向与他的预测相同。这样，发表乙部，可以向世人显示他"不幸而言中"的先知能力，更能获得别人的信服。康有为是一个强调因时而变的人，读他的著作时要考虑他的动机。

最后，我们简析《大同书》的意义。

第一，《大同书》集中表达了康有为的理想社会，是理解康有为不可缺少的部分。相对于康有为其他著作，《大同书》是康有为独立创作的著作。《新学伪经考》、《孔子改制考》等都是摘抄一些经典中的文段，然后再加按语来表达自己的观点。虽然康有为本人经常会歪曲经典原意，但思想观点多少也会受摘抄文字的限制。《大同书》没有这个限制，包含了他对理想社会的看法。所以，要理解康有为的整体思想，《大同书》具有非常重要的意义。

第二，《大同书》在当时的影响不小，对理解当时的思想有一定的意义，同时，也可以提供我们反思现实社会的机会。《大同书》作为一个理想世界，很多人都讲它是中国式的乌托邦，但在康有为看来，他的《大同书》绝对不是一个乌托邦，而是可以实现的。因为在康有为看来整个世界的发展变化是从据乱世到升平世到太平世。不过，他的大同世界的理念不在于建设性一面，而在于否定性一面。因为所有的理想都是超越于现实的。在这种意义上，理想的重要意义在于对现实的批判。在当时，康有为对传统的不满以及对平等价值的追求，直接影响了梁启超、谭嗣同等人，促进了对传统的批判，传播了现代价值理念。而对于现代来说，只要现在的社会还没有消除掉所有人类的痛苦，《大同书》就有它的现实意义，可以提供我们反思现实社会。

第三，从不同文化间的交流以及近代中国社会的转型来看，《大同书》也颇具意义。《大同书》综合了当时中西思想。与西方的乌托邦相比，它比西方所展现的乌托邦更加系统，同时，没有西方乌托邦的宗教背景。与中国传统的乌托邦相比，比如陶渊明的"桃花源"，后者是基于一种小农生活的诗意描写，不涉及制度设计，但康有为的设计是建立在未来工业发展上的基础上，而且对于整个社会的制度运行都有一个很详细的构造，这是中国传统的乌托邦式的理想社会所没有的。分析研究《大同书》中的中西文化因素，可以了解社会转型时期，中国知识分子是如何站在传统的立场上吸收西方文化和改造中国传统的。

第三篇 ● 文 史

伍巍，暨南大学中文系教授、博士研究生导师。

壹 汉字中的历史文化内涵

伍 巍

文字是文化与历史信息的记录，也是文化传播的载体。不妨从相关的几个例证中得到验证：

英语的"pen"，大家都知道它的意思是"笔"，"pen"是从拉丁语"penna"（鹅毛）演变而来的，自从中世纪的西方发明了羊皮纸之后，笔就是用鹅毛管做的。俄语的"钢笔尖"与"鹅毛"也是同一个词。再比如"dollar"英语指银元，早先"dollar"是波西米亚的一个地名，这个地方有一个山谷专门铸造银元，后来这个山谷就成了银元的代称，就像中国贵州的"茅台"本是地名（茅台镇），今天却成了一种酒的名字。还有一个例子，居于云南高黎贡山区的傈僳族有一个词叫"dʑio44"。这个词同指三样东西：第一是麻布，第二是衣服，第三是被子。一个词同时指代三个不同的东西似乎不好理解，原来从前的傈僳族经济比较落后，自家纺织的一块麻布，白天把它披在身上就成了衣服，晚上睡觉把它盖在身上就成了被子，所以"ʥio44"这个词就同时包含"麻布"、"衣服"、"被子"三个意思。一个词却反映了傈僳族历史的生产、生活状况。

中国最早的系统文字是甲骨文（见图1），至今有3500多年的历史了。甲骨文是一种象形文字，虽然每个字看起来都像是一幅图画，但已脱离了纯图画的模式，成为一种系统的文字符号。此后，继承与发展甲骨文的是金文，又叫钟鼎文（见图1），即铸造在青铜器皿上的文字。金文仍然未完全脱离象形文字的框架。继承与发展金文的是小篆（见图2），是秦统一中国之后的规范文字。继之则是隶书（见图3）。从甲骨文到隶书，汉字经历了一千多年的发展应用史。汉字发展到隶书阶段已基本脱离了象形的痕迹，成为一种纯符号化的文字。隶书之后就是楷书（见图4），大约产生于魏晋时期。汉字发展到楷书阶段已基本定型，它一直沿用至今。回顾汉字的发展，它经历了甲骨文—金文—篆书—隶

甲骨文　　　　　　　　金文

图1

壹 汉字中的历史文化内涵

小篆 　　　　　　　　小篆

图 2

图 3　隶书

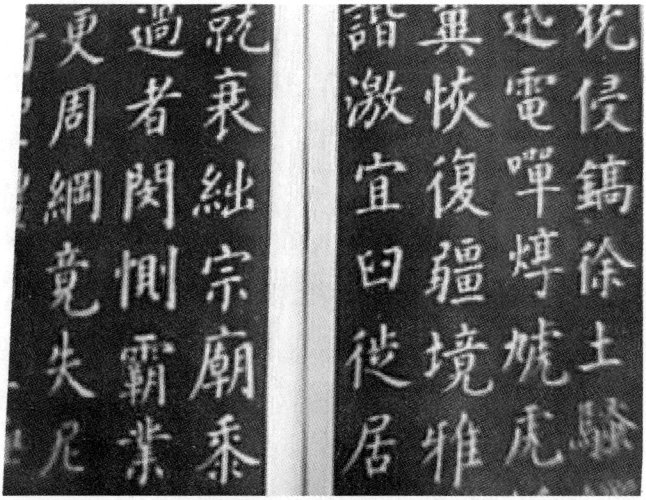

图 4　楷书

书—楷书五个阶段。具有三千多年运用、发展史的汉字是世界上生命最长的文字，不同的汉字字体创造、使用于不同的时代，分别记录、传播所在时代的各种文化信息，因而这些文字中，自然会沉淀不同历史时期的文化遗迹。又因为现行汉字与历史汉字之间有着一脉相承的渊源关系，有些文字至今仍然保留着造字和用字时代的某一些文化印记，所以，解读汉字，从汉字中观察它所负载的历史文化内涵，认识汉字与中国传统文化之间的关系，就成了一项非常有意义的工作。

我们通过什么方法揭示汉字中蕴藏的历史与文化内涵？第一，汉字是由图画文字发展而来的，图画文字本身的形象就与语义有直接或间接的关系，比如"羊"字甲骨文作"𦍌"，显示一只山羊的头面形状。"𦍌"在甲骨文中频繁地出现于各种祭祀场面，可见当时畜牧业的发展。如果在"𦍌"字的下面加上一个"人"字，那就成了"𦍌"（羌）；如果这个"人"还是个女性，那它就变成"𦍌"（姜），可见奴隶社会早期是不把"𦍌"（羌）、"𦍌"（姜）等牧畜民族当人看待的，这都是古汉字记录下的历史信息。再比如"水"，甲骨文作"𣲡"，一看就知道"水"最早指的不是"water"，而是"river"（河流），今天，我们依然有"汉水"、"渭水"等词，正是"水"本义的传承。

第二，汉字在它的发展、使用过程中，无时无刻都与那个时代的政治、经济、文化、民俗相联系，也就是说，汉字从它诞生之日起，就是用来记载、交流信息，所以，凡是汉字使用、传播的各个历史时期，社会信息不可能不渗入到汉字中来。即使有些历史现象今天已经消失了，但是某些信息依然保留在汉字中。比如"世"字最初写作"𦶒"（金文），一看形状就知道它和树叶非常相像，原来古文字中的"世"与"叶"（葉）曾相通，因此，我们今天仍可将"十九世纪中世"说成"十九世纪中叶"，这样一分析，我们就明白了。

下面让我们从三个方面来阐释汉字的文化内涵。

壹　汉字中的历史文化内涵

一、生产与生活信息在汉字中的沉淀

从原始社会、奴隶社会直到封建社会，整个历史变革的主要动因是生产力的发展，其中生产工具与材料的变革是标志性的变革。作为历史信息的载体，汉字也相应地记录和反映了这一文化内涵。

砭："砭"的原意是用石头做成的针，今天才有"针砭"一词。在铁器还没有诞生的时代，石头是用来制作生产、生活工具的重要材料。许慎《说文解字》载："砭，以石刺病也"，可见，中国最早的针灸术诞生在石器时代，所使用的工具并不是我们今天最常见到的银针，而是石针。我们由此也可以知道，针灸这一医疗技术在中国已经有着相当久远的历史了。金属的"针"是铁器出现之后的产物，且最早的针也不是用于治病的，《说文解字》说："针，所以缝也"，是用来缝衣服的。其实，最早缝衣服的工具在铁器产生之前就有，只不过它不是金属质地，而是用骨头制作成的。

杯：我们今天喝茶已经很少用木头做的"杯"了，但是"杯"仍从"木"旁，可见最早的杯子是用木头或竹子做的，当时的工艺、质料多取自于自然。最早的杯子，在汉简里面已经有记载，《说文解字》杯字又作"桮"，仍从"木"。由于生产原料和技术的变革，今天才出现陶瓷杯、玻璃杯、铝制杯、不锈钢杯等。大家看附图，竹子做的杯（见图5）；青铜杯（见图6）。此外，像"楼"、"械"、"权"这些字，从偏旁也可以看出它们初始的制作材料。最早的"权"指的是秤砣，从"木"显然是木质材料。再如从"⺮"旁的"箱""篇"，显然也是以竹子为材料。这些汉字均可反映造字时代生产力的一般状况。

鞋："鞋"早期写成"鞵"，《说文解字》"鞵，生革鞮也"。"鞵"

图5 竹杯　　　　　　　　图6 青铜杯

是当时的俗体字，两个字都从"革"。"革"就是动物的皮，"生革"就是未曾加工鞣制的动物皮，质地缺少柔软。记得我小时候穿的雨钉鞋与此很相像，鞋底钉了很多巴钉，再在鞋底与鞋帮上面抹上桐油，干后可以防水，但是其硬无比，穿起来会把脚磨出很多血泡。我想这样的鞋子在座的朋友恐怕没有愿意穿的，生革的鞋子应该与此差不多。除了"鞋"之外，古代表示类似制品的还有"履"，《说郛》记载："古人以草为屦，皮为履，后唐马周始以麻为之，即鞋也"，可见到了后唐以后，"麻屦"逐渐多了，而且统称为"鞋"，虽然当时大多数鞋已经不是皮做的，但是它依然是从"革"旁。这是一双不太早的鞋（见图7），是皮做的，没有后跟，有点类似我们今天的拖鞋。"鞋"和"履"都指鞋，从这两个字中可以看出不同的质料。一般来说，北方是游牧民族，用革为材料的可能性大；南方是农耕民族，所以用"履"较为普遍。这些东西都保存着中国古代的历史文化积淀。马王堆出土的文物表明，汉代已经有了丝织的履（见图8），可见古代早有草履（见图9）、纺织品的履和皮革鞋三种东西，而且分别产生于不同的时代，标志了当时的生产生活状况。

枪：《说文解字》："枪，距也，从木仓声。一曰枪，欀也。"朱骏声《说文通训》说："枪，距人之械也"。"距"是抵挡的意思，可见，枪最开始是木制的用以抵挡、攻击他人的器械，是一种冷

壹 汉字中的历史文化内涵

图7 皮革鞋

图8 马王堆丝履

兵器，不是今天发射子弹的火器。张飞用的丈八蛇矛，抗日战争时期北方用的"红缨枪"（见图10）、南方的"梭镖"指的才是中国最早的枪。冷兵器的"枪"我们今天还在使用，这就是田径比赛使用的"标枪"。虽然火药是中国的发明，但是，枪作为火器传入中国是近代的事。明末的时候，民间的工商

图9 草鞋

资本发展起来，才向国外进口了这些东西，包括洋枪洋炮，清代我们才有洋枪队。如图是古代真正的枪（见图11）。"炮"也如此，

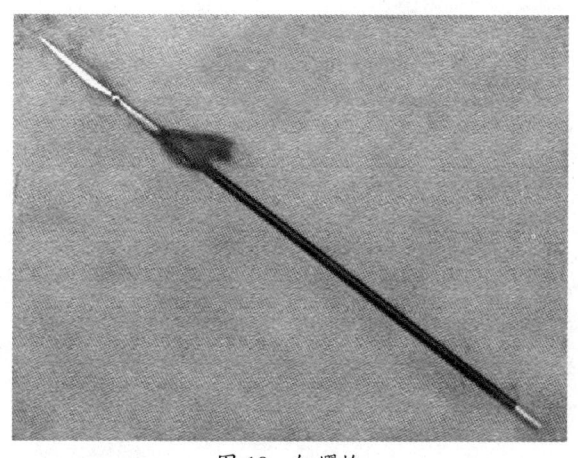

图10 红缨枪

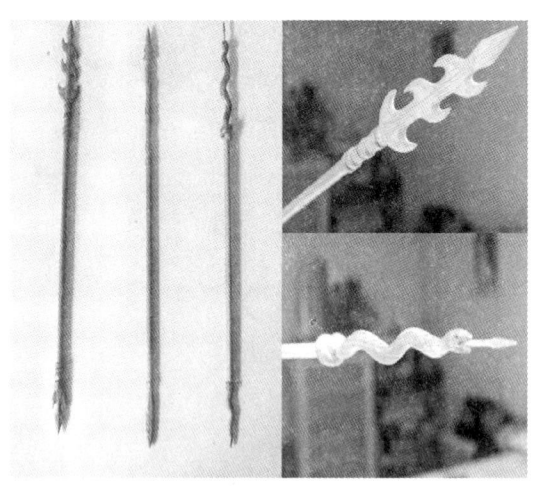

图11　枪

"炮"（读平声）本是中药的一种炒制方法，故有"炮制"一词。最早的兵器"炮"是"石"字旁，写成"砲"，它也是冷兵器，当"砲"成为火器之后，才写作"炮"的，可见"炮"（去声）（见图12）是假借来的。上面说的这些东西和一定的生产力，一定的生产材料、生产技术水平相关。

筑：作为建筑的"筑"本字原为"築"，有个木字底。《说文》"築，捣也，从木筑声。"简化的"筑"在古代指一种乐器，如果你去湖南长沙的马王堆展览馆参观，就会看

图12　炮

到这种古老的出土乐器"筑"。"築"《说文》段注:"蒙上築墙言所用築者",广东、福建一带的客家土楼就是这样筑成的,筑墙工具是两块很厚的夹板,两端分别有可以拆卸的两块挡板围成一个长方形,中间加填土料,然后用一个锤子(杵)捶捣,这个"锤"子(杵)就是"築"。《说文》段注说:"築者,直舂之器",本为名词,后来"築"字慢慢从名词演变为动词,指"築墙"这个动作,这就和"锤"一样,由名词发展为动词。《史记·黥布列传》:"项王伐齐,身负板筑,以为士卒先",说明古代也可以用这种方式来修筑防御工事。可见这个字保留了中国古老的建筑方式。

城:《说文解字》:"城,以盛民也。从土从成,成亦声"。盛民就是屯聚居民的意思,可见"城"最早是都邑的意思,因为古代的都邑四周都有防御的围墙。英文用"the Great Wall"来翻译"长城",字面意思就是"大墙",应当是"城"的本义。嘉峪关的城(见图13),完全是用土墙围成的。又如汉代所建造的玉门关、阳关等遗迹仍然是土墙(见图14)。今天,我们看到的西安、北京的城墙

图 13　嘉峪关

图14　古长城遗址土墙

都是用砖和石头建成，那是后来的建筑。此外，如"墙"、"堂"等字也是从"土"，道理是一样的。从这些字，我们不难理解古代的建筑水平。随着生产力的发展，今天的城已经没有了防御的功能了，现代战争绝非是一道城墙所能抵御的，但是，我们今天依然会说"食城"、"花城"、"榕城"、"羊城"，"城"字仍然从土。从"城"字的构造中，我们仍然能看到它负载的历史文化内涵。

钟：今天的钟无疑是用来计时的，中国最早的计时工具是日晷（见图15）。日晷通常由一块石制的圆盘，中心垂直竖起一根铜制的指针组成。圆盘跟地球成66度半的角，圆盘上刻有相应的"子、丑、寅、卯……"刻度。太阳将铜针的影子投射在圆盘上，太阳不断偏转，铜针的影子也跟着偏转，将针影映在不同的刻度上，就能够标志不同的时间，这是日晷的工作原理。这是相对的，因为季节不同，太阳出现的时间也就不一样。之后，人们用更、漏（见图16）来计时，

图15　日晷

壹 汉字中的历史文化内涵

最早的漏是一只漏水的壶，所以又叫"铜壶滴漏"（见图 17）。它的工作原理是：人们在壶中装上一枝有刻度的木箭，当水从壶底的小孔漏出时，壶中水位下降，木箭会随之下沉，观测刻箭上的水位，便知道是什么时间了。

图 16　刻漏　　　　图 17　铜壶滴漏

中国的"钟"最早不是用来计时，它是一种乐器。《说文解字》："钟，乐钟也"，且看出土的编钟（见图 18）。东汉以后，佛教传进中国，钟开始成为寺庙里报警、祭拜的工具，此后的钟才慢慢跟计时发生了关系。唐代诗人李商隐有"来是空言去绝踪，月斜楼上五

图 18　编钟

259

更钟"，这说明"钟"已经具备了报时的功能。当时与"钟"一起充当报时工具的还有"鼓"。

年："年"甲骨文作"𠂂"，金文作"𠂋"，小篆是"𠂇"，我们可以直观地看到，这个字上半部分是一个"禾"，下半部分是一个"人"，可见"年"是一个上下结构的会意字，因此，你想在《康熙字典》里查找"年"字，必须找"禾"字旁。下面一个人，头顶上顶着"禾"是什么意思？像是人在舞蹈、庆祝丰收。为什么要到年底才庆丰收，而不在秋收的时候呢？甚至我们今天在夏季就能吃到早稻米了，民间就有"知了叫，收早稻"的谚语嘛。为什么不在秋天庆祝丰收而要在年底？要知道，古代生产力是很落后的，当时没有什么深耕、细作，最早的耕作方式是刀耕火种，只有撒播，那是很艰难的时代，一年只有一季啊！

广州人称赚生计为什么是"两餐"，而不是"三餐"？你若知道早期岭南生产力的状况，"两餐"也就不奇怪了。我的家乡可谓"鱼米之乡"，直到50年代，我记得，我们江淮地区每到冬天还是两餐，且大凡吃稀的，当时民间有一首歌谣："早早睡，迟迟起，又省柴火又省米"，生产力低下呀。中国本来就是一个以农业为主的国家，农民把收成看作是一年里最大的一件事，所以，在古代，"年"应该是一个庆祝丰收的隆重节日，庄稼收上来了，人们就聚在一起庆祝，把稻穗扛在头顶上载歌载舞地庆祝一年最美好的时日。如果我们知道"年"字的结构与它所蕴含的历史内涵，就不会相信"年"是一种怪兽，人们每年要用爆竹来驱逐它的奇谈怪论了。作为一年只收一季的农耕民族，在庆祝收获的季节将它作为中国最隆重的节日——年节也就不奇怪了。

二、一定历史阶段的认知在汉字中的沉淀

物质存在决定人们的意识。在一定的历史阶段里，因为客观条

件的制约，人们对于自然的认识总是有些局限的。随着科学的发展，不断的探索、求真，人们的认识才不断臻于完善，这些信息也能从响应的汉字中得到启示。

心：我们常说"你心里是怎么想的"、"我说的是心里话"，心在我们身体的最中央，是人体最重要的动力器官，因此，古人自然会认为它是主导思维的。《孟子·告子上》："心之官则思"，孟子也是这么认为，《荀子·解蔽》载："心者，形之君也，而神明之主也"，所以"思"、"虑"、"想"、"慧"、"愚"、"惑"、"悟"等字均从"心"。其实，这是古人认知上的局限。事实上，心脏并没有思考的功能，主持思维的是人的大脑。清代的段玉裁就将许慎《说文解字》中的"思，容也"改为"从心，从囟"。徐灏说得更明白："人之精髓在脑，脑主记识，故思从囟"。人类的认识是一个不断从低级到高级，从愚昧向文明的发展过程，这种不断发展和丰富的认知过程也往往会留在汉字的记录中，让我们今天能够了解人类认知的进化。

妇："妇"最早写作"𢆍"，字形上是一个女人拿着一把扫把，《说文解字》也是这么说的："妇，服也。从女持帚洒扫也。"由此可见古代妇女地位的低下。再如"奴"、"奸"、"婪"、"姪"、"娼"、"嫌"都从"女"，这些字眼从"男"的却很少见。从这些汉字中，我们不难看出封建意识对妇女的偏见、不公与认知的局限。

三、民俗与历史制度在汉字中的沉淀

夫：世界各国都有成年礼，中国也不例外。中国古代制度规定，男子年满20岁要行"冠礼"（见图19），即在长辈或有声望长者的主持下，将男子的头发梳成发髻、戴上帽子；女子年满15岁要行"笄礼"，也是将头发向上梳成髻。"冠礼"与"笄礼"均表示少年的结束，迈进可以婚嫁的成人阶段，此一仪式一般必不可少，"夫"

图 19　冠礼（仿）

字就形象地概括了这一成人标志。

"夫"古文字写作"夫"，《说文解字》："夫，丈夫也。从大，一以象簪也"。"大"的甲骨文作"大"，形状非常像一个正面站立的人形，头顶上的"一"横非常有意思，"一以象簪"指明了它其实是一条簪子，用以将向上梳起的发髻固定起来，这不正是男人行成人冠礼的标志嘛！今天的男生一般都是短发，甚至平头，哪里还能梳髻？过去的男孩儿女孩儿都是留长发的，看看画图上哪吒的形象我们就明白了。古代只有被称为"野人"的东夷才"被发文身"。可见"夫"字从甲骨文那里就沉淀了这一文化的信息，它反映了我国古代成人的礼仪制度。

社："社"字和土地有着直接的关系。郭沫若认为，甲骨文中的"土"字就是最早的"社"字，后来才加了"示"字旁。《说文解字》："社，地主也。从示、土"。甲骨文的"示"写作"丅"，像是一个祭祀用的台子，上面可以摆放祭品，因此，从"示"旁的字一般都与祭祀有关。所谓"地主"，就是土地菩萨。故土地菩萨在有的地方又叫"社公菩萨"。中国最早的文字是独体字，合体字是后来的发展。中国自古就是一个生产不太发达的农业国，传统的中国人对于土地十分依赖，我们的祖先对于土地和大自然的崇拜、敬重由来已久。今天的南方居民每家每户门口往往置有一个"四方土神"的牌位，不能说完全是迷信，老百姓对生于斯长于斯的一方土地表示崇拜、敬畏，乃是一种情感寄托，它反映了传统的生产方式和农业文化在世代国人的观念上打下一种根深蒂固的烙印，也反映了中国天人合一的传统文化观念。土地神（见图20），一个小小的庙，虽然算不上很高规格（在众神之中，土地神级别本来就不高），但是各地都会有。

图20　土地庙

此后，"社"又被用于古代地方行政单位的名字，《周礼》载："二十五家为一社"，这是封建管理制度在汉字中的沉淀。

祖："祖"也是从"示"字旁。甲骨文"祖"（且）作"🔲"，像一支竖起的男根。《说文解字》："祖，始庙也，从示且声"。始庙就是祭祀祖宗的在所。从甲骨文到楷书，"祖"字的形体发生了一些变化，但基本形体是明确的。为什么我们的祖先会有生殖崇拜？想想看，人类一切的生产、劳动，包括守土御敌，哪一样能缺少人？在生产水平相当低下的远古时代，人类自身的生息繁衍是生命延续、生产力维系与族群发展最现实的途径，如果没有生殖的健全，人丁不兴旺，整个民族如何维系？不言而喻，生殖崇拜是人类自身发展的先决条件与远古的社会认同。

以上所述，目的是希望中国人了解中国优秀的传统文化，热爱祖国的语言文字。

陆烁，先后就读于北京大学、香港城市大学、哥伦比亚大学。现任职于中山大学中文系，主讲"社会语言学"、"应用语言学"、"语言创意策划"等课程。主要从事社会语言学、比较语言学等方面的理论与应用研究。

贰 十里不同音——方言和古今声韵

陆　烁

　　某电视台录制过一段关于方言的节目。这个节目请来的几位嘉宾，都是国家语委评出的方言发音人。什么叫方言发音人呢？每个地方、每个城市，都有一种代表它地方特色的语言声音。所谓的方言发音人，就是国家语委为了调查和保护各地的方言，到各个地方去选择在该地区生活了四年以上都没有离开本地，并且家中三代都是本地人的人选，再截取不同的年龄阶段，比如说20岁、30岁、40岁，然后对他们说当地的方言进行录音。隔一段时间，还要去回访他们，再录音。这些人就是保有了原汁原味的地方方言的发音人。

　　方言是我们社会的一个宝贵财富。对语言学、社会学、人类学等学科，方言都具有巨大的科研价值和实际意义；能说一种方言，是个人一生的财富。如何保护好我们的方言，是个大问题，特别是在当今这个方言不断退化的时代。爷爷奶奶辈说话所用的一些词，到我们这辈人就不用了，或者发音不一样了？比我们晚一辈的小孩子学说话的时候，是不

贰 十里不同音——方言和古今声韵

是已经不学说本地方言了？这是我们国家所有地区方言面临的一种窘境，由于普通话前所未有的普及，各地区交流程度加深，对方言造成了巨大的挤压和排斥。整理和研究方言成为刻不容缓的一个任务。

我们今天研究各个地区的方言，不仅关注它们在语言上的特点，还结合历史发展来看古今声韵。为什么方言会与古音有关？因为很多方言都保留了一些我们汉语在历史上的发音特征，所以，研究方言，就能帮助我们考证汉语的发展历史。

什么是方言？方言是怎么形成的？为什么我们都是中国人却说不一样的话？一方水土养一方人，语言是活的，只要这个语言还有人在使用，由于各地方特定的文化习俗，生产和生活习惯的不同，语言就会不断地演变。而且不同地方语言变化的方式不一样，就形成了如今众多的方言。也就是所谓"十里不同音"。这些方言可称为地域方言，就是指语言因地域方面的差别而形成的 还有另一类方言是社会方言，是指同一地域的社会成员因为在职业、阶层、年龄、性别、文化教养等方面的社会差异而形成不同的语言变体。例如，有调查研究发现，女性比男性说话更遵守语言规范。还有现在网上常说的时髦话"宅男"、"宅女"等，我们爷爷辈连听都听不懂。

我所讲的方言，是指由于地域不同所产生的不同方言，也就是地域方言。各个地域的方言，如同汉语大家庭里的成员，都有些亲缘关系，只是有些亲属关系近点儿，有些亲属关系远点儿。如何判断方言之间关系的远近？最显而易见的一个标准就是发音，听起来像不像。如果你觉得跟某个外地人说的话很像，那就说明很可能你们的方言亲属关系比较近。还要注意到历史渊源的问题，人流的迁移会把方言散播到各处，因此，产生了方言的移动，根据历史渊源以及汉语语言的发音、词汇等特点，可以把中国的方言分为七个大家族，即七大方言区，如下所示：

方言区代表方言人口比例

①北方方言（官话方言）北京话   70%

②吴语（江浙话）苏州话、上海话　　　　　　　　　　8.4%

③湘语长沙话　　　　　　　　　　　　　　　　　　　5%

④赣语南昌话　　　　　　　　　　　　　　　　　　　2.4%

⑤客家话梅县话　　　　　　　　　　　　　　　　　　4%

⑥闽语厦门话（闽南）福州话（闽东）、建瓯话（闽北）　4.2%

⑦粤语广州话　　　　　　　　　　　　　　　　　　　5%

如上所示，北方方言又叫官话方言，为什么呢？因为普通话是官方用语，而普通话是以北方方言为基础制定的，所以北方人学普通话比较容易，有方言上的天然优势。有一个有趣的历史插曲：中华民国成立的时候，粤语差一点就被投票选举定为全国标准语。关键时刻，孙中山先生"大义灭亲"站出来表态，虽然他自己的母语就是粤语，但官话的确定要考虑更多的其他因素，比如说学习的难易程度。事实证明，相对而言，让南方人学习普通话要比北方人学习粤语简单得多。因为南方方言比较复杂，并且说北方方言的人口数量最多，占到了总人数的70%。

下边是方言区的地理分布图：

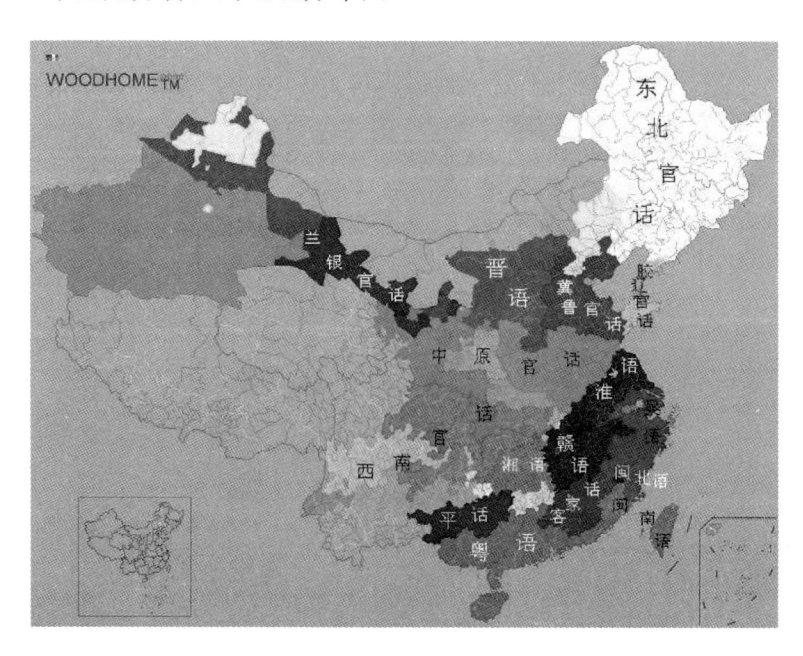

贰 十里不同音——方言和古今声韵

从上边的方言地图可以看到，我们不能用纯粹地理意义上的南北来区分北方方言和南方方言。例如四川、云南和贵州是西南地区，但这一大片都是官话区，也就是都说北方方言。实际上，古汉语的主体就是北方方言，因为我们中华民族的发源地在西北，然后往东到河南中原一带。北方方言是古汉语经过数千年在北方地区发展起来的，而其余南方方言是北方居民在历朝历代不断南迁中形成的。不同时期的北方古汉语，分散到江南各地区，逐步形成现在彼此明显不同的六大南方方言。另外，要注意到一个特点，当北方居民迁居南方之后，他们所说的北方古汉语就比较固定下来了，变化较少，因为他们已经远离了北方方言区，故乡那边的语言新变化他们已经跟不上了。从这个意义上说，南方方言会更多地保留了过去的古汉语特点，更接近比较古老的古汉语的面貌。

今天的南方方言和北方方言的差异非常大，以至于互相难以交流，为什么呢？主要原因有三：1. 南方地区本来就存在多种地区性方言。百越之地，有众多方言不足为奇。2. 北方汉语南下的时间不同。比如唐朝时有一拨北方人迁居南方，宋朝时又有，明清时又有新移民，由于北方方言本身在不断发展变化，历朝历代南迁的北方人带去的北方方言也就不尽相同。3. 南方各方言各自发展。特别是还可能与南方本地居民杂居、通婚等，受到了当地方言或语言的影响，它们所使用的语言必然发生演变。总之，语言是活的，都会在历史进程中发生演变，演变就会产生差异。

我们今天看到的各地区方言总的格局是：北方各方言一致性大、差异性小。例如，东三省一直到云贵川，不同地区的人尽管地域空间跨度大，但语言交流障碍不大，基本能听懂彼此的话。而南方各方言差异性大，一致性小。有些地区仅一江之隔，两岸的方言就不一样了。

方言之间的差异主要表现在语音、词汇、语法三方面。我们从这三个角度依次介绍几个主要的方言区。

第一、北方方言。还可以分为四个次方言：

1. 北方话。河北、河南、山东、东三省、内蒙古部分。

2. 西北方言。山西、陕西、甘肃、宁夏、青海、内蒙古一部分。

3. 西南官话。云贵川、湖北（除东北角）、广西西北、湖南西北、河南南缘。

4. 江淮官话。安徽江苏的江北地区（除徐州、蚌埠）、南京、镇江。

主要语音特点是辅音韵尾少。韵母的结尾如果是个辅音，就叫辅音韵尾。普通话里只有两个，一个是以"-n"结尾的，一个是以"-ng"结尾的。而南方方言中辅音韵尾很多。第二个特点是声调少。我们学普通话只知道声调有四个，分别是一声、二声、三声、四声，也可以叫做"阴平、阳平、上声、去声"。我们还有一个更加专业的办法来详细描述具体一个声调的高低走向，即"五度标调法"，仿佛音乐的简谱一样用数字标记音的高低，同时，还可以用线条来描绘具体的走向：

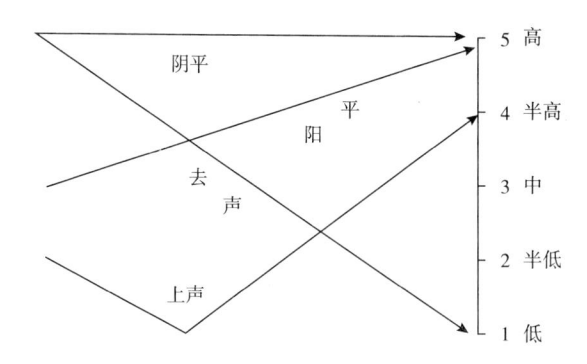

我们中国人说汉语就像唱歌一样。上边这个图显示的是普通话四个声调的语音特征，而具体方言中的声调情况会有所不同，即使是同一个名称的声调，如下显示：

贰 十里不同音——方言和古今声韵

	阴平	阳平	上声	去声
	诗	时	使	事
北京	55	35	214	51
济南	213	42	55	21

接下来我们看北方方言的词汇特点。北方方言是普通话的词汇基础，但也有一些地方用语的差别。例如"太阳"这个词语，有以下一些说法：老爷儿（北京、保定），日头（沈阳、西安、桂林、石家庄），爷爷儿、日头爷、日头影儿、阳婆儿、阳婆、前天爷、佛爷儿（河北）。日常生活的常用词往往会在各地有不同的特色说法，比如：

北京	白薯	老玉米，棒子	土豆儿	向日葵，转日莲
沈阳	地瓜	苞米	土豆儿	向日葵，毛子喀
呼和浩特	红薯	玉菱子	山药	葵花
济南	地瓜	棒子	地蛋，土豆儿	朝阳花
洛阳	红薯	玉蜀黍		向日葵
西安	红芋（乡）红芋（城）	苞谷	洋芋	向日葵
成都	红苕	玉麦	洋芋	向日葵，葵花
昆明	白薯，红薯	苞谷	洋芋	进阳饼儿
贵阳	番薯	苞谷	洋芋	葵花
武汉	苕	苞谷	洋苕，洋芋	葵花
扬州	山芋	玉如书，棒头	洋山芋[②]	葵花[①]

有的方言还有一些外来语的借词，如北京话（北方话）里的满语借词：埋汰（肮脏）、瘆（恐怖）、勒特（衣冠不整）、骨力（精美）。北方方言的语法特点比较一致，在此就不多说了。

下边（1）是一个普通话记录的小故事《北风和太阳》，学者们常常用这个故事来调查各地区的方言情况，比如北方方言的豫北方言来讲这个故事的话，就记录成（2）的样子。

（1）北风和太阳

北风和太阳争论谁最有权力，他们同意，谁先脱下旅人的衣服，谁就是胜利者。北风先试他的力量，用力猛吹；但是风越大，那旅人将他的大衣裹得越紧；最后，北风放弃了，请太阳出来，看看他的本事。太阳很快地发出他所有的热力。不久，那旅人感受到太阳暖和的光线，便将衣服一件件脱下，最后，热得受不了了，就脱光了衣服，在路旁的河里洗澡。

北风不得不承认，到底还是太阳的本事大。

（2）豫北方言

老风婆和老叶儿在比谁更有本事，俩人都觉得，谁先把马路上的人身上的衣裳脱了，谁就赢了！老风婆先，用嘴使劲儿吹；但是他的劲儿越大，马路上的那人就把衣裳拽得更紧。末后影儿，老风婆算了，叫老叶儿亮亮自个儿的本事。老叶儿立马发热，那马路上的人受不住了，就把衣裳都脱了，还在马路沟的水坑里洗了个澡。

中，老爷儿，还是你有本事！

接下来我们介绍南方方言中我们非常熟悉的粤语。粤语形成时间很早，从周秦以来就有了。秦始皇统一中国后发配了一大批汉人南下，与百越各族杂居，还建立了郡制，今天广州还有南越王墓遗址博物馆。粤语就是那时候慢慢形成的。粤语的特点是内部一致性较高，不同片区的粤语差异不大，彼此基本都能听懂，代表性方言是广州话。过去广州话在粤语区地位很高，也叫"广府话"，因为广州是广东的首府，代表着广东最高的文化文明和经济水平。我有位同学是粤西人，她说到广州读大学后就再也不敢说家乡话了，虽然交流没障碍，但口音一听就知道不是广州话，本地人就会觉得她土气，乡下来的，她自己很不好意思。广州话作为粤语区的核心至今地位超然，这与它的经济水平、政治地位密切相关。粤语主要分五个片区：

1. 粤海片：珠三角、西江。
2. 钦廉片：钦州、廉州。
3. 高雷片：高州、雷州。
4. 四邑片：台山、新会、开平、恩平。
5. 桂南片：广西南部（南宁话）。

这是粤语的分区图：

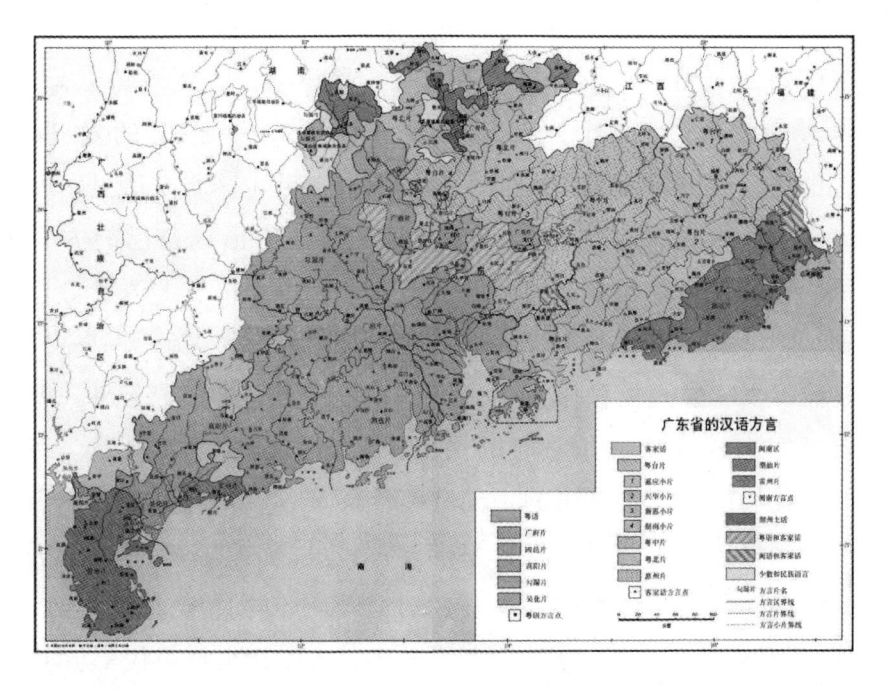

粤语的语音特点首先是保留了入声"-p, -t, -k"韵尾，和鼻音的"-m, -n, -ng"韵尾。入声是汉语古已有之的一个声调。以唐朝语音为例，那时汉语分4大类声调，平声、上声、去声和入声，每一类声调又分阴阳，所以一共8个声调。入声在今天的北方话里基本已经消失，但是却保留在了南方的众多方言里。入声是一种什么样的音调呢？举一个例子，你到火车站接朋友，来人姓张，你见到他很激动，远远就喊"小张——"，这"张"的尾音你可以拉得很长。而如果来人是个美国朋友Mike（麦克），你能否把这尾音拉长？不能，入声的意思就类似Mike的发音，其结束的尾音是个辅音，所以不能拉长发音，因为辅音只是口腔中的气流的阻塞，不像念元音时声带振动可以把音拉得很长。再举一例，粤语区把英国球星Beckham（北方方言区译为"贝克汉姆"）的名字翻译为"碧咸"，用普通话来看很不可思议。但是如果按广州话发音念"碧咸"二字，就会发现比按普通话发音念"贝克汉姆"四字更接近英文单词Beckham的发音。因为"碧"在广州话里是个入声字，"-k"结尾，"咸"在广州话里则是"-m"的鼻音韵尾。粤语第二大语音特点是，声母中没有"j-、q-、x-"、"zh-、ch-、sh-、r-"的发音。这也是有历史原因的。这些音都是唐宋之后才在北方话里发展出来的，那时候粤语早已分化成形，在南方形成自己的方言区，并没有随着北方话的发展潮流演变。粤语第三大语音特点是，韵母系统复杂，要区分长短音。如用粤语说"街—鸡"，只是韵母发音长短的微妙变化，因此，学习粤语是个苦差事。粤语第四大语音特点是，粤语保留了很多古汉语读音特点，因此，我们能根据古汉语的声韵书籍推导其读音。反过来，我们也可以根据今天的粤语发音来推导古代汉语的发音。关于汉语的声韵，我国历史上有一本著名的记录声韵的著作，叫做《广韵》。是宋朝（1008年）陈彭年、丘雍等人奉诏根据前代《切韵》等韵书修订而成，专门整理记录了当时汉语的发音，是当时科举考试的标准用韵规范。为何叫《广韵》？意思是增广，涵盖很全面。今天则有人戏称，广韵就是广东话的韵。因为根据书中所记录的声韵，其发音跟今天的广东话很像。《广韵》是怎

贰 十里不同音——方言和古今声韵

给汉字记音的呢？由于古人并没有发明五线谱、简谱一类的音调法来标音，也不像西方语言是字母文字——字母与发音有密切关系，汉语的文字与其发音基本没关系，因此，我们古人标注汉语发音的方法比较特别，叫"反切注音法"。一个汉字的发音是由声母和韵母组成的，当给一个汉字标注发音时，就找另外两字放在一起来标注，取第一个字（反切上字）的声母，取第二个字（反切下字）的韵母。上字与被切（注）字的声母相同，下字与被切字的韵母和声调相同，上下拼合就得到了被切字的读音。如《广韵》里边"冬，都宗切"；"孝，呼教切"。大部分古书记录的古音都是用的反切注音法。粤语第五大语音特点是，粤语中有9个声调，不但继承了唐宋音的8个音调，还在入声的音调中分化出了第9个调。这九个调分别是：阴平、阳平、阴上、阳上、阴去、阳去、上阴入、下阴入和阳入。如下图所示：

调 类	调 值	例	字
阴 平	˥55 和 ˥53	诗 ₋si	夫 ₋fu
阳 平	˨˩21	时 ₋si	扶 ₋fu
阴 上	˧˥35	使 ʻsi	苦 ʻfu
阳 上	˩˧13	市 ʻsi	妇 ʻfu
阴 去	˧33	试 siʼ	富 fuʼ
阳 去	˨22	事 si²	父 fu²
上阴入	˥5	识 sık₁	忽 fat₁
下阴入	˧33	泄 sit₋	法 fat₋
阳 入	˨2 和 ˨˨22	食 sık₂	乏 fat₂

据考证，粤语的音调和唐宋时期的古汉语发音很相似，而唐诗宋词的押韵是要讲究声调的和谐的，如果我们用粤语来朗诵古诗词，会更加原汁原味一些。比如岳飞的《满江红》通篇是押入声韵的，粤语都保留了这些入声，用粤语读可能更有利于还原词作的韵味。

满江红·怒发冲冠

岳飞

怒发冲冠，凭栏处，潇潇雨歇。抬望眼，仰天长啸，壮怀激烈。三十功名尘与土，八千里路云和月。莫等闲、白了少年头，空悲切！

靖康耻，犹未雪。臣子恨，何时灭？驾长车，踏破贺兰山缺。壮志饥餐胡虏肉，笑谈渴饮匈奴血。待从头、收拾旧山河，朝天阙。

粤语的词汇有什么特点呢？日常用语中粤语不同于普通话的词汇多达50%以上，突出特点是更加接近古汉语。比如单音节词多，如"眉、味、尾、窗、盒、椅、扇"。在北方话里，一般说法是"眉毛、味道、尾巴、窗子、盒子、椅子、扇子"。二是保留了很多古语词，例如"行、颈、饮、食、睇、话、着、将、企、无、面、衫、翼"。"翼"，北方话里叫"翅膀"，粤语这个用字"翼"就比较古典文雅。另外，还有一些因地区风土文化带来的词汇特点：一是粤人比较讲究吉利，所以避讳词很多：猪红（猪血）、猪润（猪肝）、牛俐（牛舌）、吉屋（房屋）、胜瓜（苦瓜）、遮（伞）。为什么不叫猪血？要避免血光之灾。伞为什么叫"遮"？"伞"的谐音是"散"，散财不吉利。二是由于气候温暖，所以冰雪不分：雪条、雪糕、雪柜、雪屐。三是外来借词多。因为广东的经济开放程度全国领先，所以其方言中也出现了大量从西方语言发音直译过来的词汇，如：波鞋(ball)、咪(mile)、多士(toast)、士多(store)、菲林(film)、蛋挞(tart)、咖喱(curry)等。

粤语是古老的方言，粤语的许多词语——包括语气助词，都可以直接在古汉语的典籍中找到来源。例如：广州话常用于句末的语气助词"忌"（现在常常被写作"嘅"），可以追溯到《诗经·国风·郑风·大叔于田》"叔善射忌,又良御忌"。现代汉语中"行"和"走"的意思基本没有差异,但在广州话里,两者保留了古汉语的区别,"行"是走路,"走"则是"跑"的意思。不过随着普通话在广东地区的推行和外来人口的影响,很多广州话保留下来的古语词汇也渐渐很少被使用了。

粤语的语法也很有自身特色。例如,副词"先""翻""添""多/少"后置,比如"我吃饭先";双宾语的语序与普通话不一样,比如"俾三本书我(给我三本书)";比较句语序也不一样,比如"我大过你(我年纪比你大)"。

前边提到的《北风和太阳》的故事,用粤语讲就可以记录成这个样子:

> 有日,北风同太阳争边个最有权力,佢地同意,边个先剥旅人啲衫,边个就赢。北风先试佢嘅力量,用力咁吹;但系风越大,果个旅人将佢件衫拉得越紧;后尾,北风唔玩了,叫太阳出嚟,睇睇佢嘅本事。太阳好快咁发出佢所有嘅势力。无耐,果个旅人觉得太阳暖粒粒,就将啲衫一件件咁剥落嚟,后尾,热到顶唔顺嘞,就剥光晒啲衫,系路边条河冲凉。北风唔得唔认,到底系太阳犀利。

第二大南方方言是吴语。吴语最晚到三国魏晋时已完全形成,还有一个很好听的名字叫"吴侬软语"。因为晋以后流行以婉约细腻著称的吴歌,歌中女性以"侬"自称,"吴侬"即成为吴人、吴语的别称。吴语的次方言主要分为两个片区:

1. 北部吴语(太湖片):苏南、浙北、上海。
2. 南部吴语:台州片、瓯江片(温州片)、婺州片(金华片)、处衢片(丽水片)、宣州片。吴语的六片与唐宋以来州府一级的行政区域高度吻合。分区地图如下:

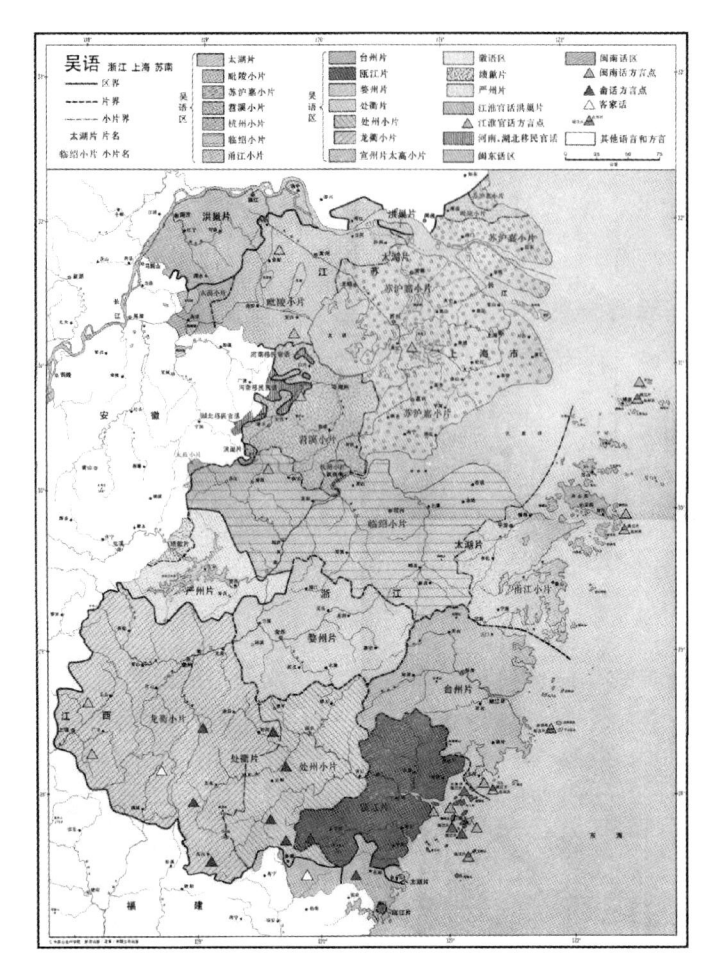

吴语的特点是：保留全浊声母；单元音丰富；只有一个鼻韵尾"-ng"；通常不用把字句；重叠法很多，例如：排排齐、裹裹紧、讲讲清爽、白皑皑、恼忽忽、日长滔滔；"子"尾多，比如"昨日子，学生子"。

《北风和太阳》的故事用属于吴语的常州话记录如下：

· 常州话《北风搭则太阳噶故事》

有一次，北风搭则太阳勒头争嗲人噶本事大。争过来争过去也争不出噶上下来。就勒尴歇辰光，路上有噶人正好波过来，他身上穿则一件棉格罗嗦的厚大衣。北风搭则

贰 十里不同音——方言和古今声韵

太阳讲好了，哆人能够叫尴噶波路噶人搦他身上噶厚大衣脱下来，就算哆人噶本事大。北风就起劲噶吹出来，朗开晓得北风吹得越起劲，波路噶人越搦厚大衣裹裹紧点，到后漫来，北风也呒没办法咧，只好就算数罢。过了一歇歇，太阳出来咧。他毒刮辣辣噶一晒，过噶波路人就豪稍搦身上噶厚大衣脱下来。尴一次北风只好承认，他家两个人还是太阳噶本事大。

湘方言分布在湖南大部和广西北部，三面受西南官话包围，内部分歧比较大。老湘语（双峰话）有全浊音，普通话推广后基本清化（新湘语、长沙话）。保留入声，不分前后鼻音，无翘舌音，声母"n、l"不分，甚至"f、h"不分。

下边是湘语的双峰话讲述《北风和太阳》的故事。

北风跟日头（双峰话）

ʰi˩ iəʔ˩, pieʔ˩ xaŋ˩ kieʔ˩ ʰi˩ dieʔ˩ niau˩ kʊ˩ ɪn˩ tsɔ˩ tɕiʔ˩ lie˩, kʰi˩ laʔ˩ ʰi˩
有 一 日, 北 风 跟 日 头 两 个 人 争 起 来, 看 哪 一

kʊ˩ kə˩ pin˩ dz̩˩ daʔ˩ ti˩, tʰoʔ˩ ɲi˩ ʰi˩ lʊ˩ ty˩ aŋ˩ ʰi˩ ty˩ tsɔ˩ ʰi˩
个 格 (的) 本 事 大 点。 他 (们) 你 一 句 卬 (我) 一 句 争 得 面

ɣaŋ˩ ləi˩ tsʰ˩ kəʔ˩ dz̩˩ yieʔ˩, kʰi˩ tɕiʔ˩ ʰi˩ kʊ˩ɕiŋ˩ kəʔ˩ ɪn˩, ɕin˩ yiaŋ˩
红 耳 赤 格 时 候, 看 见 一 个 过 身 格 人, 身 上

tʰi˩ ʰi˩ ɕəm˩ pʰiʔ˩ dz̩˩, nau˩ kʰʊ˩ ɣaŋ˩ tai˩ ʰi˩ kəʔ˩ paŋ˩ tɕiʔ˩ xəʔ˩ tsʰ˩, ʰi˩ buʔ˩ ʰi˩
穿 一 身 棉 袍 子, 脑 壳 上 戴 一 个 板 毡 帽, 一 步 一

buʔ˩ mã˩ mã˩ tɕi˩ yɔ˩ lie˩. ʰi˩ dieʔ˩ kaŋ˩: lex˩, ɪam˩ lex˩, aŋ˩ kieʔ˩ lʌ˩ dziu˩ kuəʔ˩
步 慢 慢 基 (地) 行 来。 日 头 讲: 好 嘛, 卬 跟 你 就 果

kaʔ˩ bəi˩, laʔ˩ ʰi˩ kʊ˩ ɕin˩ pɔ˩ lʊ˩ tai˩ ɪn˩ kəʔ˩ xəm˩ tsʰ˩ kieʔ˩ bəi˩
皆 (这么) 罢, 哪 一 个 先 把 咯 搭 (那个) 人 格 帽 子 跟 袍 子

tʰaŋ˩ kaʔ˩, dziu˩ dz̩˩ daʔ˩ pin˩ dz̩˩, lʊ˩ kʰiʔ˩ mo˩ kaʔ˩ ti˩. pieʔ˩ xaŋ˩
脱 解 (过), 就 是 大 本 事, 你 看 么 皆 帝 (怎么样)。 北 风

kaŋ˩: kʊ˩ kaʔ˩ ɣaʔ˩ puʔ˩ ʰi˩ tieʔ˩; puʔ˩ ləi˩ kaŋ˩, ʰi˩ din˩ ʰi˩ aŋ˩ iɔ˩ kəʔ˩.
讲: 果 皆 还 不 易 得; 不 要 讲, 一 定 是 卬 赢 格。

pieʔ˩ xaŋ˩ kʰəʔ˩ tʰo˩ yue˩ tʃy˩ ɣauʔ˩ kəʔ˩ pin˩ dz̩˩, pɔ˩ lʊ˩ tai˩ ɪn˩ kəʔ˩
北 风 靠 他 会 吹 格 本 事, 把 咯 搭 人 格 帽 子

tʰy˩ təi˩ di˩ yiaŋ˩, ʰi˩ ʰi˩ ɣiɔ˩ pɔ˩ tʰi˩ kəʔ˩ bəi˩ tsʰ˩ kəʔ˩ kʰieʔ˩ tsʰ˩ laʔ˩ ʰy˩ kaʔ˩
吹 到 地 上, 又 一 下 把 他 格 袍 子 格 扣 子 也 吹 解

tʰy˩ li˩. pieʔ˩ xaŋ˩ kʰiʔ˩ lai˩ kʰauʔ˩ xauʔ˩ tieʔ˩ ləi˩ ʰi˩ tʰoʔ˩ ʰi˩ kaŋ˩, lex˩ laʔ˩, aŋ˩
去 哩。 北 风 看 者 (着) 快 活 得 要 死。 他 讲, 好 啦, 卬

早 就 晓 得 卬 要 赢 格。正 好 在 讲，咯 搭 人 已 经 把
帽 子 戴 起 来 哩(了)，把 袍 子 也 扣 起 来 哩。北 风 赶
紧 拼 命 价 吹，哪 里 晓 得 越 吹 得 很，咯 搭 人 把 袍
子 包 得 越 紧。到 哩 后 来，天 顶 上 格 云 也 辖(被) 他
吹 散 哩，日 光 也 出 来 哩。咯 搭 人 还 是 咯 搭 样 子。
日 头 就 用 力 晒。咯 搭 过 身 格 人 心 里 想，果 搭
天 气 硬 是 讨 厌 死 哩；一 边 讲，就 把 袍 子 脱 下
来。日 头 看 者 真 得 意，就 讲：你 服 输 哩 阿 冒？ 还
是 卬 格 本 事 大 些 罢。北 风 听 者 日 头 果 皆 解
讲，气 得 鼻 头 眼 里 冒 烟。

赣语分布在江西中部和北部。它的主要特征就在于它的特征不突出，界限不分明。为什么呢？因为江西在过去一直作为一个北方移民进入南方的通道，本地族群的方言不断受到冲击，也长期受周边方言的影响。主要特点是保留入声，不分前后鼻音；声母"n, l"有时不分；词尾"-子"，"-立"发达，比如"女崽子、女立、鞋立"。

闽语分布于福建、广东潮汕、海南、浙南和台湾。保存了许多上古汉语的特色，也就是秦汉以前汉语的特色。同时，也有不少古闽越语的遗留。闽语的内部分化最显著，可以分为五大片区：闽南话（以厦门话为代表）、闽东话（以福州话为代表）、闽北话（以建瓯话为代表）、莆仙话（以莆田话为代表）、闽中话（以永安话为代表）。主要特点有：没有"f-"，没有"zh-、ch-、sh-、r-"。次方言间韵母差异很大：建瓯话有34个韵母，福州话有48个，厦门话79个之多。闽语很多字词有文读白读之分，比如"大家（"我们大家"、"大家庭"）"。一个字在具体的语流中读音常常受环境影响而发生改变。另外，还存在一些与普通话语序不同的词，比如"千

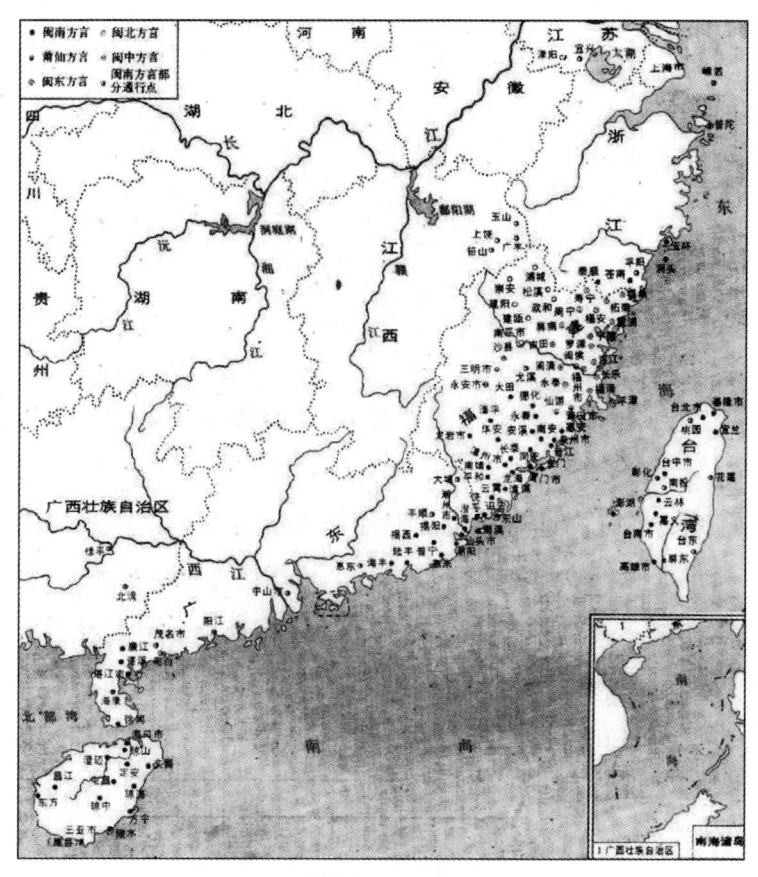

闽语分布图

秋、闹热、菜蔬、鞋拖、人客、鸡母、猪哥"。

客家话是早期北方移民（西晋永嘉之乱开始）后裔的语言，大概形成于宋代，带有较多唐宋及以前北方话的特征。说客家话的客家人对这一点非常自豪，认为自己的方言代表了正宗的古代中原话。客家话主要集中分布在粤东、闽西、赣南地区。"客家"的称呼是入清之后才在这一带定型的，因为有了说粤语的先入为"主"，所以，才有后来的"客"。客家话语言特点包括保留入声 [-p]、[-t]、[-k]；没有"f"声母；也没有翘舌音"zh-, ch-, sh-, r-"。没有"y-"韵母。和粤语一样，客家话单音词较多，比如"兴、愿、爽、乌、禾"。

客家人迁徙路线图

和赣语一样,客家话也长期处于各种方言(广东话、闽南语等)的包围圈中,但是却没被同化,依然顽强地保持着自己鲜明的特色。很多地方的客家话的生存状态相当于"方言岛"。历史上操相同或相近方言的一部分人迁入操另一种方言的人的地盘,他们所带来的方言在本地方言的包围下,就如大海上的岛屿,即"方言岛"现象。比如,抗战时期,广东省政府内迁韶关,大批"广府人"也涌入韶关城区,由于来自省会城市的优越感,迁居于此的广府人坚持说广州话,基本取代"老韶关话"而成为主要的交际用语并延续至今,但周边农村仍主要说"老韶关话"或客家话,韶关城区成了白话方言岛。

客家话如此顽强地保持了自己的方言特色,与客家人自身强烈的族群认同感是分不开的。不管天涯海角,只要说客家话,就是一家人。不管处于什么样的环境,他们都坚持让后代子孙学说客家话。客家人有句俗语:"宁卖祖宗田,不卖祖宗言"。他们深刻明白一个道理:"欲灭其国,先灭其史;欲灭其史,先灭其言。"学者陈支平在《客家源流新论》中指出:客家方言才是界定客家的最基本要素。由于客家人坚持说客家话,反过来客家话使客家族群增加和保持着巨大的凝

贰 十里不同音——方言和古今声韵

聚力。

  总而言之,北方方言从古演变至今,变化较大,总的演变趋势是越来越简单,声母、韵母、声调都比古音变少了,大概是为了发音的简单和交流的方便。而南方方言,尤其是闽、粤、客三大方言较少受到北方方言演变的影响,它在自己的区域里较大程度地保留了古音韵面貌,成为研究古韵的活化石。

  《毛诗序》云,"言天下之事,形四方之风,谓之雅"。方言这种看似最为俚俗的东西,其实也是大雅。它保留了我们的古音风貌,凝聚着人们对血脉的认知,展现出一方水土的独特情韵。希望各位同学能各自珍爱家乡的方言,带着对自己母语的无比自豪之情,把家乡的文化发扬光大!

段维军，博士，暨南大学外国语学院副教授、研究生导师，曾获中国东北师范大学外语学院语言学博士学位、英国诺丁汉大学人文学院哲学博士学位。研究领域为语言学、语言哲学、人工智能、英汉翻译（含同声传译），研究方向为语言的实际运用及语言学在计算机科学、人工智能等设计中的应用。2009年，在中国首次提出了语言学、哲学在机器人设计中的运用概念，并在全世界范围内提出了语言指称、命题、真实性等千年学术难题的理论模型。

叁 中国诗歌文化与对外传播策略

段维军

"今夕何夕兮，搴舟中流。今日何日兮，得与王子同舟。"电影《夜宴》出现过的这首诗歌，相传是中国诗歌历史上第一首被翻译的诗歌，从壮语翻译成汉语。据传，这首诗翻译于公元528年，可见翻译在我们中国，特别是诗歌的翻译，历史非常悠久。虽然如此，但是总有人说，诗歌的翻译，经常是牛头不对马嘴。莎士比亚的名著《仲夏夜之梦》，它中间有这么一幕：一个叫Chris的人对另外一个叫Burger的人说"thou are translated"。他的话用现代英语说就是"you are translated"，意思是你被翻译了，你被弄得面目全非了。在西方，乃至整个国际学术界都有这样一个说法：诗歌的翻译经常是牛头不对马嘴。正是因为诗歌的翻译有如此多的争议，我们就必须找到中国诗歌对外传播中的翻译策略。

我今天讲的内容大概分为四个部分：第一部分包括汉英诗歌翻

译与诗歌的可译性问题、汉英诗歌翻译研究的意义、我是怎样做这个研究的。第二部分是文献综述，即寻找巨人的肩膀。所有的发现和发明都是站在巨人即前人的肩膀上取得的。如果你连巨人的背都摸不着，你就去研究，基本上是浪费劳动。我把文献综述分成两块：汉英诗歌翻译的元理论和诗歌翻译的本体理论。第三部分谈谈汉英诗歌特征分析，包括诗歌的定义、汉语诗歌的特点、英语诗歌的特点等。在文献综述和汉英诗歌特征分析的基础之上，我会在第三部分提出一个新的诗歌翻译的统一的理论，最后我会谈谈汉英诗歌翻译的策略。

首先，很多名人都说过诗歌不可翻译。比说，雪莱说："翻译犹如把一朵紫罗兰投入坩埚"。还有巴斯奈特也说："诗歌是修辞、意象、节奏、意义的统一体，其可译性受到制约"。这也就是说，"诗歌可能不好翻译"，或者就是说诗歌不能译。洪堡曾经说过，"诗歌的可译性是有程度的"，就是有些可译，有些不可译。雅各布逊也说过，"诗歌的韵律不可译"。还有卡特福德这位目前国际翻译界非常有名的大腕也说过一句话，"在诗歌的翻译中存在着语言不可译和文化不可译"。例如，英文中有冠词，中文没有。再比如一词多义：有的英文单词在英语中是一词多义，其中文对应词在中文中就不一定是对应的一词多义了。比如，英文中的一个单词"1ead"，做动词时有"领导"的意思，做名词时是"铅"的意思，但是中文的"铅"字能表示动词"领导"的意思吗？不能。这种就是语言的不可译性。还有文化的不可译性，这个更简单了。比如说，佛教最开始传到中国的时候，汉语中根本就没有和"释迦牟尼"这个名词相对应的文化概念，那就只能靠音译。还有尼采说的话，"风格不可译"。人们可能会问什么是风格？其实这个问题像爱情一样，有人说我好爱你啊，那么，你请他告诉你"什么叫爱"。他说："不可说，只能放在我心里，我能感觉到，但是我不能说。"待会我要把这个爱情的谎言破解掉，就像这个"风格不可译"，我要把风格不可译破解掉。还有就是异质性不可译问题,这是本雅明说的。所谓异质性,就相当于说我们两个人是不同的,你是男的我是女的,这是不能调换的。

那么,我们为什么要做诗歌翻译研究?诗歌翻译的意义在哪里?主要从以下三方面看:第一,诗歌翻译从目前来看是一个学术难题,必须解决。第二,研究诗歌翻译可以指导诗歌的翻译实践。第三,诗歌翻译服务全球化和中华文化传播。从这几个方面来看,研究诗歌翻译,具有学术和现实的意义,也符合我们中国梦这个理念。那么,我的研究方法主要从以下几个角度展开:首先就是做文献综述,目的当然是探讨现有理论的缺失。因为我自己本身是做跨学科的,所以会从信息科学、哲学、语言学、人工智能这几个方面综合起来,形成一个整体的翻译观。其次是案例分析——如果没有案例的话,大家会说这是夸夸其谈。两次就是逻辑论证,即证实和证伪。我想这块主要体现在文献综述里。如果论述里的观点是被多数人认可的,经过大家论证是合理的,我基本上不再详细地论证,如果我觉得是有问题的,就会详细论证它为何有问题。

在综述这一块,包括诗歌翻译的元理论与本体理论。霍姆斯在1972年曾经说过:"翻译要做元理论的研究。"元理论是什么意思呢?元理论就是考虑翻译本质的问题。比如翻译理论是否自洽的问题,翻译理论的名与实的问题,翻译理论的科学性问题。顾正坤先生在2005年提出了一个概念:翻译理论分为玄理论、元理论、泛理论三个方面。实际上,他说的"玄"和霍姆斯说的"元"都是同一个意思,都是关于本体的翻译和研究,或者是说关于翻译理论的理论。诗歌翻译的元理论,也叫本体论。本体论就是研究存在、本质等问题的理论。

元理论主要是按照三个模式来探讨:翻译的定义、翻译的策略、现存理论的弊端。从翻译理论来看,我把它分成了四个学派。第一个是文艺派。文艺学派的主要思想包括:译文必须保持原文的意义、风格和文学性；译文要保持互文性（克里斯蒂瓦）（互文性是什么意思呢？互文性就是说，我们说的每一句话、每一个词实际上在以前都被别人说过了，因此，互文性就是在你这个作品里面找一找有没有别人作品的影子——别人说过的原词、原话、别人描述过的形象，或者别人呈现的风格等等）。翻译的创造要方便读者理解（翻译怎么创造？霍勒斯的意思是别人诗歌里没有的话、没有的词，我们在翻译的时候创造一个出来。这相当于无中生有，这就是创造。那么创造的目的是什么呢？如果是无中生有，是否存在读者不知所云的情形？）。翻译可以与原文竞争甚至超越原文（昆蒂利安）（比如，原作的文字很苍白，我在翻译的时候加入一些色彩，使之变得五彩缤纷，这就叫竞争超越）。

上述思想，文艺派提出了以下的翻译策略：第一，直译，就是把字面上的意思翻译出来。第二，意译，也就是原意与字面上的意思不相同。比如说，英文中有一个成语"you are the apple in my eyes"，我们不能直译成"你是我眼中的苹果"，而应该翻译成"你是我的掌上明珠"，这个就是意译不是直译了。第三，是直接抄写。杰罗姆说过一句话：上帝提到很多东西，《圣经》里说到很多东西，我们不知道就直接抄出来了。这就像唐玄奘在翻译佛经的时候，中文实在没有"释迦牟尼"这个词，怎么办？那就直接照抄。第四，还有人提出了改编。一些诗歌直接翻译过去，外国人可能不懂，那就可以考虑改编。做改编最有名的中国翻译家是林纾（林琴南）。这个人很有意思，他对外语一窍不通，但他翻译了十几本书。他是怎么做到的？其实，他隔壁村有个秀才会外语，林琴南虽然不会外语，但是中文挺好，他的记忆也特别好，他每次到秀才的家里，就缠着秀才给他讲外国的小说。秀才一讲，他就把内容记下来，回到家改一改、编一编，就出了一本书。结果，现在他翻译的书在市场上很火，大仲马、小仲马的书，也是因为他的翻译而在中国红起来的。第五，是异化翻译和归化翻译。异化翻译就是，尽量把外国文化以原汁原味的形式呈现出来，而归化就是用自己的东西替换一下外国人的东西。历史上曾经有一个非常荒唐的翻译办法，比如，《雾都孤儿》这本书刚翻译过来的时候，不知道伦敦在哪里，于是，就把伦敦翻译成北平，因为伦敦是英国的首都，而北平则是中国的首都，所以就用"北平"归化了"伦敦"。现在归化没有那么过分了，遇到不是太熟悉的外国形象，会用与他们相似的中国形象来替换。同样，外国人遇到不熟悉的中国形象，也会用与他们相似的外国形象来替代。比如，我们以前说"亚洲四小龙"，当时国外的新闻把"四小龙"叫成"four tigers"。为什么是"四虎"而不是"四龙"？因为当时全球化进程还没有现在这么深入，那个时候外国人觉得龙是非常可怕的东西，张牙舞爪的，是要吃人的。而虎在英语里面代表着力量，所以就把它翻译成"four tigers"。这就是用归化的方法。

显而易见，文艺派提出的这些理论和策略会有一些弊端。那么它的主要弊端就是：第一，在翻译的时候要创作，结果翻译出来的东西变成了自己的东西，原文的风格就很难保持了。第二，有些人提出直译，甚至提出了绝对的直译。毕竟翻译的多数情形是两种完全不同的文字之间的游戏，绝对地直译，那么译文就有可能不符合目标语的语法和习惯，读者就会看不懂，这会影响可读性。第三，异化翻译的策略，可能影响读者的接受水平。第四，归化翻译的策略，则有可能消弭掉原作的特色，产生似是而非的东西。

翻译的第二个学派——语言学派。他们的翻译主张主要有以下几个方面：翻译是最本质的一项语言活动；翻译就是换句话说；翻译是一种语际的、文本加语境干预意图的行为（翻译是语际的，是因为翻译主要是两种语言之间的；翻译是文本，是因为我们强调的是笔译；语境即语言使用的环境；翻译是有意图的，这就比较好理解，因为我们做任何事情都有意图、目的）；翻译分为三类：语内翻译、语际翻译、符际翻译，这是雅各布逊提出的概念；翻译就是意义和风格最接近的对等（别人是阳春白雪，你就不能翻译成下里巴人）；各种语言具有同等表达能力（这个观点也很重要。以前人们总是说，发展中国家的语言表达能力没有发达国家语言表达能力强。其实这个观点是过于绝对的。各种语言在交流的过程中，都是具有表达效果的，并不存在很大的差异）；翻译必须寻求对应或对等；翻译要辨别假朋友。假朋友就是看起来是真的，实际上不是这么回事。很多谚语和成语表面上看起来一样，实际上迥然不同。我刚才已经举了一个例子"you are the apple in my eyes"。这里再给大家举个英文的例子："pull one's leg"，字面意思是扯别人后腿的意思，但是它真正的意思是"开玩笑"，这就是假朋友，需要我们辨别。

语言学派还有什么主要的翻译策略呢？第一，寻求字、词、句、篇章、衔接手段、语用层面上的对等。比如，你们小时候到别人家串门，别人都会问："你吃饭了吗？"这个人难道是想请你吃饭吗？不是的，仅仅是一种问候而已。如果，让你把它翻译成英文你怎么翻译？我们可以翻译成"hello"，"hi"，"how are you"，"how do you do"。我们就不可以把它翻译成"have you had your meal"。这就叫语用对等。第二，区分外延、内涵、语篇规则、语用、形式对等。什么叫形式对等？在诗歌翻译里最典型的就是我们不能把诗翻译成散文，这是一种形式上的对等。第三，还有采用借词、借译／字面直译、造新词／仿造、语义转移、迂回表达、移位、调整、等价、改写等策略。第四，层次和范畴转换、置换。比如，一个词可以用一个句子来翻译，一个句子可以用一个词来翻译。范畴就比较好理解，比如一个语法范畴，把一个动词翻译成一个名词，或者把一个名词翻译成动词等。第五，分析、转换、重组、检验。例如有道、谷歌这些自动翻译的软件它是先做分析，叫词法句法分析，然后用机器语言把所谓的对应物找出来，再进行转换、重组，最后进行检验。这些理论看起来都是非常枯燥的，但是这些东西都会用到我们的人工智能设计上去。第六，形式对等和功能对等，功能对等包括表情、认知、人际、信息、意识、审美、情感等。第七，语言使用者层面和语言使用层面对等。第八，语义翻译和交际翻译。语义翻译就是尽量地呈现原文的语言面貌，而交际翻译更侧重于交际者的意图和理解。第九，语境—结构—文本机理的分析。新东方的培训班，写作文时，他们会发给你一个模板，这个模板就是一个文本的基本结构或者机理。如果你按照模板去做，就说明你已经把这个文本的结构和机理分析清楚了，那么，翻译的时候也可以同样按照模板去做。最典型的就是我给商务英语方向的学生上课的时候，让他们做了一个小小的翻译试验：我们用英文写信结尾的时候，最后都有敬辞结尾，我们一般都会写"yours faithfully"或者"yours sincerely"，最后大家都翻译成"你忠诚的"。这样的翻译实际上就很不地道。如果我们翻译成"此致敬礼"，那就非常好。这就是一种文本的结构和机理的分析应用在翻译上。最后，直接翻译和间接翻译。直接翻译就是直接按照原文的结构翻译，遇到不懂的形象和词，再加注释。间接翻译，就是不拘泥于原文的语言形式，只要达意即可。

语言学派理论的主要弊端是：第一，对语言形式的划分不够具体，影响翻译的操作性。第二，对功能的解读过于抽象，缺乏操作性。比如，你说这个语言有语用功能，到底是什么样的语用功能，它却没有说清楚。第三，对翻译的本质没有完整的把握，没有说清楚到底什么是翻译。

学学派的主要思想：翻译是征服（这是哲学狂人尼采说的话。尼采哲学的中心思想就是权力。很多人看过尼采的书，然后就会说，我要成为最有权力的人。尼采不就是因为经常说要成为世界上最有权力的人，结果就疯了。他觉得翻译是征服，对于他来说，既然生活是征服，那么翻译当然是征服）；翻译是赋予原文以延续的生命（这种思想把翻译的地位抬得很高。没有翻译，原文就死翘翘了，我一翻译，就好像给了原文以新的生命，因此，这是一种新的生命的延续）；翻译是一个置换、修改、推迟原文意义和命名的过程；存在纯语言（大家可能都听过巴别塔的故事。根据《圣经》的传说，起初地球上所有人说的都是同一种语言。当时人们很团结，有人就说我们来一起造一座塔，一直造到天上去，这样的话我们就可以跟上帝比一下高低。有一天，上帝出来看到了，就说人类要挑战我的地位了，于是上帝就在晚上人们睡梦之中的时候，散播了不同的语言。第二天人们一起来，彼此说的话都听不懂了，巴别塔就再也没有建起来了。荷尔德林、本雅明他们的观点就是，虽然我们现在说着不同的语言，但是所有语言的背后还有一个纯语言，这就是上帝还没改变我们的语言之前所存在那一种语言）；海德格尔说过一个观点，翻译存在着前理解。我说一个简单的比喻，人就像一台计算机，分为硬件和软件，硬件就是你的身体，软件包括系统软件和操作软件，系统软件在我们的基因里面指导着我们的身体怎么运行，操作（应用）软件就是我们平时运动，要做什么事情等等。这个软件，或者说就是我们的思想，不是说我们在看到一个东西之前是空白的，我们在看到一个空白的东西之前，其实已经预装了东西进去。因此，我们做翻译的时候，也是一样有预装的思想在，这就存在所谓的前理解。

哲学学派的主要策略：第一，异化和抵抗，抵抗就是要抵抗权力。第二，还有一个经济原则，就是说译文的数量和原文的数量要大致相同，不能原文用了十个词，你的译文用了一百个词，那这样就不经济了。第三，直译使元语言呈现。本雅明就主张大家尽量直译，这样就可能找到上帝藏起来的统一语言了。哲学派理论的主要弊端：第一，没有认识人的本质动机和需求在翻译中的作用。第二，没有认识所谓元语言的本质。

文化学派的主要思想：第一，翻译即是权力操纵。比如，你给人照结婚照。那人本来长得很寒碜，你最后不用 Photoshop 帮他美化一下，他就会非常不满意。翻译也有这样的问题。本来原作者写的很差，但是为了主编，为了市场销量，你也会对原作进行美化。因此，翻译就涉及到权力操纵，赞助人、出版商的问题。当然，翻译有时候也为了达到某种目的而直接对原文进行篡改，在这个意义上说，翻译就是权力的操纵问题。第二，翻译是模因的延续。模因就是某种可以复制的最小因素。举个最简单的例子，现在国际上无论出什么款式的手机，中国马上就有山寨版，有的模仿它的外形，有的模仿它的触屏技术，这些外形和触屏技术就是模因。第三，暴力置换外国文本的语言文化差异，给目的语读者可读性强的文本。第四，翻译受规范等文化制约，规范包括法律、政治的因素，这个比较容易理解。第五，翻译是一个受系统关系制约的、动态的复杂活动。系统意味着两个方面：文本系统和文本外的文化因素、社会因素、经济因素等形成的多系统。第六，译文的预测目的决定翻译的方法和策略。比如，本来《三国演义》最开始是古文写的，有人请我翻译，我想那就直译吧。但是出版商说不行，因为这个翻译是要配上漫画的，给儿童看的。你有目标市场了，所以你翻译的时候就不能用太高深的词，这就是说，译文的预期目的决定翻译的方法和策略。第七，翻译可分为纪实性翻译和工具性翻译。纪实就像纪录片一样，如实地记录，而工具把翻译作为某种工具。第八，翻译有四个层次：意识形态、诗学、话语体态、语言。意识形态大家都懂。诗学就是在某个学术领域里面某些大腕的思想，也就是每一个行业里占霸权地位的思想，在翻译里面也是有的，有时候翻译也要向这些霸权思想屈服。

　　文化学派理论的主要策略：第一，以目标语为导向。第二，外向和内向翻译结合，类似归化与异化。第三，不以价值判断为准则来预先确定价值对象，即在翻译的时候不要有一个先行的价值判断。第四，目的原则—连贯原则—忠实原则。目的原则就是评估翻译有没有达到目的。连贯原则即通常能够被听懂的话语翻译过来的时候都应该是连贯的。忠实原则就是要让原文的风格、意义、特征不变。第五，纪实性翻译可以逐行地对照、可以逐词地对应、语文学的翻译（直译加注）、异国情调，工具性翻译可以保存功能、异质功能、相似翻译。第六，诺德提出"功能加忠诚"的观点。他特别地区分了忠诚和忠实这两个概念：忠实是对文本而言，忠诚是对人而言，其中忠诚包含两方面，一是对原作者的忠诚，二是对译文读者的忠诚。他认为这是人和物的不同。还有一个就是改写。

文化学派理论的主要弊端：第一，没有认清文化的本质。第二，没有区分翻译与改编的关系。第三，没有认清文化的工作机制。

接下来我们就谈一谈诗歌翻译本体的主要思想：第一，诗歌是一种表情功能为主的文本，主要是要抒情，也就是表达感情。第二，要求以诗译诗，不能把诗歌翻译成散文，在形式和内容上要对等。第三，诗歌翻译有三个标准，分别是音乐性、视觉性、意义性。音乐性在于，诗歌首先是歌，大多数诗歌是可以直接谱成曲的，是可以唱出来的。第四，译文必须保持原文的意象即意识中的形象。

诗歌翻译的主要策略：第一，释义，就是要解释它的意义。第二，直译和意译的结合。第三，就是透明翻译法。透明翻译法是个新名词，就是说读者读了你翻译过来的东西，不会觉得是你翻译的，反而觉得是你自己创作的，看起来像透明一样。第四，行文、声文、情文，就是要保持原文的形式，保持原文的声音效果，保持原文的情景或者感情。第五，脱体、浓缩、拆译、仿古。我这里只说仿古，其他的不多说了。我们现在要写一本小说，里面要描述以前发生的故事，除了用时间表示之外，还可以加入一些"之乎者也"类的古词，这就叫仿古。第六，就是诗歌翻译要达到三美、三化、三之。这是中国一个比较有名的诗歌翻译者许渊冲先生的观点。许先生说"三美"即是音美、形美、意美。音美没有多大问题，因为诗歌本来就具有一种音乐的律动。形美，我自己也不是太明白，最关键的还有意美。这个"意"是意境，还是意思呢？或者是其他什么呢？比如，一首很哀伤的诗或者是一首很高昂的诗，那是不是叫意美呢？后来他老人家说是意境美，那我就更不理解了。许先生还说了三化：深化、等化、潜化。等化就是原文说什么，我就翻译什么；深化就是把原文的言外之意翻译出来。举个例子，假设天气很热，我在课堂上对坐在窗口的同学说："好热啊！"那我的言外之意就是说："同学，开开窗吧。"潜化和深化相反，就是本来人家说了一个很深刻的意思，但是翻译者只把表面上的意思翻译出来而已。第七，语音翻译、直译、音步、散文、韵律、无韵诗、阐释等策略。

诗歌翻译理论的主要弊端：第一，没有划分创作和翻译的界限。第二，没有对意象进行准确定义。第三，没有具体说明音律的翻译方法。第四，没有定义风格。

我们分析一下汉语古体诗歌的特征：第一，建行整齐。不管是五言诗还是七言诗，它们看起来都很整齐。第二，从韵律的角度看，有4个声调、元音结尾、双声音韵、尾韵、顿、调式。汉语除了口语外，基本上都是元音结尾。第三，从认知的视域看，中国人比较注重环境和事物直接联系。中国人看东西，描述东西很注意环境，特别在表述的时候会特别先把时间、地点呈现出来。第四，互文。我们有很多来自宗教方面的词语、典故，有佛教、道教、伊斯兰教。还有神话、历史故事、名著等。第五，从字的层面上，字都是单音节，没有双音节。第六，我们的词是双音节或者是四音节，基本上以两个字或四个字为主。第七，在小句层面经常会出现主语的省略。第八，句子与句子之间容易出现缺少连接词的情况。

我们来分析一首诗歌：

洞天

千秋无绝色，悦目是佳人。

倾国倾城貌，惊为天下人。

我们看这首诗是如何呈现：时间是千秋；地点是洞天，指神仙居住的地方；这首诗省略了主语，这个主语就是让"天下人"吃惊的有着倾国倾城美丽容貌的佳人仙子。

英语诗歌的特征分析：第一，建行不整齐，因为它是以音节的数量来算的，所以没有中国古体诗歌整齐。第二，韵律有重轻音之分，有元辅音结尾，有双声叠韵，有尾韵，有顿，也有调式。中文的调式很清楚，比如说词牌，英文也有，最著名的当然是十四行诗所谓的"sonnet"。第三，还有认知的视域，就是更加注重具体事物的观察。第四，诗歌的很多词都是来自于《圣经》、希腊罗马神话、历史故事、名著。第五，字音节不定。第六，词音节不定。第七，小句的结构完整，一般是主谓宾齐全。第八，句间多连接词。

Sonnet 54

O. how much more doth beauty beauteous seem
By that sweet ornament which truth doth give!
The rose looks fair, but fairer we it deem
For that sweet odour which doth in it live.
The canker blooms have full as deep a dye
As the perfumed tincture of the roses.
Hang on such thorns, and play ad wantonly
When summer's breath their masked buds discloses;
But, for their virtue only is their show,
They live unwooed and unrespected fade,
Die to themselves. Sweet roses do not so
Of their sweet deaths are sweetest odours made
And so of you, beauteous and lovely youth,
When that shall vade by verse distills your truth.

很明显，该诗每行长短不一，不如中国古体诗歌整齐。基本上每一个句子的主谓宾都是齐全的，句子与句子之间有连接词，比如but、and，这个和中文有很大的不同。

接下来看几个理论前的问题：第一，什么是诗歌？诗歌是一种抒情的文学体裁，它以抒情的方式高度凝练，集中地反映社会生活，用生动的形象和富有节奏感、韵律感的语言和分排列的形式来抒发感情，它的主要特征是想象、有音律感、分行排列。第二，什么是文化？我认为，文化就是群体对某一刺激物的习惯反应。比如说，中国人看到龙的画，听到人说龙这个词，反应就是崇高。这就是文化或习惯性反应。第三，风格就是风度品格或艺术特色，体现为对人体感官的不同刺激。

语义三角，是诗歌翻译的统一理论。这个三角分为语言符号、现实世界中指称的对象和大脑中的思想。符号不能直接指称现实世界中的东西，必须通过大脑才能指称。例如，我说手机的时候，肯定是通过某种方式让手机的形象存在于我的脑海里面，我不可能直接把手机塞到脑子里面去。我们可以对语义三角进行这样的解读：第一，一切的语言表达都可以还原成指称物。第二，所谓意象就是他者对本体的眼、耳、鼻、舌、皮肤、内脏器官、平衡机体等器官的表征。意象就是刺激物对你的感官刺激之后，而在你的脑海中留的印象。第三，大脑对客观世界的反映就是翻译。比如手机，我是通过物理光波的方式看到它的，这个形象通过眼神经的神经冲动传输到我的大脑里面，以脑细胞为介质储存下来，变成了另外一种表达方式。所以，大脑对客观世界的反映就是翻译，翻译为同一种指称物在不同媒介中的表征。最后，翻译的最佳状态是将原文作者所指称的物体和角度呈现给读者。

邱雅芬，日本福冈大学日本文学的文学博士、中山大学中国文学的文学博士，中山大学外语学院、中山大学海外中国学研究中心教授、博士生导师。主要学术兼职：中国日本文学研究会常务理事、中国日语教学研究会常务理事、日本国际芥川龙之介文学会理事等。主要研究方向：日本文学、中日比较文学。

肆 他者的视角——从日本文化看中国传统文化

邱雅芬

首先简单介绍一下我的学术背景：我大学本科专业是日语，毕业后留母校日语系任教，后赴日留学，取得硕士学位并完成了博士课程。由于憧憬中国传统文化，在结束了较长时间的日本留学生涯进入中山大学任教后，又在中山大学中文系在职攻读了中国古典文学博士课程，并取得了博士学位。鉴于我个人的学术背景还是以日语、日本文化为中心，因此，我选择从他国文化，即从同属东亚文化圈的日本文化视角，回望中国传统文化。关于这一点，本人还是有一些心得的，非常乐意与大家交流。我打算结合自己的实际体会，而不是纯学理地与大家分享。

首先与大家分享我那个时代的留学和留学生：我于1991年去

日本留学，那时刚二十出头。为什么要先谈谈我们那个时代的留学情况呢？因为，现在的家长们普遍希望早点送孩子们出国留学，认为早点接触外国文化好。而在我们那个年代，一般是大学毕业后再去留学，那时已建立一定的价值观，具有一定的中国文化背景，能够比较自觉地建立起一种异文化比较视野。大学毕业，意味着已接受了基本系统的文化教育。另外，已是二十出头的成年人了，会不自觉地、有意无意地经常对母国文化进行反思。在他国学习或生活，你所接触的一切人事都会时刻地提醒你：你是一个中国人。从我自己的经验来看，在树立了一定的价值观后出国留学，确实会让你更加爱国，因为你时时刻刻生活在一种文化比较以及对母国文化的反思中，所以，我认为还是大学毕业或者建立了一定的基本价值观后再出国留学，是比较好的选择。我的两个孩子今年一个高三，一个高二。国内高考的压力是非常大的，竞争非常激烈。不少朋友跟我说，你先生现在还在日本工作，你带孩子去日本或去第三国，你孩子就不用这么辛苦了。但我认为人生需要磨砺，我希望自己的孩子也能在建立起一定的价值观后再出国留学。

联系自己的经历，用近年比较热门的一个学术用语，我认为建立了一定的价值观后再出国留学，有助于形成自我认同（Identity）。我当年学日语，首先需要深入到异国语言与文化中，相信很多外语初学者都经历过这个阶段。但学好一门外语后，还是要跳出来，重新融合自己的母语和本国文化。自从日语与汉语渐行渐远，它的语言中使用汉语的数量大大减少后，它大量地使用外来语。但进入21世纪，中国经济飞速发展后，与日本经济的差距渐渐缩小，日本再次惊奇地发现它这个邻居及其语言。比如，西方传入的"computer（计算机）"，日文是直接采用音译词汇，而中文翻译为"电脑"，日本人认为汉语的造词能力了不起，能用这么有意义的文字来翻译和表述，因为语言也代表着一种思想和思维模式。话说远点，第二次世界大战前，日文中存在大量汉字；二战结束后，日本文部省，也就是日本教育部，规定日本人一般只需掌握1945个常用汉字即可。于是，大量外来语通过片假名进行标识，也就是说只通过发音，而完全失去意义的词汇大量涌入日本。进入21世纪后，日本开始反思，开始增加日文中汉字的使用量，据说已恢复到3000多个汉字了，这说明日本也存在着一种向传统回归的力量。由此也可看出人类的可悲之一，即总是用经济力量来衡量一个人乃至一个国家的能力。

我在日本留学时，经历了三次文化冲击。其实，刚到日本留学之初，我每天都经受着文化差异的冲击。我毕业于西安外国语学院日语系，1988年毕业留校工作，在日语系任教三年后，于1991年出国，那时候西安比广东落后很多，公务员的工资是一个月八十块钱，而那时候日本公务员一个月的工资折合成人民币是两万多块。抵达日本，再乘新干线前往我所留学的地方城市，时速250公里的高速列车令我感到新奇且震撼。还有几件小事印象相当深刻：例如有个韩国同学姓"李"，我称他为"LI"先生，他义正辞严地纠正我，不能发"李"音，应该发"伊"音，因为这才是韩国式发音。我从类似小事中，开始慢慢地思考民族、文化问题，并发现人们一般总是以自我为中心思考问题。孔子说过"吾日三省吾身"，可见中国哲人的智慧。

这些小震撼与我所经历的三次文化冲击相比，都不值得一提，后者不仅至今仍然深深印在我的脑海里，而且成为改变我人生轨迹和促使我重新认识、学习中国传统文化的重要原因。

第一个文化冲击：无论在日本的哪家图书馆，都有庞大的中国研究藏书。很多研究中国的文献都是中国原版著述，由于20世纪八九十年代中日经济差距大，日本有雄厚的经济实力去收集中国高校的学报学刊。在那个时代，日本的研究资料价格昂贵，我们的大学基本上没有能力购买日本的学术研究文献。我记得，当时我们日语系仅有的一些日文原著，都是日本免费赠送的，现在情况好了很多。不仅是中国的原版资料，日本人研究中国的著述也是浩如烟海、汗牛充栋，有很多研究成果产生于侵华战争期间。日本人就是有这股执着劲儿，先在学术上把要侵占地区的民族研究透彻。比如研究中国人的民族性，北方中国人，南方中国人；吃面的中国人，吃大米的中国人等等，从民族性、气候等各个方面进行了大量研究，有关中国社会人文学科方面的研究文献，数量之多令人震撼。中国有句老话：知己知彼，百战不殆。

第二个文化冲击：源自一位日本教授的一番话。也许任何国家的大部分老百姓都是只要吃饱穿暖就行了，而文化精英们的使命感肯定不一样。日本在1868年明治维新后，出现了许多优秀的学者和思想家，有许多教授都是优秀的文化精英。我在日本认识这样一位教授，他毕业于东京大学，通晓五国语言，是一位具有世界级研究水平的学者。有一天，这位学贯东西的日本教授对我说，你们中国传统文化了不起！这句赞叹让我震撼。我追问他原因，他说："中国儒、道思想有着绝妙的平衡感。这种平衡感太绝妙了，儒家规范人伦，道家令人超越。世界上的四大古代文明，其他文明都消失了，而中华文明传承下来了，可能就是基于这种平衡感吧。"我那时候太年轻，还不太懂，现在，我认为确实如此，而且在儒、道外，释家的智慧也具有高超的平衡感。在唐代，儒释道三家彼此争锋合流，佛教成为中国传统文化的一大补充，虽然它起源于印度，但实际上印度梵文的佛教文献传入中国后，我们就开始了翻译，佛教思想的中国化过程也就开始了，禅宗的诞生更代表着佛教真正的中国化。佛教思想是较契合中国传统文化的。比如说"孝"，孔子讲"不知生，焉知死"，强调父母在世时，子女要孝顺父母，虽说要求为父母守孝三年，但主要还是强调父母在世时，为人子女者的孝顺。佛教则极大地拓展了这种孝道思想，比如说佛教认为父母死后可为其念经超度，这是符合中国孝道思想的。

第三个文化冲击：源自日本电视节目。自中国实行改革开放政

肆 他者的视角——从日本文化看中国传统文化

策以来，经济实力越来越强，日本电视节目中有关中国的讨论越来越多。有一天，我在节目上看到一个聊天节目，在聊中国话题。有人说中国经济发展没什么了不起，因为中国没有文化，它不是文明古国，当代中国文化起源于1919年的新文化运动，与中国传统文化精髓是割裂的，正如现代欧洲人不懂拉丁文、拉丁语，当代中国的文化底蕴连美国都不如，因为其文化历史自1919年起，至今还不到一百年。这种说法令我感到震惊，也促使我后来进入中文系继续深造学习。

这三次文化冲击，极大地激发了我学习和思考中国传统文化的兴趣。当然，这与我在日本的学习经历也密切相关。

我在日本留学时所读的专业是日本近代文学，这是日本新文学，是日本在向西方学习的过程中创造的文学，与中国传统文化关系不大，但冥冥之中又有所交汇。我毕业论文的研究对象是芥川龙之介（1892-1927），这是一个天才般的作家，英年早逝，三十五岁时就离开了这个世界。我选择他作为我的研究对象，这直接导致我开始大量地接触中国传统文化。芥川是日本最著名大学——东京大学英语系学生，从小积累了一定的汉学功底，虽不会说汉语，但会用中文写诗，能阅读汉文书籍。明治维新前，日本的启蒙教育中包含大量汉学内容。

这位英语系毕业的芥川，后来成为日本著名作家，是日本大正文坛的第一号代表人物，名气很大。他被一家日本报社派往中国进行实地考察并撰写报道文，他本人也非常向往中国传统文化，便于1921年来到了中国。那时候的中国处于怎样的境况？中国共产党成立前夕，刚刚经历了五四运动，日本向中国提出了二十一条，中国学生反日等等，芥川在华经受了各种冲击，因此，他的中国游记中有很多偏执的言辞。关于这个问题，我专门写过一篇论文，分析他崇尚中国传统文化，但1921年的中国也与传统渐行渐远，当时中国的重要任务之一是保家卫国。

这次中国行，是芥川人生中唯一海外行。我的硕士论文是《芥川龙之介之"死"》，他是自杀而亡的，他从中国旅行回去后，1927年，也就是六年后就自杀了。人们普遍认为，这次中国行太过奔波，芥川在去中国前身体就不好，认为他的自杀是生理性的，是由于肉体的衰弱而导致的。但我并不这么认为，因为研读芥川全集时会发现，芥川具有中国传统文人似的情意结，对中国传统文化的认同感颇为强烈，虽然他在大学受了四年西方语言的熏陶，也写了大量取材于西方文学的作品，但他的根基里有较多中国文化情结，因此，我认为他的自杀如王国维一样，具有较浓郁的文化方面的意义。我的新书：《芥川龙之介学术史研究》，在该书的序言中，我写了这么一段话："很荣幸有机会参加'外国文学学术史研究工程·经典作家系列'项目，使我有机会再次走进芥川文学，接触芥川那颗纯真的心灵。芥川生前热爱中国传统文化，热爱陶渊明的田园诗、王维的隐逸世界、倪瓒的文人画，还有寒山、拾得……对于本书的出版，他若天上有知，应该感到分外开心吧。"我个人就是通过芥川的书札，接触并重新认识了中国古代诗歌、绘画、宗教，可以说我的研究对象——日本作家，成了我亲近中国传统文化的引领者。我经常对日语系学生说，虽然日语是小语种，但我对学习日语并未感到遗憾，因为我是在学习日语的过程中，开始真正地走进中国传统文化，所以，不管我们从事什么工作，语言学习都需要文化积累。不了解母国文化，只有语言工具，我们是做不好中日文化交流的桥梁的。

下面欣赏几首芥川的汉诗。这首是他在大学时代写下的："寒更无客一灯明，石鼎火红茶霭轻。月到纸窗梅影上，陶诗读罢道心清。"作为一位英语系学生，芥川对中国传统文化有着深深的热爱之情，这首诗读起来也颇为地道。再欣赏一首："心静无炎暑，端居思渺然。水云凉自得，窗下抱花眠。"这首是他大学毕业后已成为著名作家时写的诗作。芥川在文坛是一夜成名的，因为是当时日本两大文豪之一的夏目漱石推荐他进入文坛的，所以可谓是文坛贵子。这位新秀快速成名，又很快自杀身亡，如同流星般璀璨。他成名后征稿较多，时常感叹文债压身、以文换钱，总是处于赶稿境况中的悲哀，于是，写了这首诗来表明他的喜好。中国的诗文给他的精神世界带来了休憩之所，带来了内心的安定。最后介绍一首他最喜欢的诗，他曾把这首诗抄写给许多朋友，口称"拙诗一首，多多斧正"，其实从赠送诸多友人之举，可以看出他对这篇诗作甚是喜爱。其诗写道："帘外松花落，几前茶霭轻。明窗无一事，幽客午成眠。"此诗表达了芥川对中国传统文人雅士生活的向往之情。芥川留存的汉诗还有许多。在一个西风日盛的时代，这样一位以中国传统文化为本位的文人，早早地离开了这个世界。所以，一般日本人认为他的自杀属于生理性自杀，我却并不这么认为。

日本是怎样的国家？许多东亚国家过去都使用汉字，但现在朝鲜半岛不用了，越南也不用了，这导致它们大多数国民读不了自己的传统典籍，与传统割裂的程度非常严重。日本还好，保留了许多汉字。即使不懂日语的人，去日本旅游，可能比去韩国旅游方便。也就是说，日本文化与汉字关系密切，密切到无法分割。包括我们中国，也曾经探讨过废除汉字，采用拉丁字母。日本也是，明治维新后探讨过废除汉字，但终究不可行。虽然二战后，日本的常用汉字降到1945个，但现在又回升到3000字左右了。那么，日本文化与汉字是什么关系？我认为，汉字给日本文化带来了第一束文明之光。过去日本没有文字，只靠口耳相传，一直到大约中国唐代时，大概从八世纪初到十世纪，日本文字才逐渐形成、稳定下来。我们看一下日本早期是怎样使用汉字的？

[日文原文] 山常庭村山有等取與呂布天乃香具山騰立國見乎為者國原波煙立龍海原波加萬目立多都憐可國曾

蜻嶋八間跡能國者

这是有日本诗经之称的《万叶集》中的诗作，采用的文字是"日本假名"，其实是汉字，它叫"万叶假名"。起初日本人只有自己的语言，没有自己的文字，当他们知道先进国家、先进文明都用文字来记载，他们就借用汉字，用汉字标音。如果汉字在日本被废除的话，日本本国的古籍也会无人读懂了。由于日本最早使用汉字进行标记，所以可以说，日本文化研究其实就起步于翻译、注释、读解。且看上诗的中译文：

[中译文]顾我大和国，群山紧相连。惟有香具山，秀美非一般。登上高山顶，放眼国内览，平原炊烟绕，海洋鸥鸟欢。美哉秋津岛，大和多壮观！

这是一位女天皇的诗作。中国诗歌叫"诗"，日本人为了有所区别，把本民族的诗作叫"歌"，"和歌"意为大和民族的诗歌。他们按中国的楷书和草书，分别创造了日本文字平假名、片假名。为什么叫"假名"？因为它不表意，仅表音，且是在汉字的基础上创制的，所以他们在很长一段时间里，把汉字称为"真名"，"假名"是相对于"真名"的一种称谓。

在日本国内，到处可见与中国传统文化有关的地方，比如说日本有大量的西方节日，也有大量的传统节日，而传统节日大都与中国相关。日本全国性的大节日是新年和盂兰盆节。关于新年，过去他们也过农历春节，现在过元旦。还有一个盂兰盆节，依然是当今日本的一大节日，在节日期间，日本人几乎都要回老家祭祖，如同我们的清明节一样。日本的传统节日多受中国文化熏染，如一月一日、三月三日、五月五日、七月七日、九月九日亦都是日本传统节日。只是日本在接受中国文化时，总要略微改变形式，以契合自己的爱好，比如，三月三、五月五，现在仍是日本著名节日，三月三在我国传统中是上巳节，在日本称为女儿节；五月五是我们的端午节，在日本成了男孩节，为什么改成男孩节呢？因为中国端午节划龙舟、在门口挂菖蒲、艾草等，菖蒲在日语中与"尚武"的发音一样，于是，与男孩子联系起来了。七月七现在不是全民性的，在日本东北部，也就是鲁迅留学的仙台那一带还颇盛行。

我们来看盂兰盆节。我常常问日语系学生，日本盂兰盆节与中国传统节日有关吗？回答往往是否定的。关于盂兰盆节来源，可见《佛说盂兰盆经》全一卷，西晋竺法护译，又称盂兰经，收于《大正藏》第十六册，内容记述佛陀之大弟子目连，因不忍其母堕饿鬼道受倒悬之苦，乃问法于佛，佛示之于七月十五日，用百味饭食五果等供养十方佛僧，即可令其母脱离苦难。依本经之说，所行之盂兰盆会，已普遍流行于我国民间，而有益于民间之孝行。佛教中这种思想与儒教中的孝道思想颇为契合，因此，中国传统节日里有中元节，也叫盂兰盆节。节日期间，老百姓通常会到寺院里做法事。现在似乎不太流行了，广东人还会过中元节，也叫鬼节，看来岭南地区在传统民风民俗的保持方面做得不错。日本原来也是农历七月十五过节，明治维新后所有节日的日期都改成了阳历，于是这个节日也往后推迟一个月，因为届时全民都要回家祭祖，所以公司、学校等大多会放假三天，那时候日本的高速公路到处都会堵车。

当代日本有哪些国家名片呢？一个国家要在世界之林站稳脚跟，"国家名片"必不可少。比如提到印度，人们便会想到圣雄甘地、瑜伽等。国家名片更多来自一个国家的文化软实力。中国改革开放已经三十多年了，我们的国民走出国门的机会也越来越多了，我认为我们国家也应该精心打造"国家名片"了。不提高文化软实力的话，国民走得越远，挨骂越多，比如，现在有很多声音在批评中国游客大声喧哗、不排队、不守规矩等。中国经济腾飞三十年，带给我们的认同感和个人尊严的提升是非常明显的，这是国家实力提升后给我们个人带来的好处。

日本的国家名片较多，日本茶道、花道、和服（成人礼）。和服为什么跟成人礼有关呢？因为日本青年二十岁过成人礼，男孩子一般穿西装，也可以穿和服，女孩子则一律穿和服。能乐，如同我国的昆曲一样，是世界第一批非物质文化遗产，也被称为戏剧活化石。日本各地建有能乐堂，而且至今仍然演出六百年前的能乐剧本。日本动漫、村上春树，这些都是世界闻名的日本国家名片。且不谈时尚名片，仅就以上列举的日本传统型国家名片，如果我们足够细心，就不难发现其中均可见中国传统文化的影子。

首先说茶道，茶叶原产于中国，日本的茶叶最早是在唐代时经由在中国留学的日本僧人带入日本的，天然地与中国关系密切。当中国禅宗传入日本后，也许由于禅宗理念太过高深，就逐渐被世俗化，演变出茶道、花道、剑道、武士道等具体生活中的修行，其中，还有生活的艺术化部分。日本人非常喜欢中国人的"道"字，有很多"道"，包括其"神道"。中国的"道"颇为神秘，因此，日本人在阐述形而上层面的东西时，往往喜欢加个"道"字。比如通过茶来体悟一种高深的修行，就叫茶道，其精神核心是"和敬清寂"。茶道可以说是禅宗思想的世俗化表现，因此，日本茶室的榻榻米房间简洁朴素，几乎没有多余的装饰，一般就是挂一幅字画，花瓶里通常就插一枝花或一簇花。过去日本有种典型的茶室，门开得非常矮，为的是体现众生平等，这来自佛家思想。虽然茶室只是一间茅草房，但茶道让大家体会"和敬清寂"之道，彼此互相尊敬，互为平等，人们来此都需弯腰进入，以示敬意。也有野外的茶道，日本人认为这更能让人体悟与大自然的融合，也就是中国人所谓的天人合一。我们当代人太忙了，很难静下心来体会与自然的融合。也有男性点茶师，穿着传统的和服。日语中把在野外品茶的茶道叫"野点"。

日本的花道，也是禅宗文化的世俗化，跟中国佛教东传有关。

最初起源于佛前供花，慢慢地发展形成现在的花道。之所以加个"道"字，是这种插花艺术并非只为漂亮的装饰，而要追求体悟一种真理，体悟生命刹那间开放、刹那间凋零，体悟到作为无情之物的花草树木都是有生命的，不管人和动物，连花草也有生灭枯荣的生命过程。日本花道发展至今已经形成了许多门派，十分专业细致。日本花道现在闻名于世，花道也成为日本的国家名片了。他们自认为喜欢花道、崇尚花道的日本人，是最热爱自然的民族。

我们再看和服。和服最初叫吴服，日本最早的史书之一《日本书纪》记载了三国时期吴国应日本人要求派遣织工到日本教当地人织布的史实，由此，早年的"和服"叫"吴服"，现在一般叫和服，即大和民族的衣服。日本成人节是在一月十五日，还是冬天，女孩子们还要在和服外配上毛茸茸的围脖，围脖的颜色都是白色。日本的小孩也穿和服，平日不穿，在"七五三"这个传统节日里穿，七岁、五岁、三岁的孩子在这个节日里穿上和服，由父母带到神社去祈福，祈求平安成长。一般一个日本人一生得有三件和服，一件是平日穿的比较素雅的，一件是传统节日穿的比较鲜亮的，一件是参加葬礼穿的黑色和服。和服的制作很考究，单件的简单布制和服一两万日元一件。丝绸做的高档和服在日本经济鼎盛时，大概要一百万日元一件，制作更精良精美的要两百多万日元，因此，一般高档和服终身不洗，只送去干洗店护理。可以做家中传承之宝，也可以转送他人，都是很贵重的物品。

每年三月三女儿节前，每户有女儿的人家都要摆出来偶人架，一套摆放十五个偶人，一般在女儿成年前买全。因为每个玩偶的价格非常昂贵，所以很多人家不是一次性买完，而是一点点置备。上面两个是天皇与皇妃，三个宫女，五个吹鼓手，两个武士，三个搬运工等等，其实就是女儿出嫁时的场景，祈求女儿健康幸福地长大，在三月三日节日开始前，每家得赶紧把这些人偶早早地打开展览。节日一结束，就赶紧收起来。不然的话，据说女儿会嫁不出去。

很多中国孩子都喜欢日本动漫,对宫崎骏一点不陌生,他的思想偏向左翼。最近,他以一部反战动漫作品《起风了》,对他的整个动漫生涯作了一个总结。现在,他已经退休了。这部最后的动漫作品,取材于日本文学作品,且是20世纪30年代的作品。宫崎骏是怎么走上动漫之路的?台湾《时代周报》2013年9月12日登载的一篇报道:

"1958年,一部动画电影的出现改变了宫崎骏今后的方向。这部动画电影是东映公司取材于中国民间故事制作的《白蛇传》。小学、中学、高中如一潭秋水,平静如斯,直至1958年,一部动画电影的出现改变了宫崎骏今后的方向。这部动画电影是东映公司取材于中国民间故事制作的《白蛇传》,是日本史上第一部彩色长篇动画电影。彼时的日本尚没有一套完整的动画电影制作传播系统,而该作的制作组从最基础做起,最终取得空前成功,并将日本带上了动画大国的道路。宫崎骏看到了这部作品,就像是邂逅了命中注定的恋人,在心中激起巨大波澜,深受鼓舞,为之后的人生选择埋下伏笔,这是动画作品给宫崎骏带来的'第一次冲击'。"

这部动画片画面非常唯美,那时候的日本二战刚结束十来年,美国文化大量涌入日本,但中国文化毕竟影响了日本上千年,因此,日本人仍然从中国传统文化中寻找素材。这部动画片选材非常成功,当年这部作品轰动了日本,并且获得大奖,宫崎骏就是看了这部动画片后深受启发。所以说,中国传统文化里有无尽的宝藏,我们总以为传统的东西老掉牙,但我们自己不用,别人就用了,日本人早就用了。这些中国元素在世界艺术创作中大放异彩,如美国电影《花木兰》、《功夫熊猫》等。

最后我谈一点中国文化之我见。我认为,中国文化并不简单地是中国这个国家、这个民族的文化,它跟过去的印度文明、埃及文明、古巴比伦文明一样,并非局限于一个国家的文化,它是一种文明,是一个宇宙,是一个非常大的体系。我们要用多元视角、全方位了解，才能真正把握中国文化。比如说，我们中国人最讲究"孝"，虽然现在也许没多少大家族了，都是小家庭生活了，但我想孝道仍然是中国文化的基因。中国古代以"礼"为中心，孔孟时代把儒家核心问题由礼升华为仁，而仁在家庭中的贯彻就是孝，而孝与中国传统教育理念一致。"教"——就是"有余力，则学文"，代表接受教育，"教"的一半是"孝"，孝道应该是教育中重要的内容之一。《弟子规》，曾是中山大学对入学新生的"作业"要求。中山大学博雅学院院长甘阳教授在他的《通三统》也提到，中国文化是一种文明，是一个宇宙。外国人在评论中国时，往往切不中要害，就是因为中国文化太博大了，很难整体把握，如同典故中提到的盲人摸象。如果将我们的文化比喻为大象，那么，每个角度只能认知一部分。我们应该从年轻时开始，努力认识更多、更大部分，从而不断接近更趋完整的大象。

最后，有两句话与大家分享：一、拥抱传统，听听自己的心在说什么。忘字怎么写？就是自己的心亡了。重拾传统，就是要和自己的心灵说话，而不要总被外界牵引。二、拥抱传统，就是拥抱先哲，先哲们充满智慧，当我们拥抱传统时，必将开启我们自己的智慧！

图书在版编目(CIP)数据

城市国学讲坛. 第7辑 / 李训贵, 宋婕主编. —北京: 社会科学文献出版社, 2015.7
ISBN 978-7-5097-7694-0

Ⅰ.①城… Ⅱ.①李… ②宋… Ⅲ.①国学-中国-文集 Ⅳ.①Z126.27-53

中国版本图书馆 CIP 数据核字（2015）第 147284 号

城市国学讲坛（第七辑）

主　　编 / 李训贵　宋　婕

出 版 人 / 谢寿光
项目统筹 / 宋月华　杨春花
责任编辑 / 周志宽　袁丽馥

出　　版 / 社会科学文献出版社·人文分社(010)59367215
　　　　　 地址：北京市北三环中路甲29号院华龙大厦　邮编：100029
　　　　　 网址：www.ssap.com.cn
发　　行 / 市场营销中心（010）59367081　59367090
　　　　　 读者服务中心（010）59367028
印　　装 / 北京季蜂印刷有限公司
规　　格 / 开　本：787mm × 1092mm　1/16
　　　　　 印　张：20　字　数：255千字
版　　次 / 2015年7月第1版　2015年7月第1次印刷
书　　号 / ISBN 978-7-5097-7694-0
定　　价 / 69.00元

本书如有破损、缺页、装订错误，请与本社读者服务中心联系更换

版权所有 翻印必究